シリーズ 宗教と差別

第3巻

差別の地域史

渡辺村からみた日本社会

磯前順一
吉村智博
浅居明彦 監修

小倉慈司
西宮秀紀
吉田一彦 編

法藏館

巻頭言

磯前順一・吉村智博・浅居明彦

本シリーズ「宗教と差別」全四巻は、二〇一五年にはじまった共同研究プロジェクト（研究代表者：磯前順一・吉村智博・浅居明彦）の成果をとりまとめたものである。

ここでは、本書を手に取った読者に、まず、シリーズ全体にかかわる基本的な姿勢と視点を説明しておきたい。在日コリアンの作家・姜信子さんは、差別をめぐって次のような興味深い言及をしている。

ええ、実はね、神谷美恵子が、「らい患者」もみずからの内なる差別と戦えと説く、その言葉を見たとき、私は水俣を想い起していたんです。石牟礼道子さんが描きなおして結びなおした人間世界のなかで湧き起った「われらのうちにもチッソがある」（われらのうちにも、人も世界もバラバラにしていく近代の毒がある）という声をね。

近代を生み出した西洋の知を生きる神谷美恵子の声と、近代を内側から蝕んだ西洋の知をもって知る人々の声と、そこには、おそらく、とっても重要で歴然とした違いがあるはず。（姜信子『今日、私は出発する』）

「私たち」の問題だという当事者意識から出発するのか、「あなたたち」の責任だという告発者の立場からおこなうのか。

二人の著名人の発言を対比することで、姜さんが問題提起したかったのは、差別を論じるとき、論じる者の身の処し方こそが、自他を明確に認識し、問題の深淵を掘り下げようとすることにつながっていくということであった。同じように差別を語るにせよ、両者の立場には、決定的な違いがある。神谷の「善意」と石牟礼の「言葉」。告発者の立場（神谷）であれば、その研究者はいつも弱者の側に寄り添って議論を展開するだろう。自分が差別する存在であるということには思い至らない。しかし、当事者の立場（石牟礼）に身を置くなら、差別は何よりこの「私」自身から発生しているものだと捉えることになる。

さて、読者のあなたなら、どちらの立場を取るだろうか。この問いが無責任で身勝手なものに終わらないために、本シリーズ「宗教と差別」の立場を表明しておこう。本シリーズでは、自分こそが差別の当事者だという立場を取る。言うまでもなく、差別されてきた当事者としてではなく、差別を作り出す当事者としてである。「人間は差別を生み出す動物である」。それが基本的な姿勢と視点である。それは、学術研究の世界に身を置くかどうかに関わりなく、差別を論じるための最低限の資格だと私たちは考えている。

宗教と差別の関係は複雑だ。日本のかなり広汎な地域で、大きな寺社や城郭の周辺には、かつて差別された人々の居住地があった。宗教とは、概して人間に救いをもたらす教えであり活動と見なされてきたはずだ。その一方で真理の教えに目覚めた人とそうでない愚かな人々、あるいは清浄な心持ちの人々と穢れた人々という二分法を作り出してきた。

宗教はこうした正負の功罪を併せもつ「両義的な」ものである。一方的に良いものとも、悪いものともしない。神仏の名のもとに人間を差別することを正当化もするし、そうした態度を戒める機縁ももっているのだと宗教を捉える。「両義性」、それが宗教を語る上でも、公共空間を語る上でも本シリーズの取る基本的前提である。

それを「排除と包摂」のメカニズムと名づけよう。何らかの社会秩序は、排除を通してこそ構成が可能になるし、排除のない社会は現実として成り立ってこなかった。構成員と非構成員とを分かつ境界線をどこかで引かなければ社会は成り立ちようがない——。もしもそうだとすれば、排除のない社会を夢見るばかりではなく、排除のありかたにかかわるさらに現実的な視点を踏まえた考察が要請されよう。そのとき私たちは自己耽溺的な被害者意識から、一歩歩みを前に進めることになる。

差別に「ノー」と言って自分を免責するのではなく、排除を無意識におこなう側に身を置いた者としての責任を、社会再編の構想に向けてどのように果たしていくのかが問われなくてはならないだろう。社会のマジョリティやエリートが被害者と自己同一化して、些細な自分の傷を肯定するといった過剰な自己愛のために、「私たち」という幻想が垂れ流される動きに終始符を打たなければならない。

なぜ差別は社会からなくならないのだろうか。それは、人間が社会を営む存在だからと私たちは考える。仲間を作ると同時に敵を作る、そして闘う。秩序を作るために、それに従わない人間を罰する、処刑する。生きるために動物の命を殺して、食べる。過剰な性欲を制御するために、性売買を営む場を設ける。生殖なき快楽を享受する。さらには自分が生き延びるために赤ん坊を間引く。そして、そうした行為に直接手を染めざるを得なくなった人びとに対する差別が生まれる。

社会的存在としての人間、それこそが差別を作り出してきたのである。誰しも一人では生きられない以上、他人と交わることから生まれる差別と被差別の螺旋から解放されることはない。差別の関係性には例外など存在しないのである。他人との「共生」が生み出すものは、思いやりだけではない。暴力の行使や快楽の消費もある。それが思いやりという感傷を装って輪廻するのが生の螺旋である。すべての人間が「悪人」だとも言われるゆえんである。

だからこそ差別問題をめぐる議論においては、「あなたたち」の差別的な態度はよくない、といった感情論に留まることなく、すべからく「私たち人間」が差別現象を生み出している社会構造そのものが、冷静な学問的手続きのもとに分析される必要がある。かつて、インドの少数民族の研究者はこのように言った。「マジョリティになりたいと思わない。マイノリティが生きられる空間を作らなくてはならない」。被差別部落に生きてきたある人は言った。「差別は差別を生み出す。部落の中にも差別はある。誰も無垢なものはない」。そうした指摘のなかにこそ、差別構造の当事者でもある研究者が、差別問題を学問の視点から論じる意義があり、また、責務があると私たちは考える。

最後に、フランスの精神分析家の言葉を紹介して巻頭言を結ぼう。

自分がファロス［男根。社会的強者への欲望］を持ちたいという欲望を持つ者はいくらでもいる。自分にも快楽の分け前をくれというわけだ。しかし、その人は知らない。快楽とは楽しいだけでなく、一度取り付いたら自分を苦しめてやまない不実なものであるであることを。希求されるべき答えは、自分にも分け前をくれということではなく、そのとりついてやまない享楽という欲望から解放されることなのだ。

「私たち」あるいは「あなたたち」という言葉を都合よく使っているのは誰なのだろうか。まずその幻想から打ち破らなければなるまい。そのことに読者のあなたとともに挑んでみたい。

補記　本プロジェクトの遂行にあたっては、国際日本文化研究センターの共同研究会「差別から見た日本宗教史再考」（二〇一六～一八年、代表者：磯前・吉村）、および科学研究費基盤研究A「人権と差別をめぐる比較宗教史」（二〇一九～二一年、代表者：磯前）からの資金提供を受けた。また研究会の開催においては、国際日本文化研究センター、大阪人権博物館に会場提供をいただいた。

以下、プロジェクトのメンバーおよび研究会の活動を通じてお世話になった方々の氏名を挙げ、謝辞と代えさせていただく（五十音順、敬称略）。

青野正明、東俊裕、安部智海、石川肇、磯前礼子、井上智勝、岩谷彩子、上村静、打本和音、大林浩治、大村一真、荻原稔、小倉慈司、小田龍哉、片岡耕平、金沢豊、苅田真司、フローレンス・ガルミッシュ、河井信吉、川村覚文、北浦寛之、久保田浩、呉佩珍、後藤道雄、酒井直樹、佐々田悠、佐藤弘夫、里見喜生、島薗進、志村康、沈熙燦、トモエ・シュタイネック、ラジ・シュタイネック、鍾以江、庄司則雄、鈴木岩弓、鈴木英生、須之内震治、関口寛、宋琦、孫江、高柳健太郎、竹本了悟、田辺明生、ゴウランガ・プラダン・チャラン、鶴見晃、寺木伸明、寺戸淳子、アンナ・ドゥーリナ、戸城三千代、殿村ひとみ、永野三智、中村平、西宮秀紀、幡鎌一弘、林政佑、原田寿真、ハサン・カマル・ハルブ、スーザン・バーンズ、平野克弥、藤本憲正、舩田淳一、舟橋健太、パトリシア・フィスター、ダニエル・ボツマン、馬雲雷、馬氷、水内勇太、ランジャナ・ムコパディヤーヤ、村島健司、守中高明、山田忍良、山本昭宏、尹海東、吉田一彦、米田弘毅、マルクス・リュッターマン、和氣直子、和田要

＊事務局：小田龍哉、磯前礼子、大村一真、ゴウランガ・プラダン・チャラン、藤本憲正、村島健司。

シリーズ宗教と差別　第3巻

差別の地域史——渡辺村からみた日本社会　目次

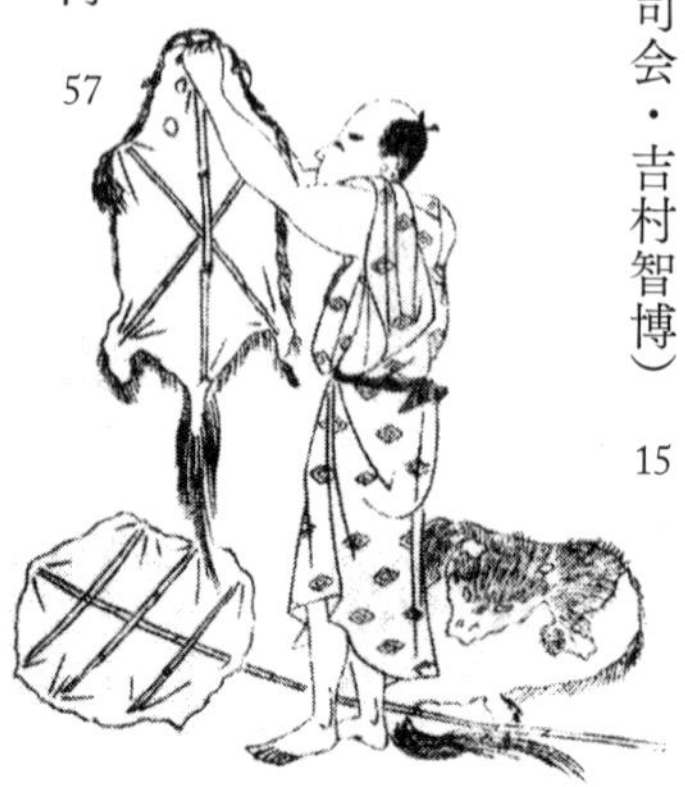

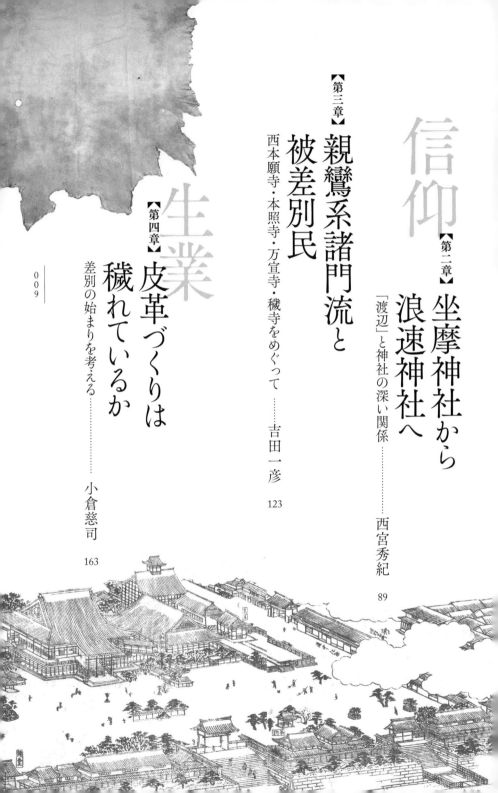

信仰

生業

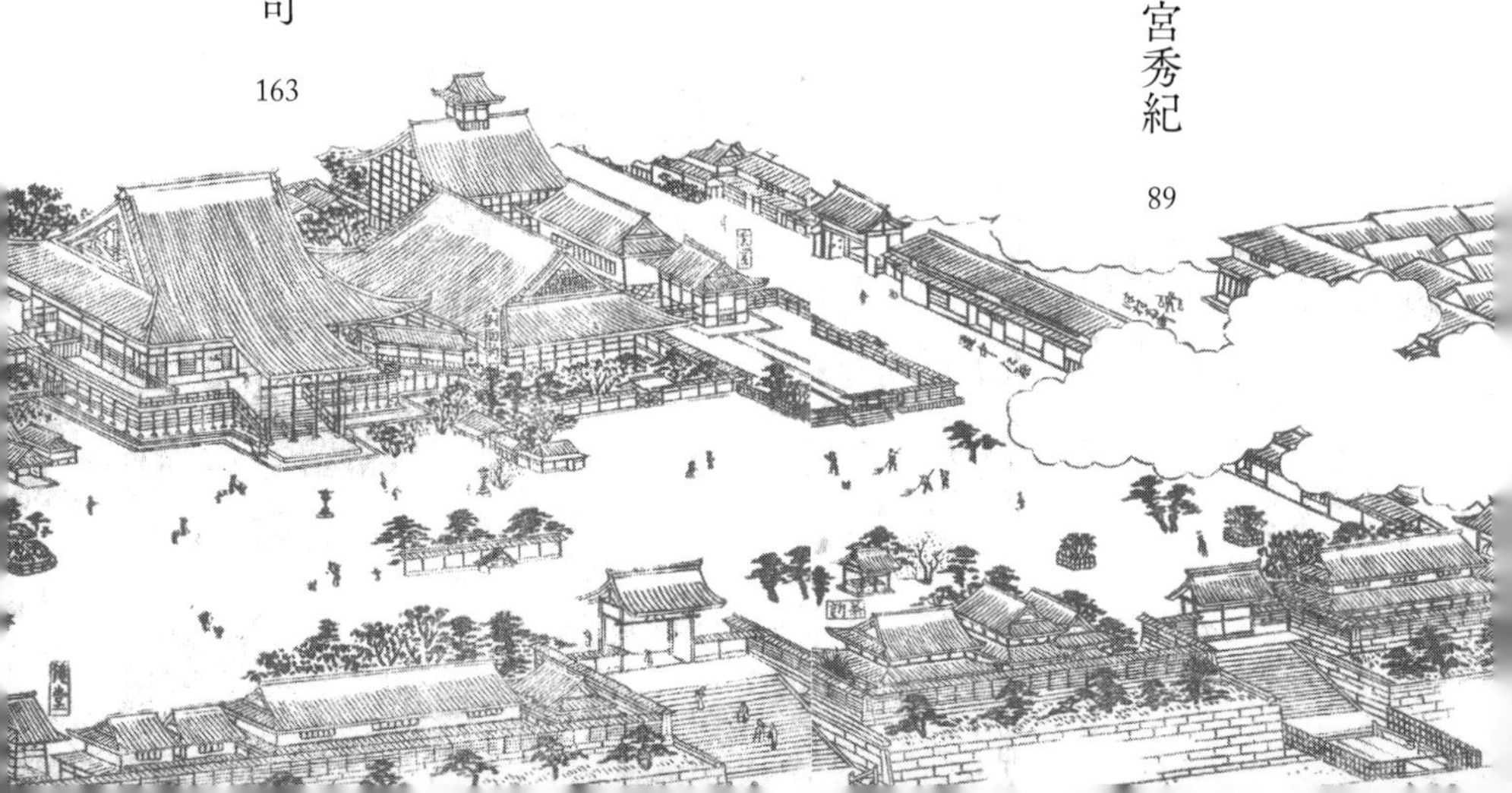

生業

はじめに

大阪市の中南西部に位置する浪速部落は、江戸時代の渡辺村、そして近代以降の西浜部落にその歴史的起源をもち、長く皮革産業とともにその歴史を刻んできました。一九四五年三月の第一次大阪大空襲によって、町並みは壊滅的な打撃を受け、それまでの人びとの生活は灰燼に帰した街区とともに、一変しました。あわせて、貴重な歴史資料の数々が無残にも大量に焼失してしまいました。

これまで、この地域については「浪速部落の歴史」編纂委員会の編纂になる『渡辺・西浜・浪速——浪速部落の歴史』と『太鼓・皮革の町——浪速部落の三百年』の二冊の概説書、および『史料集・浪速部落の歴史』が出版されています。これらの概説書は、個別の部落史としては実証的で図版や古地図（絵図）なども豊富なため、歴史的研究としても重要な位置を占めています。

大阪の部落史委員会が編纂した『大阪の部落史』全一〇巻のうち、第二・三巻（史料編近世2・3）でも渡辺村関係の史料が多く翻刻されていますが、その後新史料という点では、大阪市史編纂所が中心となって編纂し刊行中の『新修大阪市史・史料編』第一一巻（近世Ⅵ・村落1）に二〇一八年時点までに新たに発掘された渡辺村関連の諸史料が掲載されています。もはや大阪の歴史にとっても、渡辺村は避けて通ることができない地域となっているわけです。のみならず、近年、古地図（絵図）や写真（空中写真）の類も大量に収集されており、共同体の変遷を視角的かつ俯瞰的に追跡することができ、地域の変貌を歴史・地理・空間として把握することも可能になりました。

一方、空白期となっている古代・中世～近世初頭については、史料的な問題もあり渡辺津を拠点としていた武士団である渡辺党や、坐摩神社との関連が指摘されるにとどまっていて、一七世紀以前の渡辺村（かわた身分）の存在形態についての研究の深化は今後の課題となっています。宗教的な点では、一八世紀初頭に西成郡木津村領へ移転する以前（同郡下難波村領時代）から村内に存在するとされている三ヶ寺（正宣寺、徳浄寺、一徳寺）は、いずれも真宗本願寺派の寺院であり、『摂津国諸記』などにより、それぞれに関する断片的なことが判明しているものの、正確な開基年も含めて全体像はつかめていません。また、浪速神社や白木神社が存在するものの、それらと坐摩神社との関係や渡辺村との関係についても、これまで史料を踏まえて歴史的な経緯について述べられたことがありませんでした。

さらに、昨今の浪速部落の都市的景観の変容には目を見張るものがあり、その速さと規模の大きさには、地域住民自らが将来像を見据えつつ感嘆する一方で、景観の急激な変容によってもたらされる共同体の歴史と記憶の忘却が懸念されています。とくに残存している貴重な史料類のさらなる散逸が憂慮され、今一度、歴史的なとりまとめ作業をおこなうことが焦眉の急となっています。

こうした問題関心から、本書は、東アジアとの関連も視野に入れ、身分・宗教・流通などをキーワードに、あらためて渡辺村から浪速部落へと至る歴史的経緯を、従来の学術的成果の上に立ちつつ、まったく新しい視点を導入してまとめたものです。構成や叙述の方法も、部落史の本を初めて手に取った皆さんにも、できるだけわかりやすいものにしました。あらたな浪速部落史を御覧いただければと思います。

シリーズ宗教と差別　第3巻

差別の地域史——渡辺村からみた日本社会

浅居明彦

【対談】

出会いと共感が創りだす新しい部落史

司会　吉村智博

磯前順一

1　部落と差別の歴史を考え、語ること

司会　本巻（「宗教と差別」シリーズの第三巻）は大阪・渡辺村の歴史をテーマを絞りながら詳細に跡づける内容です。そこで「出会いと共感が創りだす新しい部落史」と題して、お二人に対談していただきます。一般の読者にとっても読みやすい、入り口になるようなお話があれば、と思います。お二人は、このシリーズの監修者でもありますので、本巻への率直な思いといったものをお持ちだろうと思います。数年前に**磯前**さんが浪速部落にお越しになって**浅居**さんと出会われたと聞いています。そのあたりのことから話を始めていただけますか。

磯前　大阪人権博物館*（リバティおおさか）のかつての建物（浪速区浪速西三丁目）で二〇一五年六月に「カルチュラル・タイフーン*」という催しがあり、そこに私も参加しました。これは、酒井直樹*さんが誘ってくださった企画で、その頃亡くなった西川長夫*さんを追悼する催しをしてほしいという、パートナーの西川祐子*さんからの願いを踏まえて組織したものでした。西川さんを追悼する、岩波書店の雑誌『思想』特集号（No.一〇九五〈「戦後」の超克・西川長夫への応答〉、二〇一五年）の編集を私と酒井さんで担当することになりました。ところが、その編集作業がたいへん不本意な形になったこともあり、私と酒井さんでその後話し合った結果、「西川長夫さんの国民国家*批判が浅薄なものであったとは思えない」という結論にな

***大阪人権博物館**（リバティおおさか）一九八五年一二月に大阪市浪速区で開館した人権に関する日本で最初の総合博物館（公益財団法人が運営）。再出発のため二〇二〇年六月から休館している。

***カルチュラル・タイフーン**　学会やシンポジウムなど既存の形式にとらわれず、多様な立場の人々がお互いにフラットな関係のもと発表や対話や表現活動をおこなう企画。二〇〇三年より毎年、開催されており、カルチュラル・スタディーズ学会の創設にもつながった。大阪人権博物館で開催された「カルタイ2015」では事前に「リバティおおさかから考える都市／差別／人権」（吉村報告）が行われ、当日の関連行事などについては『年報カルチュラル・スタディーズ　Vol.4　特集〈資本〉』航思社、二〇一六年としてまとめられている。

***酒井直樹**（1946〜）　歴史学者。コーネル大学名誉教授。専門は日本思想史・比較文学。主要著書に『ひきこもりの国民主義』岩波書店、二

ったわけです。

ちょうど酒井さんが「カルチュラル・タイフーン」からひとつのパネルユニットを組むことを依頼されていたので、そこであらためて西川長夫さんの追悼のパネル・ディスカッションをやろうということになったのです。何度か会議を繰り返して出た結論が、二つのパネルを組むことでした。一つは酒井さんと私、それに田辺明生*さん、渡辺公三*さん、守中高明*さんという顔ぶれ。もう一つが若い世代の研究者による国民国家批判というテーマでした。

そして、そのディスカッションの後に、パネルに参加した人たちが中心になって、**浅居**さんたちと「とみや」という居酒屋でお酒を飲んだ記憶があります。あまりにも参加者が多くて、地元の常連客に迷惑かけるといけないんで、「誰か外の通りで食べてくれないか?」と言ったら、酒井さんが守中さんと喜んで表通りで食べてくれたのを今でも覚えています。酒井さんや守中さんたちにとっても、それは国民国家のあり方を肌で感じるうえで重要だったように見えましたね。現実の国民国家は、けっして平等でも均質でもないわけですから。

パネルを通して、カルチュラル・スタディーズ*の中興の祖ス

〇一七年など。

＊**西川長夫**（１９３４〜２０１３） 比較文学者・フランス研究者。立命館大学名誉教授。主要著書に『国民国家論の射程——あるいは「国民」という怪物について』柏書房、一九九八年（増補版、二〇一二年）など。

＊**西川祐子**（１９３７〜） フランス文学者・ジェンダー研究者。元京都文教大学教授。主要著書に『古都の占領・生活史からみる京都 一九四五―一九五二』平凡社、二〇一七年など。

＊**国民国家** 国家の内部における全住民を均質な構成員（＝「国民」）として措定することで成立する国家。均質な「国民」は主権国家の想定上の基礎位であるが、それを現実に確立するために、さまざまなイデオロギーや政策が用いられる。

＊**田辺明生**（１９６４〜） 文化人類学者。元東京大学教授。専門はインド史学。主要著書に『カーストと平等性——インド社会の歴史人類学』東京大学出版会、二〇一〇年など。

＊**渡辺公三**（１９４９〜２０１７） 文化人類学者。元立命館大学副学長。専門は批判的人類学、レヴィ＝ストロース研究。主要著書に『身体・歴史・人類学』Ⅰ〜Ⅲ、言叢社、二〇〇九〜一八年など。

＊**守中高明**（１９６０〜） 哲学者・思想家。早稲田大学法学学術院教授。専門はフランス現代哲学、仏教思想、比較詩学。主要著書に『ジャック・デリダと精神分析——耳・秘密・灰そして主権』岩波書店、二〇一六年など。

＊**カルチュラル・スタディーズ** 二〇世紀後半に始まる文化に関する研究の潮流。さまざまな分野の知見を領域横断的に応用しつつ、文化現象を社会的な文脈の中に位置づけ、とくに権力と支配の観点から批判的に分析することを目的とする。

和太鼓のブロンズ像（人権太鼓ロードのモニュメントの1つ）

チュアート・ホール*の「マジョリティとマイノリティを固定して考えるな」という趣旨の見解をあらためて考えてみました。当時、私は自分がマイノリティで、その視点から恨みをもってマジョリティを撃つみたいな思いをもっていたように思います。かつてホールさんと個人的にやりとりをしたときに、ホールさんは心配してくれて、そういう固定的なものの見方ではダメだよと伝えてくれていたんですが、なかなかそれを自分の中で消化することができないでいました。それが、このパネルに参加することで、ホールさんの言うように、差別という問題は立場を特定の人間や集団に固定しないで、社会構造の視点から考えることが、むしろ有効なんだろうと思うようになったんです。そうした試みのためには、JR芦原橋駅の界隈で、なかでも大阪人権博物館（リバティおおさか）で、パネル・ディスカッションをやるのがいいだろうということに、私や酒井さん、そして西川祐子さんのあいだで決まっていったんです。

その際、パネルの前に、地元のフィールドワークを**浅居**さんにお願いしようということ

浅居明彦

になりました。それまでも私は、毎日新聞記者でのちにこの共同研究のメンバーにもなる鈴木英生さんの紹介で**浅居**さんのフィールドワークに加えていただき、何度かこの地域を歩かせてもらっていました。それで、パネリストたちがその会議の前にみんなで開催される地域を歩いて、国民国家の問題を被差別部落の人たちの視点から捉え直してみるのはとても有効なことだと考えたんです。もちろん、**浅居**さんはいつものように快諾してくださいました。

ただ、この会議で残念だったのは、部落差別を主題とするパネルが、私たちのものを含めてまったくと言ってよいほどなかったことでした。会場の目の前にある和太鼓のブロンズ像や、会場が被差別部落にあることの意味などをまったく踏まえることなく、国民国家を論じることができると思い込んでいること自体が、私にはとても傲慢で無自覚なように思えました。

だから、参加者のほとんどが、会議が終われば、その地域に足を止めることもなく、理解しようとする気もなく、そのままJR芦原橋駅まで早足で歩いて、電車に乗って家路についてしまう、といった雰囲気でした。それは、ほんとうに心残りでした。それは、以前、私が南アフリカのケープタウンでの国際宗教史学会に参加したときに目にした光景と同じでした。海外から来た参加者は、地元の黒人社会とほとんど触れ合う機会を持たないままに会議を終えて、彼らが最もアフリカ的と信じるゴリラとかワニの見物という観光をおこなうだけでした。

＊スチュアート・ホール（1932～2014）イギリスの文化理論家。カルチュラル・スタディーズの代表格で、とくに文化・メディア研究に貢献。主要編著書（邦訳）に『カルチュラル・アイデンティティの諸問題――誰がアイデンティティを必要とするのか？』大村書店、二〇〇一年など。

磯前順一

そこで、酒井さんと議論して、もっと深くその場所に関わっていかなければならないという課題を意識したわけです。本当にあの時は、**浅居**さんたちに申し訳ないことをしたなと思っていました。ただ、その時に**浅居**さんが、「酒井さんみたいな人たちが、いろんな人たちが、この街にまた来てくれたらええのになぁ」って、救いになる言葉を言ってくれたんです。その言葉に支えられて、あの会議の埋め合わせとしても、それ以上に自分にとっての現実理解の新たな課題としても、自分でもできることがあるのかなと強く感じたのです。

浅居　僕も「カルチュラル・タイフーン」の時に、「なんやこれ？　何か大阪人権博物館（リバティ）でイベントやってるな〜。若い人がたくさん来て二日間もやっている。何やろ、これ？」で覗いてやれ、と思って会場（大阪人権博物館に併設されていたリバティホール）に入りました。ちょうどフィールドワークに参加された酒井さんのお話やったんですよ。で、僕は大学も行ってないし、歴史学や宗教学の勉強もしたことないから、そんな御高名な方とも知らず、ただたんに有名そうな大学の先生だったら話を聴いてみようかと思って冷やかしで入ったら、かなりのインパクトがあったのを今でもはっきり覚えています。

僕は今まで出会ってきた部落史をやってる何人かの大学の先生の話は知ってるけど、それ以外のジャンル、宗教史とか社会史やってる大学の先生の話は聴いたことがない。いっぺん聴いてみようと思って参加した。そこで印象に残ったのは、「ややもすると我々アカデミズムの世界で生きてる人間というのは、当事者や現地のことは関係なく、紙の上でディスカッションして終わりとなって事足りる世界である。当事者の地域や場所で、こういった取り組みがされるのは、自分の記憶の中では今回が二回目だ。そういう意味では、今回この地でこういった取り組みをされることが意義深い」というような話をされた。「へえ〜、そういうもんなんか？」と。「意義深い」というのは確かにそうかもしれないなと。

いま**磯前**さんがおっしゃったように、たまたま知り合いの何人かも来てるし、この流れで居酒屋さんへ行って一杯飲みしようか、となった。それで、「何人か知ってる人おったら来たらいいやん」、じゃあ、「常連に迷惑かけたらいかんから」と言うて。それで、外の通りにテーブルと椅子並べて自分たちで飲んでいたら、まさかまさかの**磯前**さんや守中さんがお見えになって。自分にとってはすごい「ええ、今日はラッキー!?　こんな人と話ができる」というふうに思って。でも、正直言うと、このイベントが終わったらこの付き合いは終わりやとその日は思っていて、まさか後日、国際日本文化研究センター（日文研）で「差別から見た日本宗教史再考」という共同研究会が始まって、お声かけていただくというふうには、あの時点では思ってなかったけど、結局そういうことになり、今から振り返ると、すごくいい勉強させてもらったと思ってます。

磯前　やはり、**浅居**さんには学者の立ち位置の問題が大きかったんですね。でも、学者は学問の中身、つまり解答しか問題にしないから、自分の立つ位置についてはまったくと言ってよいほど無自覚だと思います。恥ずかしいことですが、カルチュラル・スタディーズそのものが「誰が何のために、誰に向かって語るのか」という問いをその根幹に持つものなのに、研究者は、それを自分の問題として引き受けようとはしないんですね。

浅居　にわかに信じ難いかもしれませんけど、いろんな学者の先生がいるでしょ。**磯前**さんに出会うまでは、部落史やっている先生以外は部落問題など知らない、勉強してないと、勝手に思い込んでいた。ところが、共同研究会に行ってみたら皆さんよく知ってるわけです。宗教学やっておられて、その視点からきっちり被差別民の事が出てくる。率直に言って皆さんかなりわかっておられるんだと。部落問題のことなんか誰も知らない、ちょっと変わった先生だけがやってる話だと思っていた見方が、変わったんです。やっぱり日本史の中の部落史っていうのは、宗教者であろうが、さまざまな研究やっている人であろうが、それを専門にはしてないけれども、勉強もし、関わってもいる、ということを知ったのが、まず驚きでした。

それと、浪速区の鷗公園にある「折口信夫生誕の地」の記念碑のことですが、歴史好きということもあって、自分が部落民としてなぜこの社会で差別されるのか、自分史を知りたいなということを含めても、歴史には興味がありました。それで、柳田國男の本もちょっと読んだりもしてました。ある時、折口信夫が沖縄に行って一九二一（大正一〇）年に書いた『沖縄探訪手帖』に「琉球には特殊部落とてはない。唯、念仏者を特殊扱ひするだけで、皮屋も、屠児も嫌はない」という一節があるんですね。それで、折口の生誕の地は知ってましたんで、すごい人だと勝手に解釈して、部落に隣接して育ってるから、部落も、そして沖縄のこともよくわかってると思い込んでいた。ところが数年前に、『折口といふ名字』（一九一八年）という文章を見たら、「今頃は、名実ともに、百年二百年毛嫌ひを増上させてきた部落と、見

＊折口信夫（1887〜1953）
民俗学者・国文学者・国語学者。釈迢空と号した詩人・歌人でもある。柳田國男に師事し、民俗学の基礎を築く。大阪市南区（のち浪速区）で生まれ育ったため、部落問題についても造詣が深い。

＊柳田國男（1875〜1962）
民俗学者。農務官僚・貴族院書記官長、枢密顧問官などを歴任した。政治的統治や文化的教化の客体としか見做されてこなかった民衆を、その生活を軸としつつ、主人公として価値づけしていく姿勢を打ち出し、「民俗学」を確立した。主要著作は『柳田國男全集』筑摩書房に収録されている。

分けがつかなくなつたはずである」と書かれている。たぶん折口は、自分の住んでいるところと「穢多村」は今では一体となっている、部落を「毛嫌ひ」するのが強まったんは、ここ一〇〇年か二〇〇年のことでしかない、と言いたかったのやと思います。そやけど、関西線が境界となってその向こうが部落（民）、こっちは「穢多村」ではない、というようにも読めるんですね。この一節を読んで衝撃を受けたんです。「なんやねん！」って。それまで尊敬してたのにショックでした。

そういうことからしたら、せっかくこの共同研究会でいろんなジャンルの研究をやっている皆さんが集まっておられるんで、そうした立場から見た今の部落差別の問題、というか今の日本社会のさまざまなねじれた事を、どう見ておられるかを聴きたいなと。まぁ、僕は専門的な勉強はやってないんで、被差別部落民としての当事者として意見求められた時には積極的なお話させてもらうけれども、高校の授業もろくに聴いてなかった僕が、聞いたこともない横文字がたくさん出てきて、メモ取って後で調べなあかん。もう、腰砕けなって、二週目くらいでお手上げ状態になって、なにがしかの理由つけてドロップアウトするはずやったんやけど、知りたいし、もっと聞きたい、という関心のほうが勝るようになったんです。

「折口信夫生誕の地」記念碑
（浪速区鴎町公園）

いま僕は部落解放同盟*に所属してますけど、組織として、自分も含めてどれだけ勉強してきたかとなると、個人のレベルは別として疑問ですね。部落史の話でも、政治家のひと言がどう、といった狭いなかだけだと、部落解放理論も「井の中の蛙」で終わりになると思ってます。やっぱりこの共同研究でやってるような勉強も含めて、そうとう大きな視点で日本社会というのを見て、宗教から見た日本社会はどうなんかとか、そういうことも含めて、やっぱり僕たち被差別民自らの、そういう広い意味での自分らというスタンスをとらないとあかんなと思うに至ったんです。おかげさまで、こうやって今も参加させていただいてるんです。僕自身も部落民であることをカミングアウトしてますんで、僕のひと言ひと言に誰が食ってかかってきても、それはそれで議論の場ができていいなと、いい場所なるなというくらいに思ってますね。

磯前　やっぱり覚悟ですよね。カルチュラル・スタディーズを旗頭に掲げる研究者から「学問するのにどうして覚悟が必要なのですか」と反論を受けたことがあるんですが、商売としての学問なら舌先三寸でどうにでもなってしまうんですよね。とても残念なことですが、これが今の世界中の学問の現実でしょう。

学者の立場への問いというと、人類学で有名な「参与観察（participating observation）」という言葉があります。学者がフィールドワークに出かけたときに、現場の人間関係のなかで一人の人間として主体的に交流しつつ、同時に学者として客観的に物を見るという姿勢のことです。たとえば、私も所属していた東大大学院からシカゴ大学などに留学した宗教学の院生

***部落解放同盟**　部落解放と人権確立をめざして設立された運動団体。一九四六（昭和二一）年に結成された部落解放全国委員会が一九五五年に改称した。

たちが、アメリカの大学院教育に参加する際に、そうした言葉を格好よく使っていました。

だけど、その現場に当事者として参加する行為（Participation）と、同時にそれを観察する行為（observation）がどういう関係にあるかということについては、少なくとも日本語で出されている宗教学の本などでは、誰もきちんと説明していないんですよ。結局のところ、こうした言葉を短く用いられると、観察対象にされた現地の人たちを体よく利用して終わってしまったり、逆にそんな立場に立つ研究者はすべからく搾取者だと被害妄想気味になって学者を告発したりする。そして、その告発をしている自分は真理に目覚めた者だと、自己を正当化して満足する。

いずれにしても、自分だけは、現地のこともわかるし学問のこともよくわかるというオールマイティな立場をとり得るという、例外主義的な幻想に浸って終わってしまいます。私の知るかぎりでは、学者が本当に現地の人びとと関係を結ぶということが、どういうことを意味するのかについて、少なくとも日本の宗教学という世界では真剣に詰めて考えられてこなかった。

私の周りでは、一連のオウム真理教事件*で、これらの事件に対してどういった立場をとるのかということを通して、ほとんどの研究者の立場が明らかになってしまったと言えると思うんですよね。オウム真理教事件を宗教に躓いた宗教学者自身の問題として問いを立てるのか、特定のオウム寄りの発言をした研究者だけの問題、あるいは宗教学者ではなく、もっぱら信仰者の問題として他人事《ひとごと》のように振る舞うのか、立場が分かれたんです。もちろん、沈黙を守った人たちのほうが圧倒的に多かった。

***オウム真理教事件**　麻原彰晃を教祖として、かつて存在した新宗教団体。オカルトブームを背景に若者を中心として一万を超える信者を獲得したが、松本サリン事件（一九九四年）や地下鉄サリン事件（一九九五年）などを起こし、麻原は逮捕され（二〇一八年死刑執行）、宗教法人の解散が命じられた。

そんなことを考えているときに、二〇一一年三月一一日に東日本大震災が起こり、のちにこの共同研究会のメンバーにもなる鈴木岩弓さん（本シリーズ第一巻を参照）や佐藤弘夫さん（本シリーズ第二巻を参照）と深く会話する機会をたびたび持つことができました。結局のところ、加害者意識で、あるいは逆に被害者意識で研究者が参加しても、それだけでは現地の人たちの役には立たないんだということを学んだのです。当時、私の生活の拠点は関西にあって、その時にダメージを受けなかった人間だからできることもあるし、ダメージを受けた人間だからこそわかることもある。どっちが良いか悪いかじゃなくて、それぞれの立場からの現実の捉え返しのやり方が問われるべきなんじゃないか、と教えられたんです。

やっぱり研究者の姿勢が問われるべきなんだと思ったんです。それは学者が正しいのか、現地の人間が正しいのか、その二者選択ではなく、それぞれの立場において自分の立場を捉え返すやり方が問われるべきなんだと、身をもって教えてもらったんです。その可能性を切り拓く機会を作り出すのが、まさに「参与観察」なんだと、そこで、はたと私も了解したんです。そして、自分にとって浪速部落やそれをめぐるさまざまな研究に触れさせてもらうことは、その捉え返しを実践の場で鍛錬することに他ならなかったわけです。

私の職場は、建前としては国際日本文化研究を推進する場になっているんですけれど、一世代前までの研究者には、日本研究というものは日本に生まれた日本人がいちばん理解できる。だから、日本人が外国人に日本とは何かを教えてあげるのが使命なんだと考えている人がいたぐらいです。今では考えられないことですが。

それは部落史の研究で言えば、差別された人たちだけが告発する権利を持つという考え方と変わるものではなくて、当事者こそが真実を知るという立場を前提としたものなんです。それでいいの?って、私は思ってしまうんですよ。それを覆す勇気を与えてくれたのも、鈴木岩弓さんと佐藤弘夫さんでした。被災地に来て、誰が発言してもいいじゃないかって。だって、現地には震災の衝撃で言葉を発せない状態にいる人たちがたくさんいるんだから、そこで第三者が現場をしっかりと観察して、自分の立場に自覚的でありつつ、言葉を発せられるんじゃないかとね。本当に勇気づけられました。

だから、問いを持つ勇気は学問的にはとても大切だし、それが自分の立場の客観性を疑わない「研究」と、自分の立場を疑いつつ物事を考えていく「学問」の違いだと、私はそう考えるようになりました。そうした場というのは、かならずしも大学じゃなくてもいいんです。こうした共同研究会の場に、**浅居**さんのように普段は大学の研究とは縁がない人も、自分の立場が問われる覚悟を持って入ってくる。同時に、大学に属している人間も、自分の立場が問われる覚悟を持って、**浅居**さんたちと討論をしていく。両者に、自分の立場を超える覚悟があったときに、「参与観察」の可能性が開かれる。

それからですね、自分が学問に腹を据えられるようになったのは。そして、きっとそうした立場で関わってくれるだろうという期待をもって、共同研究「差別からみた日本宗教史再考」のメンバーを募りました。自分の考えをきちんと説明して、かかわってくださるようにお願いしたのです。

2 浪速部落で生まれて、出会って

司会 ここまで**磯前**さんに共同研究会を立ち上げるにいたる経緯を、**浅居**さんとの関わりを踏まえて話していただきました。ここで、**浅居**さんご自身の生い立ちについてのお話を伺えますか。

浅居 母を亡くして今年で九年あまりになるんですが、母は非常に信心深い人で、滋賀県彦根市の南にある被差別部落に一六歳まで居て、一七歳でこの浪速部落に出てきて、和歌山の部落出身の父と知り合って僕が生まれた。母がいつも仏壇に手を合わせている姿が強く印象に残ってます。僕は、高校時代は簡単に言ったら「不良」でした。ほかのことはたいがい何も怒らない母なんですけど、実家へ行くと、「話の前にまずは仏壇に手ぇ合わせてチンと鳴らして「南無阿弥陀仏」と言え」と。「なんでこんなことばっかり言うのやろうな、おかんは」と。

で、母の姉（伯母）が亡くなって葬式で田舎に帰ったんですね。大阪のお通夜というと、お寺さんが来てお経上げてもらって、終わったら酒盛りが始まる。そこで、死んだ人間の悪口を含めてワーっとやるのが通例。そのスタイルで、大阪から来た私の従兄弟らは「大阪組」と呼ぶんやけど、葬式行きました、お坊さん帰りました、それでいつものように、さぁ酒盛りしようかということになって段取りの話をうだうだやってたら、いきなり亡くなった伯母さんの旦那の弟んとかがつかつかっと来て、一人ずつが、『般若心経』の程度だと思うのやけど、あげに行くんですよ。年下の従兄弟なんかもみんな数珠持ってじーっとしていて。ワーってはしゃいでいるんは「大阪組」の人間だけ。そしたら、おっさんにいきなり頭をはたかれて「やかましいんじゃ！　大阪帰りさらせ！」って怒られてね。で、うちのいちばん下の妹の旦那が間に入って、「酒が用意してあるから、もう抜けてええから飲んでこい！」となった。今から考えたら、父方は和歌山やけど、そのおじいちゃんも「親鸞*聖人、親鸞聖人」って言っていたなと。親鸞聖人の絵が額に入れて掛けてあったしね。「宗教って、いったいなんやねんやろ？」ってずっと疑問に思ってたんやけど、深く考える気はいっさいなかった。

それで、この共同研究会に出て勉強して、簡単なところから入ろうと。難しい学術研究書は無理やから、とりあえず、身近な話題で、おかんに言われたんことを思い出したんです。「おまえな、世の中出たら「あんたとこの宗教何や？」って尋ねられる。尋ねられたら「浄土真宗や」と答えや」って。高校三年生の時で、もうじき世の中へ出るからでしょうね。「次な、向こうは西か東か尋ねてくる。その時に宗教のことをわからへんでもええから、西と言うたらあかん」って。「なんで言うたらあかんねん？」「西って言うたら部落ってわかるねん」「ええ！　そうなん？」ってなったんです。それ以上なぜか勉強しようともしなかった。けど、この研究会で、やっぱり勉強しようと。

とりあえず、五木寛之*さんが『親鸞』（講談社）を書いてるから、小説家が書いてるところ

***親鸞**（1173〜1262）　鎌倉時代前半〜中期にかけて活動した仏教家。浄土真宗の宗祖。法然を師と仰ぎ、生涯にわたって「浄土往生」の教えを継承した。独自の寺院を持たず、各地に簡素な念仏道場を設けて教化した。

***五木寛之**（1932〜）　作家・随筆家。幼少期に朝鮮から引き揚げ、『さらばモスクワ愚連隊』でデビュー。『蒼ざめた馬を見よ』で直木賞を受賞。その後も『青春の門』をはじめベストセラーを多数発表。

から入ろうかな、と。それで本をぱっと見たら「悪人正機」、「悪いもんほど救われるんや」と。ああ、そうかと。差別されて苦しいと。苦しい苦しい世の中でね、親鸞はいわゆるそんなもんこそ救われるのやと。この言葉に部落の人間はすがった。今はまちづくりでそうとう変わりましたけど、昔は家と言ったらバラックだらけ。なのにでっかい屋根のあるお寺がある。そんだけ、どこの部落も信心深い。家があばら家やのに寺への寄進はよくする。

そこで、宗教、やっぱりもうちょっと勉強しないとあかんなと。なかには外国の話も出てきて、たとえばインドではこうやとか、中東ではこうやとか。世界中で通底するところがあるな、と。人間って宗教に対してどんな思いでいたとか、宗教者がどういう思いでとかいうところまで考えていかなあかんわ、と思ってます。日本でもオウム真理教事件なんかがあったしね。

磯前　オウム真理教事件は、宗教学には決定的なものでした。日本の宗教学は、全体の学問システムとしては、オウムの問題と自分の学問の共犯関係を認めなかったので、当事者としての責任からすると「死んだ」と思ってます。私の『宗教概念あるいは宗教学の死』（東京大学出版会、二〇一二年）という本は、そのマニフェストとして書きました。

責任を認めることで生き返るんですけど、それを認めないことでむしろ死んでしまう。あるいは閉ざされた共同体の中では生きていることになっているけど、その共同体自体がもっと広い社会の中で見るとすでに死んでいる。オウム真理教事件を通して、宗教というものを捉え直して、プラスとマイナスの両方からその関係性をどう考えるかという視点を打ち出したのが、新しい宗教研究であったと思います。こうした宗教研究は、社会の中で考察してこそ意味をもつのです。

私も**浅居**さんたちと会話するときには、宗教学に学んだことではなく、酒井直樹さんやスチュアート・ホールらカルチュラル・スタディーズやポストコロニアル研究*の学者たちとの対話を土台にしています。きちんと学者が学者であるがゆえの責務を引き受けるのだけれど、同時に学者がすべてではないこともわきまえる。その二重性ですよね、引き受けると同時にそれがすべてではないという認識。ガヤトリ・チャクラヴォルティ・スピヴァク*さんの言葉を借りれば「ダブル・バインド」かな。被害者であることもあるし、加害者であることもある。引き受けるんだけど、すべてじゃない。

酒井さんと一緒に韓国に行ったとき、「カルチュラル・タイフーン」でも話題になりましたが、日本人として戦争責任をどう思うんだって話がありました。それは、日本人であるかぎり、自分が戦争の時代に生まれていなくても戦争責任を引き受ける必要はあるのだけれど、だからといって永遠に謝り続けるということとはちょっと違うと、酒井さんは言ったんですね。当事者としての立場を引き受けながら、「脱構築*」の作業を通して、その立場性を、加害者も被害者もともにずらしていく。私が思うに、その作業が「宗教」という概念に対しても必要なんですよ。

また、このシリーズの関係で、原爆が落ちてほぼ壊滅した長崎の浦上部落を共同研究会のメンバーでもある山本昭宏さん（第一巻・第二巻を参照）と一緒に調査していたときに、テレビ番組が取材に来ていたんですよ。そこで初めてお墓に実際に置かれている差別戒名*を私は

＊**ポストコロニアル研究**　さまざまな方法論や問題意識に基づき、旧植民地であった地域において、植民地主義や帝国主義が社会や文化に与えている影響を、批判的に理解しようとする研究。研究者の研究対象に対する態度も批判の俎上に載せられる。

＊**ガヤトリ・チャクラヴォルティ・スピヴァク**（１９４２〜）アメリカの文芸評論家・理論家・比較文学者。インド東部ベンガル出身で、コロンビア大学教授。マルクス主義、フェミニズム、ポストコロニアル批評の脱構築的な読解をすすめる。主要著作（邦訳）に、『サバルタンは語ることができるか』みすず書房、一九九八年など。

＊**脱構築**　プラトン以来の哲学における伝統的な思考に対して、我々自身の哲学的な営み自体が、恒常的に旧来の構造を破壊しながら、新たな構造を生成している、と考える二〇世紀哲学の全体に及ぶ思想潮流。ジャック・デリダ（１９３０〜２００４）は、この理論の代表格。

＊**差別戒名**　「畜」「僕」など通常で

見ました。そこでびっくりして、「お寺はどこですか?」と聞くと、「もうお坊さんは来ていない。別の宗派の僧侶がボランティアで二代にわたって菩提を弔ってくれています」と、教えてもらいました。

そういう意味では、弔う者としての僧侶の立場は引き受けるけど、宗派という立場にはとらわれないという、二重の主体性がこういう現場で実践されているんだなと思って、感銘を受けました。その後、その局のテレビ番組では、浦上部落の人たちと同じ地域に暮らすキリシタンの人が、自分たちの先祖はキリシタンであるという理由で江戸時代に迫害されてきた。しかも、被差別部落の人はキリシタンのことを長崎奉行に密告して、拷問に荷担した側だったので、部落とキリシタンとは非常に仲が悪かったと話してくれていました。

その発言に興味をもったので、現地の人たちから勧められて、高山文彦*さんの『生き抜け、その日のために――長崎の被差別部落とキリシタン』（解放出版社、二〇一七年）という本を読みました。そうしたら、実は浦上部落の人のなかにも、かつてはキリシタンで、いわゆる「ころび」、棄教を経験している人たちが、けっこういたことを知りました。それで、さきほどのテレビ番組では、キリシタンとは被差別部落出身の者であり、被差別部落出身者が元キリシタンであるという史実が、まったくと言ってよいほど切り落とされて放映されていたことを知ったのです。だから、テレビではキリシタンはずっと被害者であって、被差別部落の者がずっと加害者として、一方的な謝罪関係で描かれてしまった。こうした加害者と被害者を固定化するという思考法は受け入れられやすく、根強いのでしょうね。

は使用されない差別的な文字を使った被差別部落民の戒名（法名）。その多くは、墓石にも刻まれており、宗派も多数にわたる。

***高山文彦**（1958〜） ノンフィクション作家。日本社会の重要な事件を多く取り上げ、部落問題を扱った作品もある。

浅居　もともと僕が一三歳頃までの母親は「寝た子起こすな」やから。中学一年生で、大阪の同和教育で『にんげん』*という副教材（副読本）を使って学校の教師が読み聞かせやっていました。今でもはっきり覚えてます。話を読み聞かされた後、僕は自身の中で「部落の人ってかわいそう、何も悪いことしてないのに、あの人ら被害者や」と他人事のように思ってました。ところが、「この中学にもその仲間の人がいてます」と先生が言う。そこで何人かが、キョロキョロする。そのキョロキョロしてんのが一〇〇％部落の子しか通ってない小学校の子。僕の小学校の子だけがキョロキョロしてるねんね。ほかから来ている子らは、栄小学校の卒業が部落民と知ってるわけです。だからキョロキョロしない。「先生の話は、あいつらのことや」と思ってる。僕らの小学校では、逆に、同和教育の実践を教師がしたいと言ったときに部落側が止めた。部落の町会の有力者が部落解放同盟がやろうとしていた同和教育を止めたんです。一九六九（昭和四四）年、私が小学校六年生の時のことです。なので、中学一年の時に「この中学校にも部落出身者がいます、それは栄小の仲間です」って、教員がいきなり言う。こっちは「え？　俺？　そのかわいそうな仲間は僕？」ってなる。そっからのスタートだった私は、途中から朝田理論*で、「部落民に関わる一切の不利益は差別だ」と教え込まれた。それに性格的にも過激なほうやったから、「ほんなら俺らの周りの一般のやつはみんな敵や、全員しばかなあかん」って、訳もなく感じたこともあります。でも、運動の実践やってるうちにわかってくるんですよ。

部落の中の当時の同和対策事業*前の姿、非常に劣悪なバラックが並んでます。そのなかでもとくに集中している地域のことを「台湾」と呼んでました。部落の中の最貧困層が集まっ

*『にんげん』　一九七〇～二〇〇八年まで、大阪府内の小・中学校に無償で配布されていた。解放教育研究所（解散）が編集し、明治図書が発行していた。部落問題をはじめ人権問題を幅広く取り扱っていた。

***朝田理論**　部落解放運動戦前からの指導者であった朝田善之助（1902～83）が提唱した三つの命題に基づく理論。「部落差別の本質」「部落差別の社会的存在意義」「社会的意識としての部落差別観念」から成る。

***同和対策事業**　一九六五（昭和四〇）年八月に内閣から出された、いわゆる「同和対策審議会答申」に基づいて一九六九（昭和四四）年に制定された「同和対策事業特別措置法」によって実施された、被差別部落の低位性を解消するための、行政による一連の事業。

ていた地域をそう呼んでたんです。浪速部落の中でも「「台湾」行ったらあかんで」なんて平気で言っていた。浪速部落と隣り合う西成部落でも同じように言っていた。問題は、その地名なんです。ある人は、地形が離れ小島みたい、航空写真を見ると台湾みたいやから、と言う。私は違うのではないかと。間違いなく日本の統治下であった朝鮮や台湾を見下げる考え方から来る「台湾」ですよ。実は今の「浪速地区歴史展示室」*をオープンしようと準備しているときに、同じ大阪市内の浅香部落の支部長で私と懇意だった塩野仁さん（故人）が、地元の教員を連れてきて、まったく同じようなことが浅香部落にもあると言ってました。

このことと関係して、以前、地元の高校二年生の自主研修で部落問題を学習するということで、その受け入れのときにこう説明したんです。「僕らは被差別部落、部落民としての差別を受けてるけど、他者に対しては差別する側なんです。たとえば障害者に対しても差別してるし、同じ部落の中でもこの貧困者の地域を「台湾」と言って差別していて、それは同時に台湾という国に対してかつての統治下だからということで差別している」。これはいつもの僕の考え方なんです。ある有名な政治家の先生のエピソードですが、浪速部落で講演したときにこんなことをしゃべったんです。「元は長崎県、父はキリシタンで熱心な信者やった。母は実は被差別部落出身で盲目やった。それが原因で夫婦げんかになったときに、あの尊敬してやまなかった敬虔なクリスチャンの父が「黙っとけ、このエッタのめくら！」という差別的な発言をした。その時に自分は驚愕した」と。自分が尊敬してやまない敬虔なる父が障害差別と部落差別を自分の奥さんに対してする。「黙れエッタのめくら」なんて発言は私は一生忘れられない、と。

＊**浪速地区歴史展示室**　ＪＲ芦原橋駅近くに設置された、浪速部落の歴史を知るための展示室。江戸時代の渡辺村の実態や近代以降の浪速部落の変遷などを、写真や図表で詳しく紹介している。

だから、被差別民である私らは、部落差別を受けてどうなんだというのを、つねにやっぱり自分も問い直していかないとあかんなと思っているですよ。

磯前　なるほど。それこそ、私が**浅居**さんから学んだことでした。何よりもまず、自分に問いかける姿勢ですよね。他人事として他人を問うときには、どうしても問う主体である自分はその視野の外に置かれて、例外的な存在として免罪されてしまいます。それではその言葉は、現実に深く傷つき苦しんでいる人たちの前では説得性を持ちえないのです。まさに「誰が、何のために、誰に向かって語るのか」が明らかになる点ですよね。

3　浪速部落の神社と寺院のこと

司会　ところで、本巻では、神社などの浪速部落の宗教施設についても、深く掘り下げて取り上げられています。そのあたりは、**浅居**さんの個人的な体験や思いとしてはいかがですか。

浅居　僕らは「宮さん、宮さん」と子どもの時分から、浪速神社のことをそう呼んでました。その浪速神社を、坐摩神社との関係から、年寄りが「坐摩さん」と呼んでいるのを聞いたんです。それで「坐摩さんって何なん?」と問うたところ「宮さんのことや」って。私としては「宮さんでええやん」っていうくらいの認識しかなくて。恒例の夏祭は何ていうか、生活

浪速神社

の一部で、梅雨が明けたら太鼓の練習が始まって。部落に住んで部落の中に太鼓屋があって、夏祭りに太鼓巡行があって当たり前やったんです。部落解放運動をやってきてわかってきたんですが、太鼓を作ってる人は差別で除外されると。結婚差別も受けると。ある映像では太鼓職人の顔が映ってないんですよ。取材先の太鼓業者さんが「映すな、職人を映さんといてくれ」って。だから大きいな太鼓づくりなんかの作業シーンでは映っていません。だけど今行くと、まったく問題なく撮影可能です。そうした意識を変えたのは太鼓職人自身なんです。

太鼓集団「怒」*というう地元のグループが演奏をはじめたというのも大きいんです。「怒」は僕が三〇歳の時に立ち上げたんですけど、その理由は、ある日こう気づいたからなんです。日本でいちばん有名な石川県松任市の太鼓業者の専務さんが「怒」のプロフィールに部落問題について書いてあるのを見て「部落ということは言わんとき、やめておき」と。「君らの応援はするけど。世界で評価される和太鼓造ってるのやから、そんな過去の差別された歴史とか書く必要ない」っていうスタンスの人やったんですよ。そこで、その業者さんの展示館を見学に行ったんです。そうしたら世界中の太鼓があるんですよ。入って最初にガラスのショーケースの中に古文書も置いてあるんです。そしたらその古文書に「何某ほかかわた者四名に告ぐ云々」っていう内容のことが書かれていて。それ見て、「専務さん、隠せ、言うなって人には言っておいて、あんたとこの先祖の名前が、「かわた者」に告ぐって命令書のようなものに書かれてるがな」というような話になって。

ちょうどそのとき浪速部落でも結婚差別を受けた話があって、これはおかしいなということで、太鼓のことを積極的にやって、メディアにも取り上げられるようになったんです。そ

＊**太鼓集団「怒」** 一九八七（昭和六二）年に浪速部落内外の青年によって設立された和太鼓グループ。「鼓色彩響」（大阪府内の太鼓グループの合同演奏会）などを開く。代表曲に「競（きそい）」「鼓響（こきょう）」など。

＊**美保神社** 島根県松江市にある式内社。えびす神を祀るため、商売繁盛のほか、漁業・海運の神などとしても信仰を集める。また、「鳴り物」の神として楽器も多く奉納されている。

うしたら地元の業者さんの意識も変わってきた。それから、宗教関係で言うたら、島根県の美保神社*のご神体は鳴り物が好きで、海運業者さんや荷受けさんがね、日本海航路回るときに船が沈んだあかん、事故に遭わんように、と貢ぎ物として鳴り物を納めるんですよ。それで、宝物館の建設をやってるとき、僕ら行ったんですよ。そしたら一二〇個ぐらい太鼓があったんです。ふつうは太鼓を作った職人がその胴内に墨書で自分の名前やらを入れるんですが、やっぱり美保神社のものにも墨書がありました。なんと全体の八割が渡辺村で作られたものだったんですよ。そのなかに誰が聞いても知ってる名前ありますわ。淀屋橋*を架けた淀屋辰五郎が作った太鼓はうちの部落、大阪渡辺村です。それに四天王寺の聖霊会*の時に火焔太鼓*が叩かれます。雅亮会*の方々が、石舞台*なんかを使ってやるのやけども。まぁ、だから、

渡辺村の播磨屋源兵衛の墨書がある太鼓の胴
（大阪人権博物館蔵）

＊淀屋橋　江戸時代に橋の南西で商いをしていた豪商の淀屋（辰五郎）が米市への利便性を図るため架橋。橋名は屋号に由来する。米市は、元禄時代に堂島へ移転した（堂島米市場）。

＊聖霊会　聖徳太子ゆかりの四天王寺で開催される聖徳太子命日（旧暦二月二二日）の大法要。同寺の最も重要な行事で、「おしょうらい」とも俗称される。

＊火焔太鼓　聖霊会の際に用いられる太鼓で、吊枠の周囲に火焔の形の装飾が施された雅楽用の大太鼓。上方の日月の飾りを入れると高さ数メートルになる。

＊雅亮会　正式名称は、「天王寺楽所雅亮会」。聖徳太子が、雅楽の前身である外来音楽をもって三宝（仏・法・僧）を供養せよ、と命じて以降、四天王寺に置かれたとされる雅楽伝承組織。聖霊会での奏楽・奏舞を行うことを根本的な目的としている。

＊石舞台　住吉大社の石舞台、厳島神社の平舞台とともに「日本三舞台」の一つで、重要文化財。聖霊会の雅楽の舞台となる。

神社仏閣お祭り事、日本の列島社会に住んでて知らんもんはおれへん、太鼓。それで、それがなかったらその神事もできへんのに、作ってる部落民が差別される。

さっき、差別戒名の話、ありましたよね。これは高校生にもよく話す。「おっちゃんな、運動やってていろんな差別事件に遭遇して腹立ったことといっぱいあるけど、とくに、これやねん」って、実物のレプリカ見せて話します。「西欧では揺りかごから墓場までって言うけど、日本では揺りかごから墓場まで差別される。生を受けてから差別受けて、死んでなおかつ。おっちゃん腹立つ」と。読み書きできへん、お布施払って戒名つけてもらって、そこに人間ではない、人ではないと「畜」とか書かれてね。それで、そう書かれていてお金払って「ありがとうございます」って言うて、そう書かれている墓石の前で先祖参りって手を合わせてる。僕の田舎の墓も調べました。結局、一つもなかったけど、思い浮かべたらそれがいちばん腹立つんですよ。うちの部落には宗教界の人も来ます。以前はこんなやり取りもありました。木魚を叩くバイの先っちょは牛革でできてます。「これ知ってますな〜、これ、あんたらの商売道具、バイ。これの先っちょ革やな。これわしらに作らしといて差別戒名か」と。もう坊さんらはうつむかなしゃーない。

しかし、一方で、神社のことはほとんど触れてきませんでしたね。ほかの部落での「笑い話」なんですが、江戸時代には部落の近所の神社では正式に氏子にしてもらわれへんかった。ところが一八七一年（明治四）年に「解放令」*が出て、氏子にしてもらいたいと思って、うちのムラが太鼓の注文受けて。とにかく今までの怒りやろうね、お寺さんがでかいのと一緒で、思いっきり大きいの作って持って帰って奉納しようと思ったら、でかすぎて鳥居くぐら

***解放令**　旧暦の明治四年八月二八日に太政官から出された布告。被差別民の「身分職業共、平民同様」としたが、差別は解消されなかった。そのため、「賤民廃止令」と称する研究者もいる。

れへんかったという、大笑いの実話があって。神社については、僕も知らんかったんやけど、宮さんは、物心ついたときにはあそこにあったんですよ。当時は古い木造で。現在のものに建て替えたの覚えてます。その前のことがわからないんですよ。どうやら白木神社と浪速神社が関係しているらしい。もともとは白木神社が坐摩神社の末社だったのにもめ事があってそれをはずれて、ご神体を持って独立したということのようです。

磯前　日本の仏教の歴史において、浄土真宗が社会に流布するようになってから後は、神社と寺院の関係は遠くなっていく傾向があったと思うんですよね。だけど、それ以前の真言宗とか天台宗、あるいはそれ以降でも時宗などにおいては、神社もまたお寺も、あまり変わらないところがありました。要するに穢れを祓うとか清める、犬神人とか非人に死体を処理させるということですね。神社は、**浅居**さんが指摘したように、太鼓は被差別民に作ってもらうけれど、君たちはお祭りでは太鼓は叩けないよ、という態度をとっていたわけです。お寺でも太鼓は用いるわけですから、基本的に変わりはありません。

しかし、真宗から後になると、むしろ「悪人」と呼ばれた賤民たちこそが、そういうことをやらされてる人たちこそが、最初に救われるんじゃないかという理解が現れてきたというふうに私は捉えています。そして、そのあたりから、神社とお寺の関係もまた離れてくるんだろうと思うんです。そして、明治初年の「神仏分離令（神仏判然令）」で決定的に両者は離れてしまうわけです。

そのように考えると、浪速部落にある神社が坐摩神を祭っていたことには、ほんとうにび

白木神社

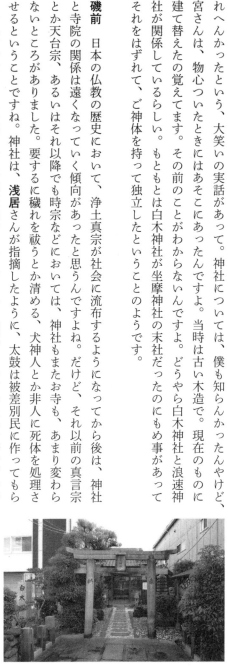

っくりしました。平安時代の朝廷の法制書である『延喜式』[*]を読んでいくと、『古事記』や『日本書紀』には出てこないけれども、宮中の神々を祭っているような巫女さんとして「座摩巫」という名称が出てくる。またその『延喜式』において摂津国西成郡唯一の式内社とされたのが坐摩神社であり、それは現在、大阪市中央区久太郎町四丁目渡辺の地に存在しています。その坐摩神が現在、浪速部落で祭られている。その経緯については、本巻で西宮秀紀さんが詳しく述べられる予定ですが、被差別民の差別の問題とどのように関わるのか、考えていく必要があります。

寺社と被差別民との関係は時代とともに変わっていき、神道では排除することも行われました。他方、寺院では、どちらかというと「救われるんだから、文句言わずに金を払えよ」みたいなとこがあります。とはいえ、被差別民だって中本山までは行けるけど、そこから先の本山には穢れが移るから入ったらいけないぞ、みたいな、やはり根本的なところで差別がありました。

寺院と神社、この二つが現在、差別に向き合っている姿勢は大きく異なりますが、それはとくに明治の神仏分離令（神仏判然令）以降の宗教のあり方とも結びついていると私は考えます。仏教も宗派によって、天皇制や国家との関わりはさまざまですが、差別の問題は、日本の宗教史を考えるうえで、きわめて興味深いテーマと言えるでしょう。

***延喜式**　平安時代中期に編纂された法典。弘仁格式・貞観格式とともに「三代格式」の一つ。全国神社の名簿など、律令（律は刑法、令は主に行政法）の施行細則が収められる。

4 現地で、現場で考える意味

司会 そうなると、この共同研究会で訪問した現地というのが重要な意味をもつのではないかと思います。

浅居 僕は、この共同研究会の現地研修で二〇一七年一二月に九州へ行った時のことが鮮明に記憶に残っています。水俣について、ガイドをしてくれた永野三智*さんとお話させてもらった時のことです。その話を聞いたとき、それまで「水俣現地でも今や、もうそれほどそんなにきびしい差別はないやろ」と思っていたけど、その意味で、やはり距離が遠かったんだと感じた。僕よりはるかに若い彼女が、都心部にアルバイト行ったときに偽の住所書いたら、「あんたと同じ住所書いてる子おるわ」って、その名前見たら自分の姉やってひっくり返ったという笑い話になったらしいけど。

部落問題には西と東の違いがあるけど、まだこんなに強烈な差別があることを、きびしく知らされましたね。国立療養所・菊池恵楓園*に行った時も、療養所の自治会長の志村康*さんの話がすごい熱心でね。あれも貴重な経験でして、隔離されたあの社会、ハンセン病のこと、私は知ってたつもりやけど、やっぱりいかに勉強不足か。あのときハンセン病の当事者の声を初めて聴きました。やっぱり当事者の声を聴くのはインパクトありますよね。これはあか

＊永野三智（1983〜） 水俣病の激発地帯とされる熊本県水俣市袋出月生まれ。患者運動のリーダーとして知られる川本輝夫や濱元二徳などの生き様や胎児性患者の生活を身近に感じながら育つ。二〇〇八年から水俣病センター相思社に勤務。

＊国立療養所・菊池恵楓園 一九〇七（明治四〇）年に制定された「癩予防ニ関スル件」に基づいて、設置されたハンセン病患者の隔離収容施設。恤救・風紀取締り・伝染病予防を目的に、患者を強制的に移住させて社会から切り離した。設置当初の名称は「第五区連合県立九州癩療養所」（一九一一年に「九州療養所」、一九四一年に「国立療養所・菊池恵楓園」と改称）。

＊志村康（1933〜） 国立療養所・菊池恵楓園の入所者自治会長。ハンセン病国賠訴訟全国原告団協議会（全原協）会長。冤罪事件として知られている菊池事件（爆破と殺人をめぐってハンセン病患者が犯人とされた事件）の真相解明と再審を訴えている。

ん、勉強しないといかんなと思いましたね。

磯前 そうですね。熊本と仙台・福島、それに芦原橋。この三つの地域へ研修で行ったわけですが、その経験を自分はどう理解したらいいのかなと今も考え続けています。現在、「情動の理論（affect theory）」という研究が欧米では流行しているようで、これは「感情の歴史（emotional history）」とは違うと、ＵＣＬＡの平野克弥さん（本シリーズ第一巻を参照）が先日教えてくれました。感情というのは自分の中で処理できちゃう個人のものというニュアンスがあるけれど、情動というのは他人を動かしてしまうもので、不安が感染したりすることで他者との関係においていろいろな現象が現れてくるのを考察しようというのが、情動の理論なんだそうです。

ずいぶん前に、モハメッドの肖像画を北欧の日刊紙が戯画化した事件*のことで、イスラムの信者の方たちが冒瀆だと怒ったことがありましたよね。あの時は、冒瀆も表現の自由の一つだから仕方ないだろうと、キリスト教圏の世俗主義者たちは開き直った。これに対して、タラル・アサド*さんは、「何でも許されるのが表現の自由だとしたら大変な暴力になる」という警告を発しました。それと今私の身の回りで起きていることは、ある程度似たところがあると思うんです。

浅居さんが言ったように、差別から結婚を反対されたために堕胎せざるを得ないような状況に追い込まれた人、津波で家や家族を亡くした人たちに出会っていったときに、ほんとうの私たちが問われる。その反応は、私たちを「私たち」という元の曖昧な同質の集団のまま

＊モハメッドの肖像画を北欧の日刊紙が戯画化した事件 二〇〇五年にデンマークの日刊紙に掲載されたモハメッド（ムハンマド）の風刺漫画をめぐり、イスラム諸国の政府と国民の間で非難の声が上がり、外交問題に発展した事件。二〇〇七年にもスウェーデンで同様の事件が発生。

＊タラル・アサド（１９３３〜）アメリカの人類学者。ニューヨーク市立大学名誉教授。専門は宗教研究で、キリスト教とイスラム教の比較研究などに業績がある。主要著書（邦訳）に『宗教の系譜――キリスト教とイスラムにおける権力の根拠と訓練』岩波書店、二〇〇四年など。

でいることを許しません。人間の倫理として、そのような発言や態度は許せないという思いを、国家の政策や現地の人たちという日常的にあまり付き合わないで済む他者に対してではなく、自分の研究会の仲間だと思っていた人に対して、抱かなければならなくなる。一緒にいたり、顔を見ることさえできないくらい、それはしんどい経験でした。相手の生き方が許容できないものだと気づくと、互いにしんどい関係を抱えることになる。

振り返って考えてみると、被災地など、自分の想像力を越えた過酷な差別のある場所に行った訪問者には大きな感情の波がうねるのですね。まるで津波のように。私も良い意味でその津波に「感染」して、少しでも現地の人たちとともに一緒にものを考えたりしたいと思ってはいます。ただ、そこでひどく混乱してしまったんですね。「すべての声に耳を傾けなければならない」って思い込んで、みんなの立場をすべて認めようとしたら、肝腎の自分自身がぶれて、訳がわからなくなってしまったんですね。

やはり声というものは、選択的に聴かないとまずいんですね。作家の村上春樹*さんが、オウム真理教事件に関連して、闇は闇の世界に押し込めておかなければならないと言いました（『アンダーグランド』講談社、一九九七年）が、そうだと思います。どの声に対しては、どの程度耳を傾けるのか。意識的な選別をしないと、実は声を聴くという行為そのものが成り立たなくなってしまうんです。清水寺の貫主であった大西良慶さん（故人）がおっしゃっていましたけれど、観音さんというのは、文字通り、言葉を聴き分ける能力を備えた存在だというのですね（清水寺法務部『般若心経 観音経 観音信仰について・CD付』日本佛教普及会、一九八九年）。人間は我欲にまみれた存在だから、なんでも叶えるわけにはいきませんよね。

***村上春樹**（1949〜） 作家・翻訳家。国内外で人気が高く、影響力も大きい。代表作である『ノルウェイの森』一九八七年は一〇〇〇万部を超えるベストセラー。また、『1Q84』新潮社、二〇〇九〜一〇年は、地下鉄サリン事件をモチーフとしている。

共同研究会を始めて五年経って、それがようやくわかるようになりました。戦後の日本の民主主義では、「みんな平等だ。声をよく聞こう」といったフレーズが盛んに振り回されましたが、だいたいその結果って、ポピュリズムになってしまう。たんに自分勝手な意見を平気で言える、声の大きい人が得をする結果に終わっている。

結局のところ、この共同研究会の人たちは被災地や被差別部落に赴いて、自分の言葉を失ったんです。いちばん怖いことは自己憐憫だと思いますよ。フロイト的に言えば、ナルシシズム。全部が自分の被害者観を肯定する手段として位置づけられてしまう。そういう心理は、当然のことながら私にもあります。それは多かれ少なかれ、多くの人が躓く、ある意味で自然の感情なんでしょうね。こうした感情がなければ、なかなか相手に対して自己投影できないから、自分と重ねて物事を理解することは大切なスタートラインなんだと、今は思うようになりました。ただ問題は、その次の段階なんですよね。しだいに冷静になってきたときに、自分の心に湧き上がった感情の津波にどのように反応するかなんですね。それが私の研究会でも、十人十色。その反応はまったく違うものでした。

浅居さんが懸念したように、差別を語ることって、すごく傲慢な行為にもなり得ます。重要なのは、ガヤトリ・スピヴァクさんが話してくれた姿勢だと思うんです。彼女はニューヨークで会ったときに、しばしば私に警告を発するんですよ。「私はサバルタン*が語れないから、言葉に関わる者がその代弁をする必要があるとまでは言ったことがある。しかし、サバルタンを変えられるなんて言った覚えは一度たりともない。よく誤解されることなので、しっかり覚えていてほしい。ただし、それでもサバルタンが語

***サバルタン**　ポストコロニアル研究などの理論分野で用いられる用語。ヘゲモニーを握る権力構造から社会的、政治的、地理的に疎外された人びとを指して用いられる。「従属的社会集団」などと邦訳されることがある。

れるようになったり、主体的に行動できるように彼らを取り巻く状況を変えたりすることはできる。だから、私はインドやアフリカに学校を創っている。でも、その学校の授業を通して、全員が同じように主体的な行動ができるようにするとか、批判的に物を考えられるように全員を変えてみせるなどと言ったことはない。自分ができるのは、彼らを取り巻く状況をセッティングすることであって、それに当人たちがどのように対応するかは、それこそ各自の主体的な行動次第なのだ」と。

各主体の対応はいろいろだけれど、少なくとも、その主体を取り巻く状況を整えることでさまざまな可能性が開かれる。でも、みんなが同じように目覚めて、差別するのをやめようと自分を戒めるようになるとか、自己憐憫の感情を持つのをやめるように一律に方向づけることなどはできない。むしろそんなことが可能になってしまうとすれば、そこには主体を一律に変える全体主義の危うさのほうが勝ることでしょう。スピヴァクさんのおっしゃることは、今の私にとっては最も説得的で、同時に現実的な選択肢であるように思えるのです。もちろん、差別をめぐる教育や意識づけに際しても、です。

浅居　すでに自身で部落民であることをカミングアウトして活動している人は、ネットなんかに名前を暴露されても不利益は被らないという考え方もあります。いつでも、どこでも、いろんなメディアにも出演しているのだから、被害を受ける人ではないだろう、と。でも、僕から言わせれば、部落民であることを「しゃべるかしゃべらんかは本人の勝手だろう」と。僕の従兄弟が大阪市内に住んでいるんです。従兄弟らは浪速部落をすでに離れていて、本籍地も変えて、宗教まで変えて。叔母の七回忌に行ったら浄土真宗から浄土宗になってたりと。僕は部落解放運動を担って、ずーっと「丑松思想*はあかん、丑松になったらあかん」と教え込まれてきました。その理屈からしたら、従兄弟はまさに「丑松」なんです。でもね、今の僕の心理からすると、「丑松」もありではないか、と思っています。僕は結婚のときに差別を経験しました。お義父さんとお義母さんが反対している気持ちもわかるわけです。お義母さん、実は住井すゑ*さんの『橋のない川』*を全巻読んでいて、部落差別の厳しさがよくわかってるわけです。だから一人娘を、その差別されるしんどい側に行かせるのはいやだ、忍びないという思い。でも、「あんたの人間性は嫌いじゃないから」って、条件いくつか付けられて結婚したんです。

　そういう経験するなかでね、わかってきてね。僕の従兄弟もひどい目に遭っているんですよ。従兄弟には「おまえしゃべったほうが楽やぞ。隠してたらしんどいやろ」って言うてますけどね。だから、部落出身であることをカミングアウトしようが、しまいが、それは自身の勝手の問題だと。私はテレビ番組なんか出てます。全国ネットで部落出身者だとしゃべりまくりながら、片っ方で、しゃべらない自分もいるんですよ。場面があるんですよ。たとえば、三年前叔父が亡くなりました。葬式に滋賀県まで行きました。大阪の従兄弟グループで行って、お葬式終わって。ふつうは葬式事って肉食だめでしょ。葬式の帰りにいろいろ供えもん分けて持って帰らせますねん。僕らカミングアウト組は電車で帰って、隠しているほうは車で帰ったのやけど。その時に「重たいな、何入れてあんねん？」と思ったら「さいぼし極上品」って真空パックのやつ入ってましてね。「僕らはありがたいけど、あいつらどうす

***丑松思想**　島崎藤村作の『破戒』の主人公・瀬川丑松が、被差別部落出身であることを生徒らに告白して教壇を去り、テキサスへ向かうというストーリーから、部落出身者の立場から逃れる姿勢を喩えた言葉。

***住井すゑ**（1902〜97）作家。奈良県の裕福な家庭に生まれるが、幼少期に被差別部落の草履商からたびたび実家に訪問販売を受けたことから部落問題と出会い、代表作『橋のない川』などを執筆。

***『橋のない川』**　作家・住井すゑの代表作で、奈良県の被差別部落を舞台にした作品。第一部より第七部にわたる超大作で、一九五九年に連載が開始され、一九九二年に第七部が新潮社から刊行された。また、映画化もされ、映画版が第一部〜第三部までDVD化されている。

んねやろ?」って。その後の飲み会で、カミングアウトしたもの同士やから、どうしても部落問題の話なりますやん。「おっちゃんもな、金残したけど字ぃ書けないで苦労したって言うとったなぁ」「お店に肉を配達してこいって、どこどこの家へ行ってこいって言われても、字読まれへんから苦労したなんて話しとったなぁ」とか。そしたら隠しているほうの、ミナミで店やってた姉さんが俺の顔見てしきりにウインクするんですわ。そのしぐさを見て振り向いたら、三姉妹の次女の旦那が来ていて、「あ、そうか、もう部落の話すんなということか」と。そうなると僕も黙りますよ。

僕も毎回毎回、どこでもかしこでも部落出身者や部落民の話をしているかといったら、そうではないんです。部落の話をせえへん時もありますって。それは私の判断でしょ、ここでこれ言ったら気まずいし、止めたほうがいいなってジャッジメントが働く。部落解放運動でも部落差別の解消へ向けたプロセスや闘い方、やり方は十人十色ですよ。

結婚差別の件数などを行政では数で示しますけど、ほんまに氷山の一角で。たとえば、解放運動団体の執行部のご子息が、結婚差別受けている事例なんて何件もあるんですよ。その人も実は泣き寝入りなんですよ。破談になる場合、理由をけっして「部落民やからあかん」とは言いません。みんなが異口同音にこう言う。「悪いな、うちの子はあんたのところの子と結婚する気でおってんけど、ほかに好きな女できてしまったんや、申し訳ない、人としてあってはならないけど、婚約解消してくれ」と。泣き寝入りするしか仕方ない。それを差別事件にできますか? できませんよ。そんな話はなんぼでもあります。

従兄弟からしたら「おまえみたいなんがおってくれるから、こっちは苦労してんねん」と思ってるかもわからんけど、「僕は僕の生き方や、黙って苦労してしんどい生き方するのはおまえやけど」って。その関連で言うと、結婚した時、お義父さんあんまり前出てこないけど、お義母さんがやたらと前出てきて話できる。で、最終的には一三年間一緒に住んで、今でも健在ですけど。このあいだ、僕の次男が結婚して孫もできて。子どもらが私の結婚した二五歳くらいになる時には、「差別は許さん」ってはっきり言うおばあちゃんになる。「もうじき息子二人結婚近づいてんで」「せやなあ」「どうする？」「何が？」「結婚する時、相手の親のほうから部落やからあかん言われたらどうする？」「許さん！」って。あんた、どの口でそれ言うとんねんって。せやけど、それが差別やろ、って話でね。

それにしても、今ネットでは「部落探訪」とか称して、部落を暴くことが続いています。その制作者は「学術研究」なんて言っているけど、違うやろって。これがずーっとまかり通って、映像も消去されないという、そうした行為を規制する法整備の問題とかがあって。制作者は、部落問題の蓄積のなかで出されてきた本などを取り上げて「ここに地名なども書いてる。こっちも出してる。地図も出してる。何であなたらはオーケーで私たちはダメなんだ」と。「いやいや、こちらはまさに差別の歴史をきちんと捉えて、こういうところに起因しているじゃないかと言っているのだ」と反論します。そして「差別なくすためにこういうことが大事やと、そちらの動画や出版とはまったくちゃうで」と。対案として、このシリーズのような本を世に問うて、「あなた方がやってることは学術研究でもなんでもない。こっちがまっとうな学術研究なんだ」ということで返す刀にしてやろうと。いや、どうしてもそういうような学問の傾向になってほしい。そのためにこのシリーズがかなり役に立つと思うんです。

浪速部落は少なくとも二〇〇二年三月をもって「地域改善対策特定事業に係る国の財政上の特別措置に関する法律」*（「特措法」）が失効して、その五月に地域ごとフィールドミュージアムにしようと真剣に太鼓演奏なんかに取り組んできました。そんななかでテレビ番組なんかに出演していると、特定の部落問題観を持つ人が抗議しに行く。そのなかにうちの町内の知り合いの同級生のおばさんがいてます。その人たちは、二一世紀に差別を持ち込まないって言ってきて、もう二一世紀ですから、もう差別はないというスタンスなんです。「もう差別はないから、部落問題をわざわざ取り上げるな」と。しかしテレビ局のほうもちゃんと考えていて「あなた方は差別がもうないと言うてるけど、**浅居**さんはあると言ってる。体験談も含めて、作り話じゃなく実話やっています」とかわす。そうしたら、そのおばさんは「**浅居**は特別や」って。こっちはこっちで「なにぬかしとねん！」となる。

磯前　今のお話で思い出したんですが、一年前にそのニューヨークで私が主催した翻訳をめぐる会議での討議の内容にとても近いんですよ。その中心登壇者の一人、タラル・アサドさんのお父さんはユダヤ系のロシア人なんですが、中近東に出掛けた際にイスラム教徒に改宗しました。そして、サウジアラビアの族長の娘であったアサドさんのお母さんになる方と出会って、アサドさんが生まれた。そういうなかで、アサドさんが大切にしている言葉があって、「翻訳不能なもの the untranslatable」というんです。相手の世界は翻訳できないということを前提として、他者の世界に入っていかないといけないと言われたんです。

***地域改善対策特定事業に係る国の財政上の特別措置に関する法律**　一九六九年制定の「同和対策事業特別措置法」は、その後、たびたび名称と内容を変更して継続されてきた。一九八七年に時限立法として成立した最後の法律で、二〇〇八年に失効。

もう一人の参加者、スピヴァクさんは、サバルタンという言葉を用いて、抑圧された人は声を持つことができない状況に置かれている。だからこそ、誰かが代弁する必要があるということを、そのずいぶん前に言われました。でも、彼女自身は、世界的に大変な評判を呼んだ『サバルタンは語ることができるか』（みすず書房、一九九八年）が、実際のところ、成功であったかどうかはわからないと、最近話すようになってました。そこから私たちは議論を始めて、「声を持て」とか「私が代わりに話してあげる」とかいうかたちで、スピヴァクさんのサバルタン論が通俗化された結論として受け止められてしまっていることを確認したんです。そうした通俗的な理解は、勇気をもってようやく声を持とうと思った人に対して、「声を持てないもっとひどい立場の人がいるんだからおまえは黙ってろ」という態度に帰結してしまっているんですね、残念なことに現在では。

それで私たちの会議では、「話す」あるいは「声を持つ」ということは、いったい、どういうことなんだろう、という討論から始めました。そこで、アサドさんは『世俗主義による翻訳 Secular Translations』（苅田真司訳『リベラル国家と宗教』人文書院、二〇二一年）って題名で、自分が世俗的な理性を有している思ってる人は、自分こそが他人の言葉の翻訳ができると信じ込んでしまうけれど、実際には当事者を無視したかなり乱暴な翻訳が多いと指摘しました。むしろ自分が翻訳することよりも、言葉にできない世界に対して耳を傾けるほうかが大事なんじゃないかと、ご自身の考えを述べられたわけです。

喋れない立場の人たちの世界に、どのようにして喋れる人たちが入っていくか、ということが大事なことであって、一方的に翻訳者の言葉にしてしまうことが、むしろ難しい事態を引き起こすことが多い。だから、ちゃんと言葉にすることも大事だけど、まず相手の住む世界に耳を傾けたり、その人たちの世界のなかに入って、共にどう暮らすかを考えるほうが大切だって、おっしゃったんですよ。

アサドさんが言いたかったことは、自分にとって理解しがたい相手の日常生活に入るということが大事で、自分の日常生活の側に彼らの世界をかすめ取ってきて、自分の言語でしゃべる前に、やることがあるだろうって言いたかったのだろうなって、私には思えるんですよね。相手の世界と自分の世界が対等に響き合うということですかね。「それを顧みず、一方的に自分の世界に、相手の世界を剝がして持ってきちゃうと、それで大変なことが起きちゃうんだよ。それが世俗主義者たちの行ってきた、世俗の翻訳じゃなかったのか」という問いを発したんです。

その時に、スピヴァクさんが「ダブル・バインド」という言葉を用いて、**浅居**さんの先ほどの表現に即して言えば、「おまえはカミングアウトしなければならない。だけど他人にそのことは強制してはいけない。そういった相容れない二つの方針を実践しながら、そのあいだで引き裂かれて生きるのが生身の人間だ」と話してくれたんです。サバルタンは語れないのだから、その人たちの代わりに喋るというだけでは、その翻訳者の声はものすごく乱暴な声になっちゃうと心配したんです。私は、その流れのなかで、東北の被災地の話をしたんです。東北でも、他人の声を聞くということのほうが、自分が喋ることよりも重視されていると話したんです。

でも、その一方で、同じように危ういと感じられている行為は、被災者の方の話を伺っているうちに自分の感情を持っていかれちゃって、「わかりました、あなたの淋しさに私の心が共鳴しました。だから、私はあなたの息子になります」とか、現実にはできないことを被災者の方に口にしてしまうんですね。被災地に入るボランティアの人たちにも、慶弔活動をする宗教者の方たちにも、個人の生活はありますから、実際の息子や娘になって、その地で生活を共にするところまでは、残念なことだけれど、物理的にできない。でも、感情の波が起こると、やはり私たちは何とかしてあげたいと感じてしまい、その一線を越えてしまう。

だから、翌日目覚めて冷静になってみると、ああ、できもしないことを言ってしまった、嘘をついてしまったと、気まずい気持ちにならざるをえない。それで、もうその現場には二度と顔を出せなくなってしまう、あるいは相手の方に「お前は俺をだましたな」と怒られて、相手も自分も傷つけてしまうそうなんです。震災から一〇年経ってみると、そんなことがたくさん起きてきたことがわかる。

それをジークムント・フロイト[*]は「転移と逆転移 transference/counter-transference」と名づけて、相手と自分の感情が移って互いにペタッとくっついちゃうみたいな現象として注意を促しました。それは、差別の現場に行ったときに自己憐憫の感情が動くことと同じように、自分を通して相手を理解しようとする第一歩にもなりうるものです。でも、その感情って誰の感情？って問われたときに、その答え方を間違えると大変なことになってしまう。やはり、何でも耳を傾ければよいという、たんなる善意の段階は東北の被災地では終わっていて、聴き方が問われている段階に移っているんですよね。終わりなき日常生活を構築していくためには。

＊ジークムント・フロイト（１８５６〜１９３９）　オーストリアの心理学者・精神科医。無意識の構造を解明する精神分析学を創始した。また、社会分析にも無意識の理論を応用した。主要著書（邦訳）に『フロイト全集』岩波書店、二〇〇六年〜二〇二〇。

相手の声にすべて一体化するのは、一見ものすごく親切なように見えるんだけど、結局のところ無責任な結果に終わってしまうことが多い、と現場を訪れる人たちからよく耳にしますね。考えようによっては、他人の心の中に耳を傾けるというのは、すごく厳しい話です。

やはりこれも、「相手の気持ちを理解したいけれど、自分の感情には溺れない」という「ダブル・バインド」状態の中に自分を置いて、その矛盾を生きるのが大切だということになってくるのでしょう。**浅居**さんはそこで「決断」という言葉を口にされたわけですけれど、この決断するという行為が、「主体性」の生起する瞬間なんだと思いますね。「私は正しいかどうかわからないけど、こうするよ」というように、逡巡できない状況でくだす決断という行為から「主体性」が生まれるってことは、やはりニューヨーク会議で酒井直樹さんも話していました。だからこそ、いろいろな情報は入ってきているけれど、判断は必要がない限り急がないというのが、**浅居**さんとともにこの研究会の人たちが歩んできた歳月の経験から学ばせてもらった知恵なのかなっていう気がしています。

5　おわりに

磯前　ようやく今、この「宗教と差別」シリーズの編集作業という具体的な行為を通して、ここ数年の区切りとしてのひとつの答えが、自分なりには出てきたのかなという気がしてます。理屈だけの知識ではなく、感情を含めた身体を通過するかたちで、理解というものは真に主体的なかたちできちんと消化されていく必要があると思うんです。ジャック・ラカン*は「理解は遅れてやってくる」と言ったそうですが、まさにその通りだと思いますね。その点で、私たちはすぐには語りにならない性質の仕事に携わっているわけで、辛抱強くなければならない。

その受け取り方はいろいろあるのだと思うけれど、私も含めて研究会の多くの人たちが、**浅居**さんの声を聞きたいと思ってきたことは確かでしょう。自分が理解できない発言や経験を軽々しく心から排除することなく、じっくり心の中に収めて、何十年という時間をかけて理解してくべきだと思うんですよ。目から鼻に抜ける聡明さより、鈍重な知恵というものが、これからはますます必要とされるべきではないでしょうか。**浅居**さんからの贈り物をどう発展させていくかは、この企画に関わった参加者一人ひとりに課せられた宿題だと思います。もう、なかったことにはできない。それが学者たるものが本来取るべき姿勢だと思うんですよね。

今日はゆっくり語ることができて、ほんとうによかったです。言葉を発する者は、長い目で見れば、告発者であっても翻訳者であっても、自分自身もけっして無傷ではいられない。その言葉の責任をその後の人生で引き受けていかなければならない。放置することももちろんできるが、それは放置されたまま心の感情という雨露にさらされて、心の中で腐食して、自分の心を腐らせていく。その意味で、言葉に関わる仕事というのはほんとうに大変な作業だなと思います。それも、**浅居**さんのおかげで差別の現場に少しでも向き合う機会を与えていただけたからだと感謝しています。研究会に参加した人たちの多くも、その点では同様の

＊ジャック・ラカン（1901～81）　フランスの哲学者・精神科医・精神分析家。フロイトの影響を受けつつ独自の精神分析理論を開拓し、フランスの構造主義、ポスト構造主義思想に大きな影響力を持った。主要著書（邦訳）に『精神分析の四基本概念』岩波文庫、二〇二〇年。

感謝の気持ちを抱いていると思いますね。

浅居　僕もいろんな話があらためてできて、共同研究会の時と同様に勉強になりました。

司会　今日は、**浅居**さんには差別を被るという当事者の立場から、**磯前**さんにはそれを第三者の立場から言葉に翻訳するという意味での当事者としての立場から、それぞれの想いを語っていただいたように感じます。他人に優しくあるのと同時に、自分と同じ立場に立つ者に対してはその資格を厳しく問う。その姿勢は、差別をめぐる関係性においては立場が異なるけれども、やはり自分の立場に対し当事者として向き合うという点で、お二人には共通するものがあるようにお見受けしました。それは、差別をめぐる人間関係や環境の中で、言葉にするという行為がどのような意味、そして覚悟を要するものなのか。あらためて考える機会をいただいたような気がします。まさしく、私たちの共同研究会というのは、そうしたなかで個々の参加者がどのように主体を形成するかが問われてきた、実験場であり、真剣勝負の鍛錬場だったのだなぁと思っています。

（二〇二一年一〇月一日、「浪速地区歴史展示室」にて）

【第一章】

すべては、移転からはじまった

――中世大坂の賤民と「渡辺」

吉村智博

江戸時代の被差別身分である「渡辺村」は一体、いつごろ誕生したのか。中世と近世の被差別民とはどのように違っているのか、また連続していることは何か。謎に包まれている被差別民史をひもとくことで、部落差別の歴史がよくわかる。本章は、これまで明らかにされてきたことと、不明なこととのはざまにありながら、重要な歴史的「事件」である被差別民の「移転」をキーワードに、その実像に迫る。

扉絵　「雪踏直シ辰五郎」歌川豊国画『夢結蝶鳥追』安政二（一八五五）年（大阪人権博物館蔵）より
役者絵として描かれた雪踏直し。画面左下には、手元の籠には、鋏や金槌、錐など、直しに使う道具が収められている様子が描かれている。

はじめに

すべては、賤民（被差別民）集団の移転からはじまった。その移転は、中世（本章では、室町〜戦国・織豊期）から近世（江戸期）へと大坂が都市として変貌していく過程で、中世の賤民集団がそれぞれの職能（分業に基づく職に関わる技能）に応じて、近世の世俗権力によって新たな賤民として再編される過程で生じた事態であった。本章では、こうした中世から近世への移行期において大坂の賤民集団に起こった史実について、賤民の「移転」をキーワードに、従来の研究ではほとんど明らかにされてことなかった点を可能な限り追究し、「移転」そのものの意味をあらためて考えてみたい。

これまで、近世に「かわた（穢多）」身分とされた渡辺村に関する歴史を明らかにする過程で高い関心が払われてきたにもかかわず、一向に実態がつかめなかった中世の賤民について、現在判明している史料から可能な限り明らかにしようとするのが本章の目的である。

1 中世と近世の賤民

さて、本章で最も重要な存在は中世の賤民である。学術的には「非人」の範疇で一括して論じられることが多いが、本章の関心に引きつけて、中世の賤民をあえてその来歴（罪人や癩者などの系譜）、職能、居住地から見直した場合、明確な区分は難しいものの、いくつかの種別で捉えることができる。ひとつは「散所・散在」で、門付芸《かどづけげい》など（声聞師《しょうもんじ》とも呼称）を中心としつつ「キヨメ（清目）」役を担っており、主に寺院の支配を受けるものの、検非違使《けびいし》（不法・違法な行為を検察する令外官《りょうげのかん》）にも管轄されている。いまひとつは「宿・坂の者」で、清水寺や比叡山によって管理され、死体などの穢物の除去を担うほか、乞食などをおこなっている。「犬神人《いぬじにん》」（弦召《つるめそ》）などはこの集団内の支配層であり、葬送に従事する「三昧聖《さんまいひじり》」も、この集団と一面で関係をもっている。もうひとつは「河原者・穢多」で、上の二つの種別とは職能の面で一部は重複するものの、その系統からみて単純には「非人」に分類できず、主に皮革加工や諸事雑用なども担う固有性を有していた[1]。

こうした賤民の実態は、室町期から戦国期まで、相互の社会的関係性の変容はあるにせよ、おおかた継続して変遷していったとみられる。しかし、こうした類型は、ながく都としてある京（洛中・洛外）を中心とした賤民の実態には有効であるが、大坂では京との深いつながりはあるものの、歴史の固有性から独自の賤民の姿があったとする見る方が妥当である[2]。

本章で取り上げる大坂の賤民は、「散所」「屠者」「守墓」と呼称されていたから、上のいずれかの集団に属する賤民が京との行政的な関係を保ちつつ（当該期に十全な大都市として機能していた京とは相違しつつも）、何らかの共同体（集落）を形成して生活していたと考えられる。ただし、「散所（村）」以外は、近世の地誌・絵図などに登場する身分名なので、「かわた（穢多）」と「三昧聖」について、その由緒・来歴を後世から跡づける（近世期に博捜された知見によってその来歴を遡及する）ために地誌類に記載されただけとも言え、中世の大坂におけるその実在に関してはきわめて疑わしい。ゆえに、さしあたり「散所（村）」に焦点を当てて

「穢多」石原正明作『江戸職人歌合』文化5（1808）年（大阪人権博物館蔵）
小獣類の皮を剥いだ後に乾燥させるために皮を干している場面を描いたもの。左右一対で、もう一方は「乞食」が描かれている。

議論を進めたほうが有意義であろう。京以外の中世都市での賤民が完全に分業していたものとして位置づけることは控えるべきだからでもある。

そこで本章では、賤民が「散所（村）」と称される一定の共同体を形成しており、必要に応じて他の場所での職務を執行（個別の職能を一括に管理）していたという前提で立論をしたい。たとえば、いずれかの在所で「穢れ（ケガレ）」に関わる事案が発生した場合はその場所で「清目（キヨメ）」を執り行い、複数の在所による墓地の管理等にあたってはその職務を執行し、皮革類の調達が必要となればその役目を担う、といった「散所（村）」内での分業形態が想定されている。なお、本章で用いている「穢れ（ケガレ）」とは、人の死や出産、あるいは宍《しし》を食すること（食肉）などによって生じる状態のことであり、そうした事態を生む対象を排除して清浄な状態・境地を回復する行為を指している。

もとより、こうした中世賤民は、近世賤民とは社会構成（関係）から自ずと異なった存在であり、賤民身分が中世から近世へと一元的に、あるいは一定方向に、展開するわけではない。それぞれの職能が複層的・多元的に編成されているわけで、近世賤民とはその編成原理そのものが質的に異なっている(3)。

2　中世の大坂と賤民

このような研究状況ゆえ、いま一度、中世から近世へと大坂の都市構造が大きく変化してゆく全体像を見据えて、その過程全般に賤民集団とその居住地に関する史実をリンクさせて、移転の意味を検証する作業が必要となる。政治的な集団あるいは宗教的な勢力を視野に入れて検討することが求められているのである。

「声聞師村」『上杉本洛中洛外図屏風』16世紀（米沢市上杉博物館蔵）
狩野永徳の筆になる六曲一双・紙本金地著色の屏風。陰陽師の文化を源流として中世の読経・曲舞・卜占・猿楽などの呪術的芸能をおこなっていた「声聞師村」が描かれている。

この作業には、たしかに史料の制約は伴うものの、その輪郭を提示することは現段階でも可能である。

そうした点を前提として、冒頭の表題にかかげた「すべて」という意味をあらためて説明すると、「すべて」とは、賤民集団が居住する共同体が物理的に移転させられた事実と、その移転理由を構成する物語が作り上げられていく行為の「はじまり」を意味している（「物語」の一部は今を生きる私たちも共有している）。

事実上の移転とは、「キヨメ（清目）」役とされる、都市の清掃や「穢れ（ケガレ）」を払拭して秩序を回復する儀礼などを担っていた賤民や、その他の触穢観に関わる職能を行使する賤民（「散所」「屠者」「守墓」と記録されている賤民）が、元来居住していた場所から別の場所（それはおおかた、都市の辺縁な箇所であったり、人家からかけ離れた地目の荒地）へと周縁化することを意味している。

ところで中世の大坂は、上町台地の北端部に大坂本願寺の寺内町[4]や本章の主役である「渡辺津」のほかに、天満門前[5]があり、台地を下った南部には、四天王寺門前、今宮門前、さらに木津・難波の港や津などが位置していた。いわば、大小さまざまな「都市」が上町台地を地盤として星雲状に存在しており、そのいずれかに多様な職能をもつ賤民集団が居住し、他の村々で役目を統括していたと推測できる。そして、近世になって都市域が大坂城を中心とする城下町へと権力的にまとめられたため、それに応じて賤民集団も職種（職能）

ごとに、居住地ともども都市の周縁部にあらためて配置し直されたという歴史的な流れが考えられる。近世社会で「かわた（穢多）」身分と位置づけられる渡辺村（摂津役人村）の来歴も、こうした中世賤民の系譜を一部で継承したものであろう。

以上のように考えると、大坂＝上町台地北端部周辺における中世から近世城下町への都市の配置転換といった全体的な流れのなかで、賤民集団の社会的な位置づけと、その居住地の変遷の意味を問う意図が、明確になるのではなかろうか。

一方、物語としての移転とは、都市空間上での移動をめぐるストーリーの成立という意味である。秀吉による大坂城築城と天正の町割（地割）によって、その城下町域となる場所から、賤民集団だけではなく、寺社のいくつかが移転させられることとなり、その結果として、のちの城下町が構造的に形成された、とする歴史的に共有されてきた記憶が、多くの地誌、古記類あるいはそれらを参照したと思われる絵図（古地図）の詞書などに書き留められることになる。都市大坂を再構築していく徳川の視点から、豊臣政権での史実が断片として物語を形成していくことになる。宗教施設をはじめとする中世的権威を破壊する豊臣政権に対抗する徳川の物語が、地誌への関心と一体になって人口に膾炙されていく。

では、そもそも、中世の大坂はどういった地域構造をしていたのであろうか。本章の本題である賤民の居住地に関する疑問を解く前に、いくつかの随筆や地誌などを参照し、さらに絵図をも広げて、その点から概観してみたい。

3 「渡辺」をめぐる地理・政治・宗教

まずは、中世の大坂を語る際に欠かせない「渡辺津」の地理的な景観からみていこう。それは、本章の主役となる「渡辺」の名が冠されているからに他ならない。中世の大坂の具体的な姿は、いくつかの先行研究によって復元され、ビジュアルに明示されている。(6)

それらによると、室町期には、発掘調査にも依拠した結果として、窪津・津村・三津寺村・難波村・木津村・今宮村に該当する地区に、集落と道路の痕跡があることが判明している。それぞれの村の東側（上町台地までの間）はすべて砂洲（天満砂洲の部分的残存）とラグーン（滞水地）、その西側は「難波乃海」である。いうまでもなく波打ち際の海水地帯である。その後、その一帯は町割と城下町の形成によって、上記の村のうち窪津・津村・三津寺村は、後述するように「船場」に町屋として整備されて組み込まれ（中世の村が解体・再編され）、難波村も上・下に振り分けられるほど拡張・整備される。

こうした地理的条件に政治的条件が加わる。政治的とは、すなわち渡辺党の存在である。渡辺党は、窪津渡（のち渡辺津）の主に南岸を本拠地とする有力武士団（南北朝の一時期には楠木派）であったことが判明している（『渡辺惣官家文書』(7)）。同党には、祖を異にする諸氏が存在するが、とくに、当地で在地官人の性格をもち古くから摂津国衙や坐摩神社など古代以来の権門勢力に深く関与していた遠藤氏（藤原姓）の系統と、白河院の権威を背景に遠藤氏よりも後から当地へ入部してきた嵯峨源氏（源融）を祖とする渡辺氏の系統とが主流となっていた。渡辺氏一統は、白河院政期に大江《おおえ》御厨《みくりや》（官司領）を総括する渡辺惣官に補任されるが、

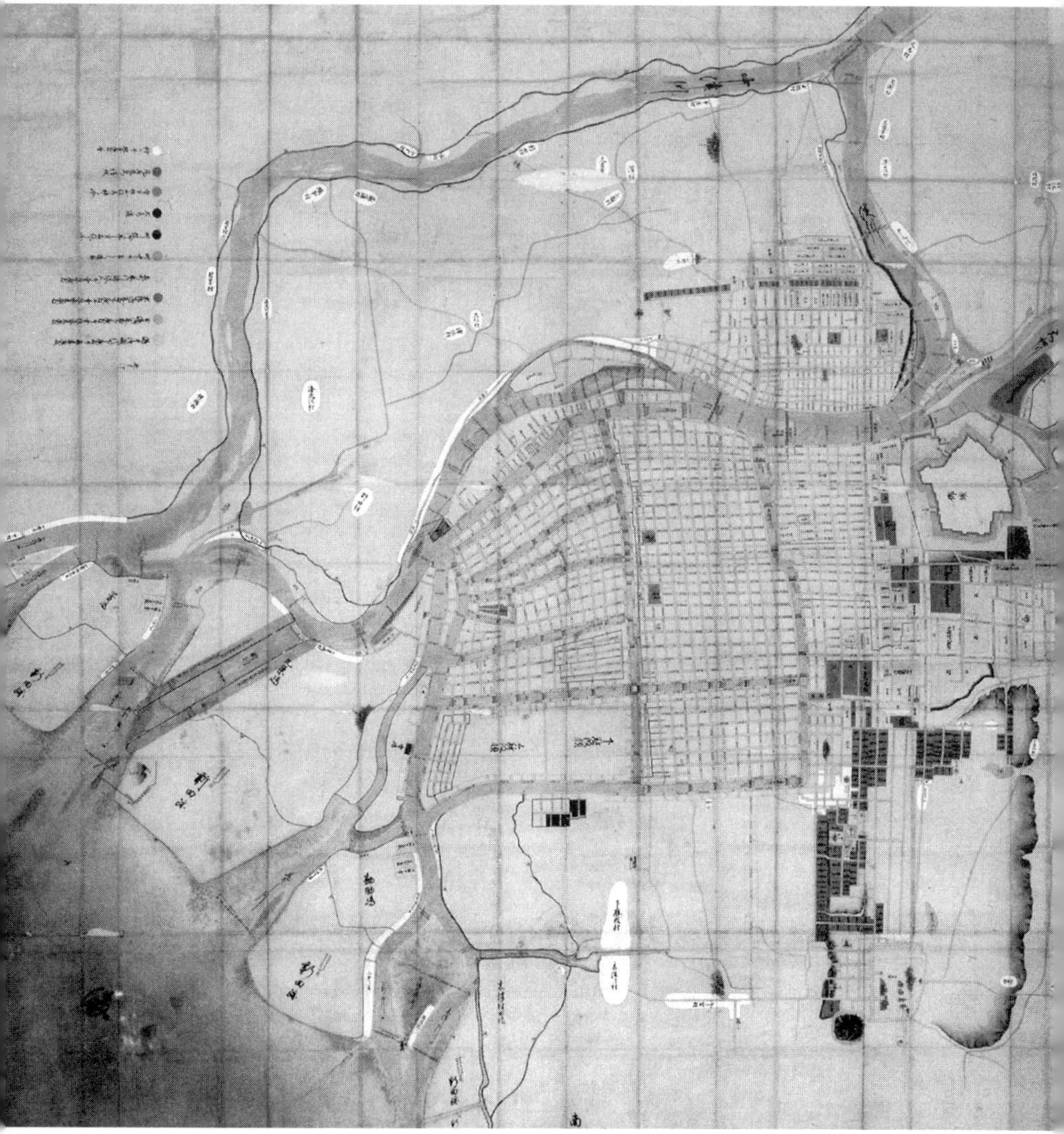

「大坂三郷町絵図」貞享元（1684）年頃（大阪歴史博物館蔵）
下難波村領内に、「かわた村」が街区をともなって描かれており、地所の一部は朱色で彩色されている。本図の「かわた村」は、明暦元（1655）年の「大坂三郷町絵図」（大阪歴史博物館蔵）と比較すると、東側にやや張り出した形で描かれている。

惣官職は鎌倉期以降、党内での勢力を逆転した遠藤氏一統が独占するなど、双方は権力の根源ともいえる惣官職をめぐる主導権争いを展開していた。このように党内に複雑な関係をもつ渡辺党の本拠地は、渡辺津の南岸、いわゆる「南渡辺」であった(8)。

そして、渡辺惣官の渡辺照（遠藤氏系統）が建武四・延元二（一三三七）年、南朝より難波荘（のち渡辺荘）の地頭職に補任されることになり、渡辺津における遠藤氏渡辺党の影響力は大きく後退することになる（まったく消滅したわけではない）。この地頭職の補任に合わせて本拠地を窪津から難波荘内に移し、環濠で周囲を固めた照の屋敷が建造され、これと同時に津村郷は、難波荘の飛び地となる(9)。

さらに、こうした政治的な歴史には宗教的条件も付随している。よく知られているように、真宗の本願寺教団（第八代蓮如）は寺内町を形成する宗教的な勢力として存在しており、天文初年（一五三〇年代）には、寺内六町（清水町・南町・西町・北町・北町屋・新屋敷）を形成していた。寺内町はその後も繁栄していくが、永禄七（一五六四）年夜半からの大火によって大坂本願寺は全焼し、寺内町も二〇〇〇軒余りを焼失した（一年足らずで復興したとされる）。また、大坂本願寺合戦にあたっては、多くの門徒を動員して野田砦・川口砦・三津寺砦・木津砦などを構え、激戦を闘った。このうち木津砦は、最も南に位置する攻防線（木津川と鼬川《いたち》の防衛線）として重要な働きをしたと考えられ、『信長公記』巻九（中巻、国立国会図書館蔵本）が記す天正四（一五七六）年の「木津川口相防」ぐ際に動員され、「木津ゑつたが城より一揆競出」した拠点であり、『当代記』（『史籍雑纂第二』一九一二年）に記す「ゑつた村と云所に有旧付城」の可能性が最も高い。それはとりもなおさず、木津の地が、当時、中世大坂の中でも有数の港や津といった（港湾都市的な）機能を有する重要な位置を占めていたからでもあろう(10)。

一方、北に位置する渡辺党ゆかりの坐摩神社は、大坂城築城（天正一一〜慶長三〈一五八三〜九八〉年）によって旧地（石町《こくまち》）から替地を命じられ、寛永年間（一六二四～四四年）に津村（現・久太郎町四丁目）に移転したという（前述の「物語」の一例であり、おおよそ三〇年の空白期については不詳）。『日本輿地《よち》通志畿内部・摂津国（摂津志）』（享保一九・一七三四年成稿、原漢文、早稲田大学図書館所蔵版本）にも「旧くは八軒屋南石町に在り、今尚鎮座石有り（中略）天正中、圓江《つぶらえ》側に遷置れ、因て渡辺町と曰ふ」とあって、その来歴は江戸時代からひろく知られていたようである。また、御霊《ごりょう》神社は、文禄三（一五九四）年に津村郷（現・淡路町四丁目）へ移転するまで圓江（現・靱公園付近）にあり、「圓江神社」と呼ばれていた（「圓江」とは円い中洲の意味）。いずれも津村（郷）の領域内に存在してきた神社であったことが判る。

在地の支配を基本とする政治的な力関係に、宗教的な勢力が一定の影響力を及ぼしつつ、近世都市の形成（城下町の整備）が進展していったということになる。

4 「散所（村）」とその移転

では、いま概観した歴史的経緯のなか、中世の賤民集団はどこに居住し、また、どのように移転させられていったのか。結論から言うと、確実な資料がない現時点では、いずれも不明である。ただし、限定的ではあるが資料は残されており、次のように、賤民と京の龍安寺《りょうあんじ》との関連を示すものが存在する。

「龍安寺領摂津国欠郡渡辺福島春日井年貢算用状」（端裏書「龍安寺御領摂州欠郡渡辺福島春日井算用状事」）によると、文明一六（一四八四）年、「散所（村）」から龍安寺（山水《せんずい》河原者の作庭で著名）へ一六五文が納入されている。「一六五文」の財貨的な価値、この文書自体の詳細な意味、「散所」自体がいずれの荘園に属しているかは、にわかに判明しないが、「散所（村）」の記載が「合文明十六甲辰」に続く「下行」の末尾にあり、その後段で「同春日井算用之事」「同福島算用之事」と別途書き上げられていることから、「渡辺」の算用分であると判断できる。ゆえに、渡辺津の南岸に勢力を及ぼす「渡辺」の内部に「キヨメ（清目）」役を担う「散所（村）」を形成し居住していたことはほぼ間違いなく、生業面では非農業民であった可能性が高い。(11) また、「渡辺」の領域には「蓮華寺」「嶺坊」「梅本坊」など寺院との関連を示す固有名が記されているほか、「津村河洲島」ともあり、すでに「津村」（一部は「砂洲」）の名称が使用されていることが判る。(12)「渡辺」「福島」「春日井（滓上江・澤上江）」の地名は、いずれも渡辺氏系渡辺党が運輸や商業など在地の利害関係を掌握していた渡辺津と深い関わりをもっていることも示唆している。

しかし、それ以上のことは判然としないので、先の疑問に少しでも迫るため、地誌や絵図の類にも依拠しつつ、さらなる推論を立ててみたい。ここに掲げる資料は、あくまでも傍証が可能な手掛かり程度にすぎないが、そこに記述された内容から、本章の核心である「移転」に関する情報の一端は読み取ることができる。

先にも引用した『日本輿地通志畿内部・摂津国（摂津志）』の「天神橋」の項目に「天満橋の西に在り、長さ七十六丈有り、奇しくも一つの名を渡辺橋、又の名を大江橋といふ。大江の岸に在る故の名なり。中古、橋梁断絶し、府北に在るを以て国府濟《わたし》と曰ひ、又堀江濟と名づく。文徳実録に

曰く、(中略) 請ふらくは、堀江に准じて二艘の船を置き、以て済渡を通さんことを。これを許す、是なり。(中略) 此地、初の名は兎我野、後に濟の南北を呼び、皆、渡辺村と曰ふ。天正中、南渡辺の民家を圓江《つぶらえ》に徙《うつ》し、屠者、守墓の家を難波村に移す。其の墟《あと》、今市鄽《してん》と為す。古歌にあり」(ルビ・実線・波線は引用者による、以下の引用も同じ)とある。

この「徙し」および「移す」という記述に依拠すると、従来「圓江」に賤民集団が居住していたとも解釈できるが、砂洲とラグーンで構成される低湿地の「圓江」に賤民を居住させる必要性はほとんどなかろう。そのうえ、皮革の加工・処理に際して海水を利用することは事実上ありえない(たとえ砂洲の一部に真水が含有されていたとしてもそのほとんどが海水である)。ここでは、南渡辺に居住し多様な職能民を抱えていた「散所(村)」という賤民集団を、民家の圓江(「津村」に転訛したと勘違い)への移転と同時に難波村へ移動させた、と読解するほうが自然であろう。となる、賤民集団は中世末まで、渡辺氏系渡辺党とともに南渡辺に居住し、「民家」と分割されて遠藤氏系渡辺党がかつて移転した先である難波村へ後を追う形で移動したことになる。もっとも、すでにこのころ、「渡辺」を名乗る勢力は、その由緒を明示する必要のある国人や土豪など一部を除いて、在地の商業や運送を担う人々となっていたであろう。

ただし、『摂津志』の記述にはかなりの留保が必要である。とくに波

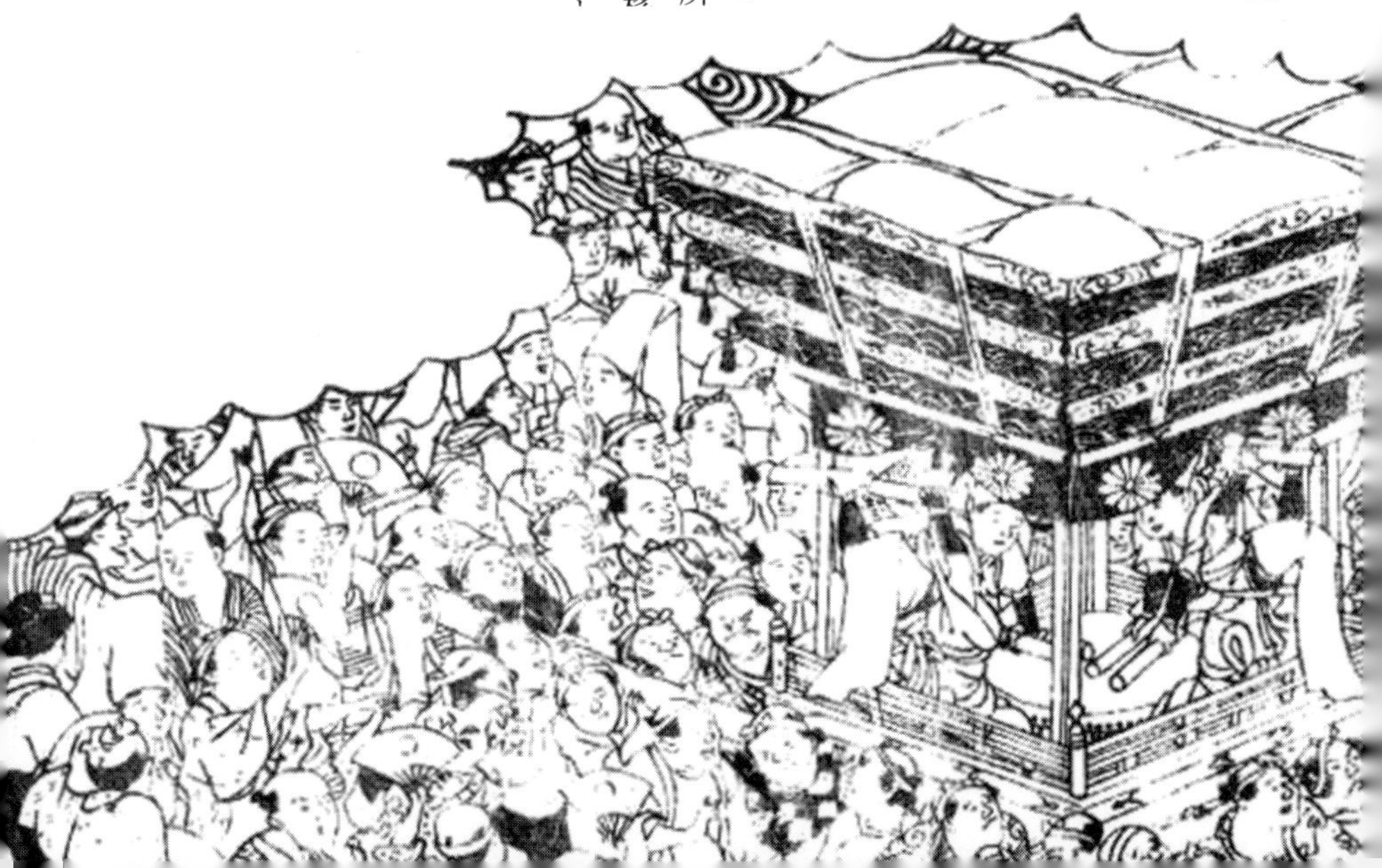

線部にあるように、天神橋を歌った「古歌」があることに言及しているにすぎない（この記述の後にある「国府済」の項でも「渡辺」「大江橋」を詠んだ和歌を引用している）。さらに、この地誌の「穢田崎塁《とりで》」(13)には「大坂西浜町に在り、天正五年本願寺光佐築く」とあり、近代に入ってからの呼称である「西浜町」が記されていることにも疑問がのこる。これらを照合すると、その内容はいずれかの典籍あるいは地誌を無批判に参照・引用したにすぎないとも言え、その点だけでも信憑性に欠ける。後世における潤色の可能性が高いわけであるが、政治権力によって何らかの「移転」が実行された可能性だけは、この資料から作成者の意図として読み取ることができる。

いずれにしても『摂津志』の作成者は随所で「渡辺」に触れており（「渡辺」の項では「旧在大坂平野町、再移居于此」、「窪津王子祠」の項で「一名渡辺王子」、「兎我野」の項では「又名渡辺」など）、「渡辺」への高い関心が窺える。

5　「浪速古図」の恣意性

ところで、「浪速古図」と概括されている絵図を参照して上記の記述を補強することも可能である。しかし、「浪速古図」に分類される絵図は、あくまでも主題図（何らかの意図をもって書かれた絵図）であり、その内容が著しく信憑性に欠けることは、歴史学や人文地理学の研究者の間ではすでに共有された了解事項となっている。ゆえに、こうした絵図研究の深化を無視することはできないものの、念のため、人文地理学などの学術的な成果も摂取しつつ、論点を整理してみたい。

「渡辺（村）」にまつわる「浪速古図」の記述には、次にあげる①〜③の三系統がある。

①「渡辺」と「エタ村」とを、同時に移転したと記すもの（一七世紀／森幸安の写）で、「摂州大坂旧地図」慶長一七（一六一二）年、「大坂分町地図天正十三年分町」（同年）、「中旧大坂三郷地図」（一六六〇〜八〇年代）などがあり、いずれも『日本志』（宝暦期）に収載されている。

②「渡辺」と「エタ村」の由緒を、別の出来事として記すもの（一八世紀後半／作者不詳）で、「浪華三津之浦図」天明元（一七八一）年、「難波錦城之図巻五」（同年）、「浪華上古図其ノ九」（年不詳）などがある。ただし、上のいくつかの絵図では、詞書の最後に作成者自らの手で「不詳」と明記されており、由緒はこれらの作成者が意図的に記したものであり、実際の来歴ではないことを明示している。こうした点は、すでに従来の研究で明確になっている。[14]

さらに、ここでは除外してもよいものとして、③「渡辺」は記載するが、「エタ村」についてまったく記さないもの（年代作者不詳）で、「浪花図」「浪華図」などである。

上記のように系統ごとに記載事項のばらつきがあるのは、依拠した典籍（地誌）の相違、作成者の問題関心（意図）の相違、作成時の社会状況（思惟様式）の相違などが理由として考えられるが、いずれにしても、「浪速古図」にある「エタ村」とその来歴の記述を鵜呑みにすることができないことは、すでに研究者の間で共有された事柄である。

そもそも「浪速古図」の作成時点（一七〜一八世紀）で、作成者は、村としての自立を前提として「エタ村」と個別に記しているように考えられるが、中世から近世初頭までの賤民の共同体に関する記載方法は明確に定まっておらず、[15]近世的な自立した村を想定した呼称を用いている点にも疑問を抱かざるを得ない。複数の系統図の存在が明確に示すように、それぞれの作成者は、自身の問題関心に沿って、あくまでも作成時

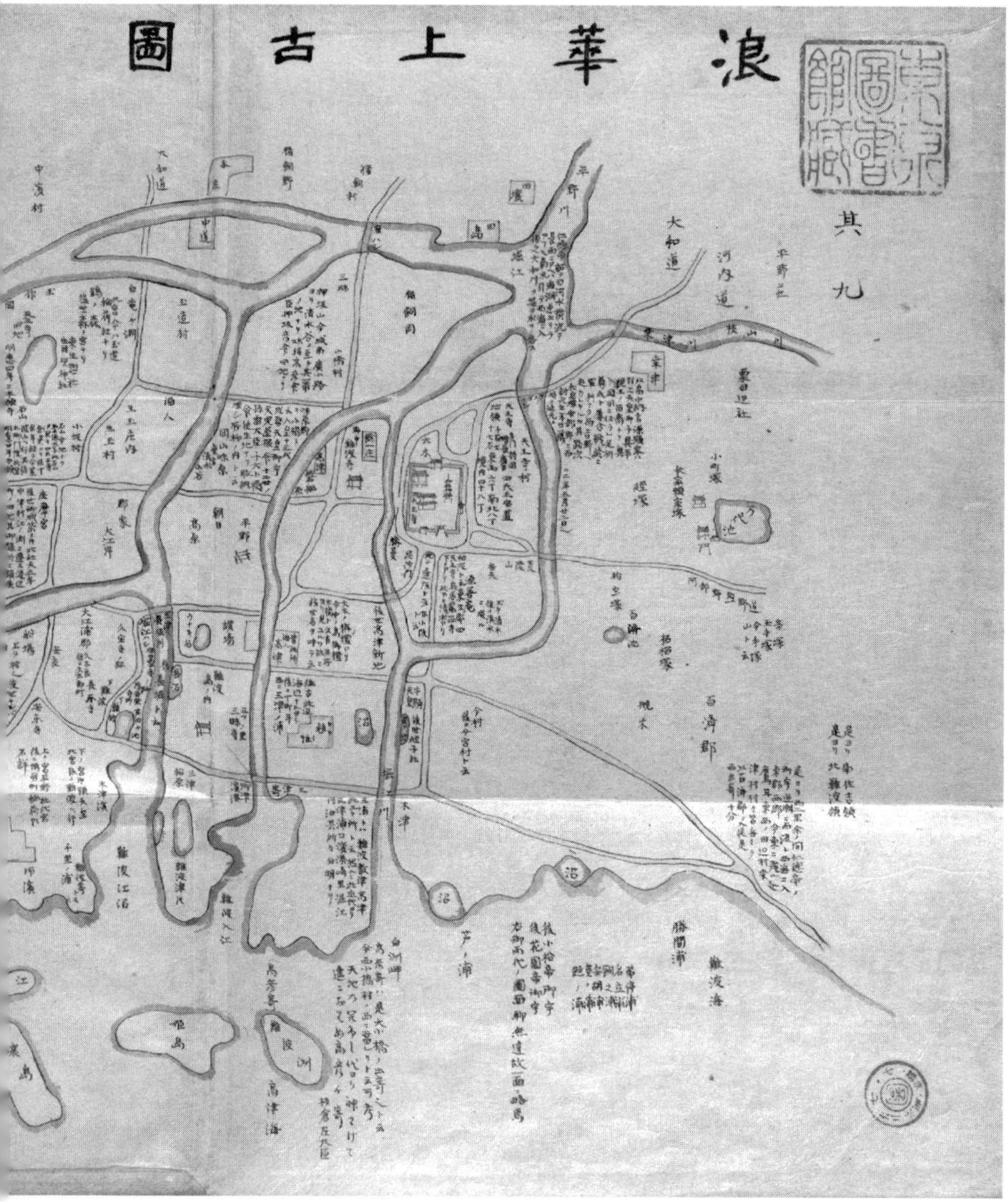

「浪華上古図 其九」1878～81（明治11～13）年〈写本〉（国立国会図書館蔵）
近世におけるいわゆる「浪華古図」のひとつ。こうした図は、往時の地理情報への関心から数多く作成された（本図は、明治初期に写されたもの）。

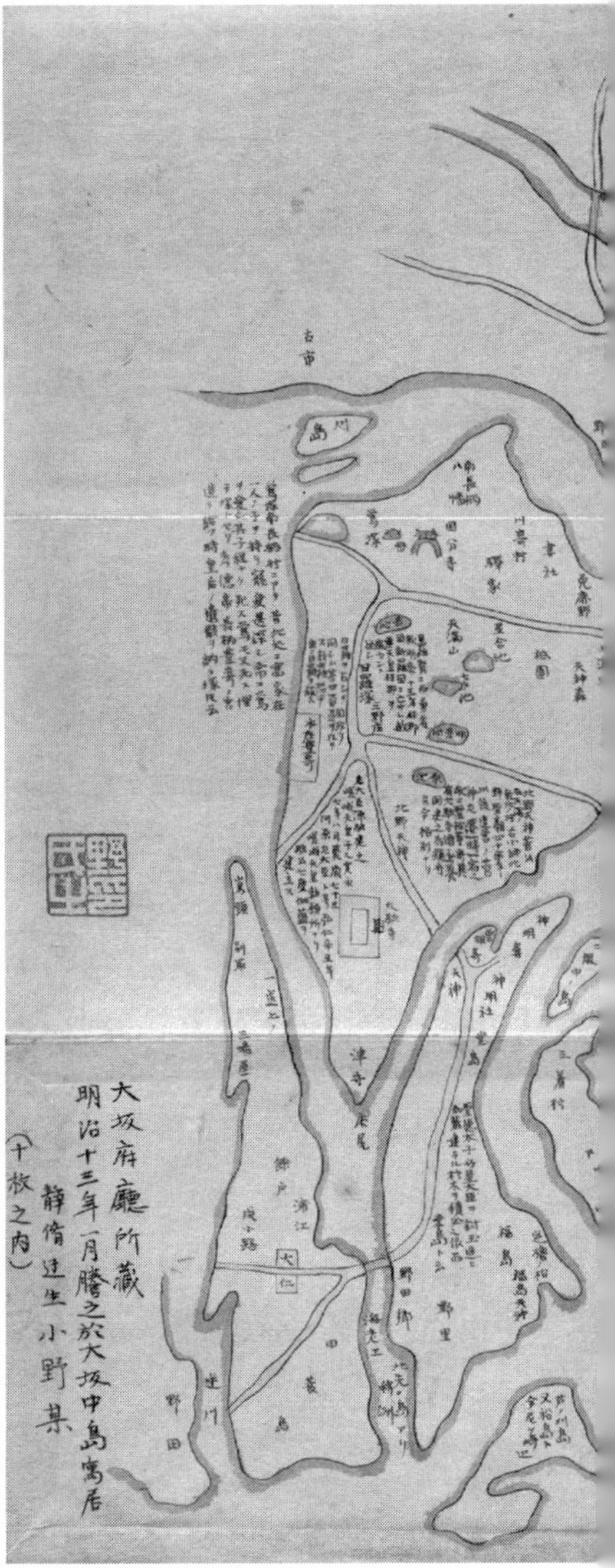

に実在する「エタ村」の来歴を典籍類の考証から遡及して推定し、多様な「物語」を絵図に投影したのである。したがって、描かれた地理的情報には、部分的には妥当性もあるものの、総体としてはかなりの恣意性をもっているため、すべて史実とするには難があり、これらを論拠にすることはとうていできない[16]。

6　「渡辺」の行方

このような論拠不足のなか、慶長五（一六〇〇）年霜月一〇日「葭小物成運上廻状」（端裏「摂州闕郡之内村名出候事書写[17]」）に次の村名が記されていることは、いくつかの有力な手掛かりを与えてくれる。そこには

「闕（欠）郡」の村として「かう津村　わたなへ村　木津村　津むら　下難波村　百姓中」の五ヶ村の名が記載されている。小出播磨守と片桐市正（且元）の連判状で、葦（葭）年貢の運上を命じたものであり、五ヶ村が葦（葭）の刈り取りに深く関わっていたことが確認できる。[18]

ただし、現存する文書自体は、前後の文脈からして文意が通らない箇所もあり（誤字ないし脱字がその要因と考えられ）、後世の「写」と推定されるうえ、順不同で記された村の地理的な位置との整合性には留意が必要である。慶長五年段階での上町台地を中心とする城下町の発達を考えれば、城下町の中心で台地の近くに位置する「高津（かう津）村」と「渡辺（わたなへ）村」（坐摩神社のあった南渡辺）とは、すでに移転していると考えられるので、村の実態はなかったものと推定される。この文書が発給された理由は、同年時点で「約定」を取り交わす何らかの事情が生じたことによって、あらためて原文の写をとり「廻状」という形式で確認する必要があったからであろう。また、村名の記載順も実際の地理的な位置関係を反映したものとはいえないであろうから、由緒ある村名として高津、渡辺、木津といった順番で記載されたという可能性も考えられる。

では、「渡辺村」の実態はどうであったのか。ここでの記載は、かつて遠藤氏系渡辺党が居を構え「渡辺荘」とも称されていた上難波村のことを指すとも考えられるが、下難波村と明記されていることから考えれば、上難波村の地名はすでに定着していたと判断される。上難波村の名前が書き上げられていない理由は、三津寺村とともに葦年貢にいっさい関わっていなかったからであろう。[19]

仮に、この文書が実態のある村に対して「廻状」の形式をもって発給されているとの前提に立てば、「渡辺村」は、遠藤氏系とともに南渡辺の在地を分割し、のちにまで南渡辺の地に残って坐摩神社を遠藤氏系に替わって管理し、城下町の発達とともにこの地に移転してきた渡辺氏系渡辺党の系譜をひく村であることになる。そして、その位置は、坐摩神社との関係からみて、津村と三津寺村との間とみるのが妥当であろうが、坐摩神社の移転が寛永年間であることを勘案するならば、南渡辺の「民家」の人々だけが神社とは別にこを新天地として多様な職能を行使し、かつ役目を担う集団（＝百姓）も含めた共同体を形成したというのは、どうも現実的ではない。坐摩神社が新たに祠を構え、それを追って門前町が形成される（それがのちに難波荘＝渡辺荘との由緒の名残で「北渡辺町」「南渡辺町」となった）という理解であれば、整合性はある。しかし、その南北に位置する「津村」「三津寺村」には、発掘調査の結果から中世末の系譜をひく集落があったとみられるが、両村の間に、当該期に多様な職能を行使する人々が暮らしていたという考古学的根拠（物的証拠）は今のところ確認できていない[20]。

一方、坐摩神社が津村の南側（現在地）へと移転し、「渡辺」の名前だけが残存しており、渡辺党の影響力はほとんどなく実体のない村を含めて発給されたという前提に立てば、たんに戦国期まで渡辺津を拠点としていた「南渡辺」の来歴と勢力を葦年貢負担の根拠に、他の四ヶ村とともに歴史遡及的に証文として提示しただけ、ということになる。つまり、津村の南側には、寛永年間に坐摩神社だけが新たな祠を構え、共同体としての「渡辺村」は実在しないことを示すという理解である。

相反する二つの仮説を前に、比較的可能性の高い後者の理解を選択すると、すでに移転していた「渡辺村」は実態を伴わない共同体であり（のちに町屋化して「渡辺町」と名乗る町地とは別であり）、慶長期の上町台地の北端部西側には、北から順に、津村―三津寺村―上難波村―下難波村―木津村、といった村が形成されていたことになる。

このうち、「圓江」とは別に、少なくとも一四世紀から存在していた津村には御霊神社が移転し、のちに坐摩神社も移転してくる。また、三津寺村は、石清水八幡宮《いわしみずはちまんぐう》と縁の深い三津寺観音の在所であり、上難波村は、遠藤氏系渡辺党との古い由緒をもつ。さらに、下難波村には、元和五〜七(一六一九〜二一)年時点で「かわた(穢多)」身分が居住していることが、従来の研究で確認されている。[21]

7 在地のネットワーク

以上のことから、中世の賤民集団は、いずれも龍安寺領であった窪津の「南渡辺」、渡辺惣官家の拠点となった難波荘(のち、難波村)、ないし石清水八幡宮領である三津寺荘(のち、三津寺村)と深い縁をもち、日常的な皮革生産や墓所の管理などをおこないつつ、非常時には門徒として防御のために各地の砦(城)を築くなどしていた、との推論が成り立つ。

実際、三津寺村に関わる慶長一四(一六〇九)年「摂州欠郡三津寺村御検地帳」では、同村の範囲として「さいしやう(斎場)」「せきた(雪踏)町」が書き上げられており、[22]前者は「守墓(「三昧聖」)」、後者は「屠者」(「かわた(穢多)」)との職能的な深い関連(居住地であった可能性)を裏付ける根拠ともなる。

近世に「かわた(穢多)」身分となる渡辺村の来歴を記す『役人村由来書』(文久二・一八六二年一一月書写)の冒頭にも「天満・福嶋・渡辺・博労・三ツ寺五ヶ所ニ別れ住居罷在候」とあり、すでにみた文書にも「福嶋」「渡辺」「三ツ寺」は登場する。しかし、この記述は、天正・慶長年間に移転を余儀なくされた賤民集団が、それぞれの村(かつての荘園)に分属しているのではなく、旦那場的に統括して「キヨメ(清目)」役を担い続けていたことを記しているだけ、とも読み取れる。職能を果たした在地の名前を書き上げたにすぎない記述だという見方である。

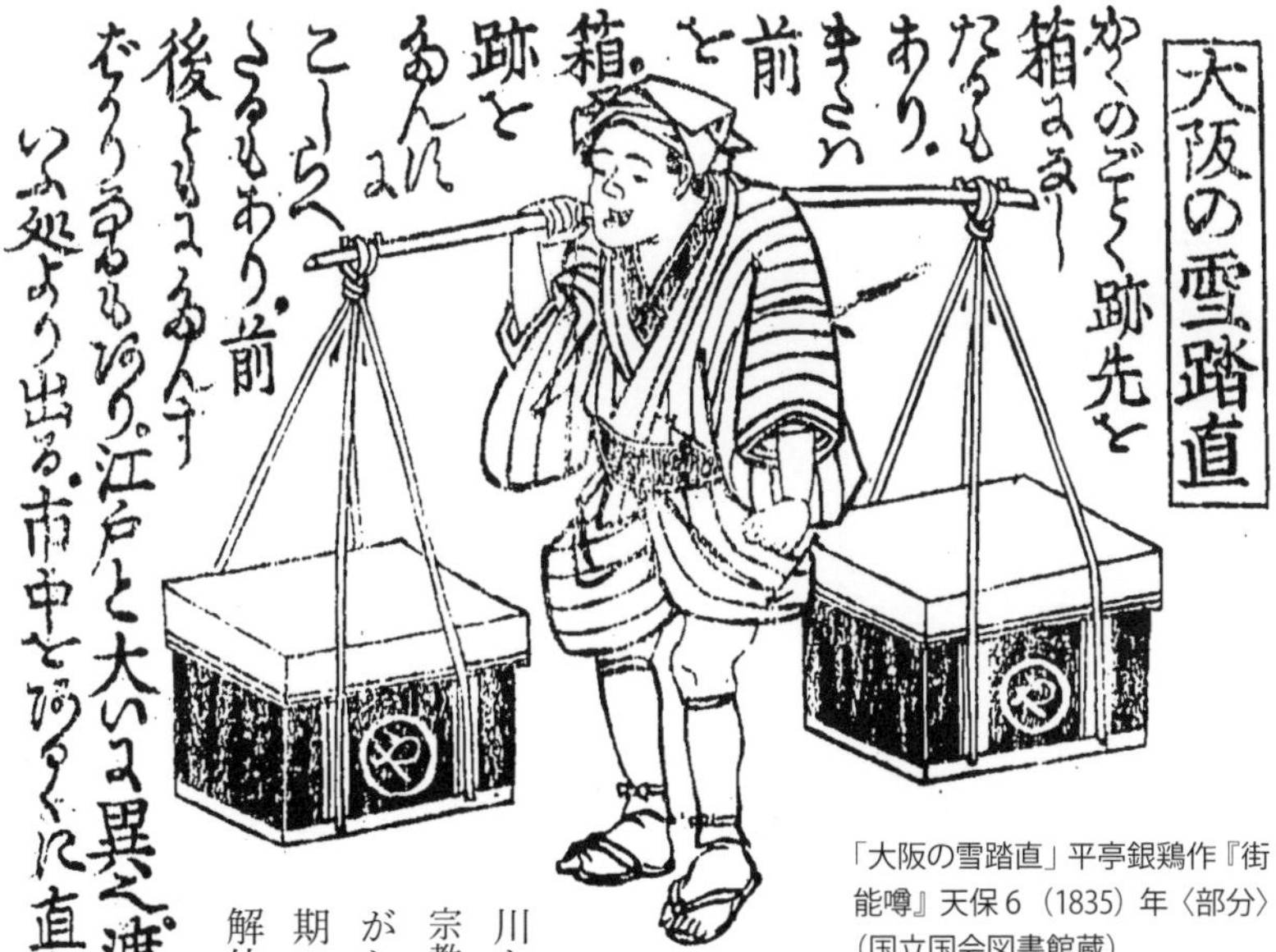

「大阪の雪踏直」平亭銀鶏作『街能噂』天保6（1835）年〈部分〉（国立国会図書館蔵）
江戸と大阪の雪踏直しを対比して描き、両者はたいへん異なるとしている。この直しは「渡邉」村から市中へ歩いて行商しているとある。

そして、本章の主役である「渡辺」の由緒を明示する賤民は、三津寺村での職能を行使する一方で、下難波村から木津村の西側あたりと比定される木津砦に関わった賤民集団とも強い繋がりをもっていた。中世の賤民集団は、戦国期を経て近世初頭まで多元的にその職能を果たし、のちに「船場」として町屋に組み込まれていく村と深い関わりをもっていた(23)とすることは可能であろう。つまり、旧来から由緒と内実を兼ね備えた三津（御津）寺・難波・木津といった、港・津・川を拠点とする在地のネットワーク（本願寺をはじめとする宗教的な勢力と密接不可分に連携する集団）との関係を築きながら活動していたわけであり、中世、とりわけ戦国・織豊期におけるこのネットワークの活性化こそが、中世賤民を解体しつつ近世賤民を新たに編成してく重要な要件となっていたといえまいか(24)。

広域な今宮浜を拠点とする供御人(25)の統括、検非違使庁の衛士、皮革生産などの伝統的諸役（職能）は、中世末期の揺籃を経て、在地の利害や権益を集約してきた政治的な集団がその勢力を衰退させ、渡辺党もまた一国人となったのち大和国へと移転していくことになったのに伴って急速に変容していった。[26]「散所（村）」の一部は芸能民などとなって離散し[27]（「キヨメ〈清目〉」役だけは「穢れ〈ケガレ〉」観と重なって別の賤民集団へと転移し）、近世の地誌類が記す（あくまでも由緒類の中の呼称として記す）ように、皮革や墓所などを管理する「屠者」と「守墓」だけが近世の賤民として再編されたと考えられる。

かくして本章での考察をまとめると、ひとまず以下のようになる。

天正年間まで南渡辺に共同体（「村」）を形成して賤民としての諸役を担っていた「散所（村）」には、のちに「かわた（穢多）」と呼称される「屠者」、および「三昧聖」と呼称される「守墓」を擁して諸役を担いつつ活動していた。しかし坐摩神社の移転とともに、大坂城築城と城下町整備の過程で、他の賤民集団との離合集散を経て十数年の歳月ののち、ようやく元和五（一六一九）年になって、「屠者」は「かわた」として下難波村に居住地を定め、「守墓」は「三昧聖」として町続在領である千日前墓所に移転した。[28]冒頭で、賤民身分が中世から近世へと一元的にあるいは一定方向に展開するわけではないと述べたのは、こうした実態を捕捉したうえでのことである。そしてそれは、中世に権門の一角を維持していた龍安寺や石清水八幡宮（御津八幡宮とも深い関係をもつ神宮）といった寺社勢力の権威が低下し、賤民集団の居住地が近世の世俗権力のもとで城下町の周縁に位置

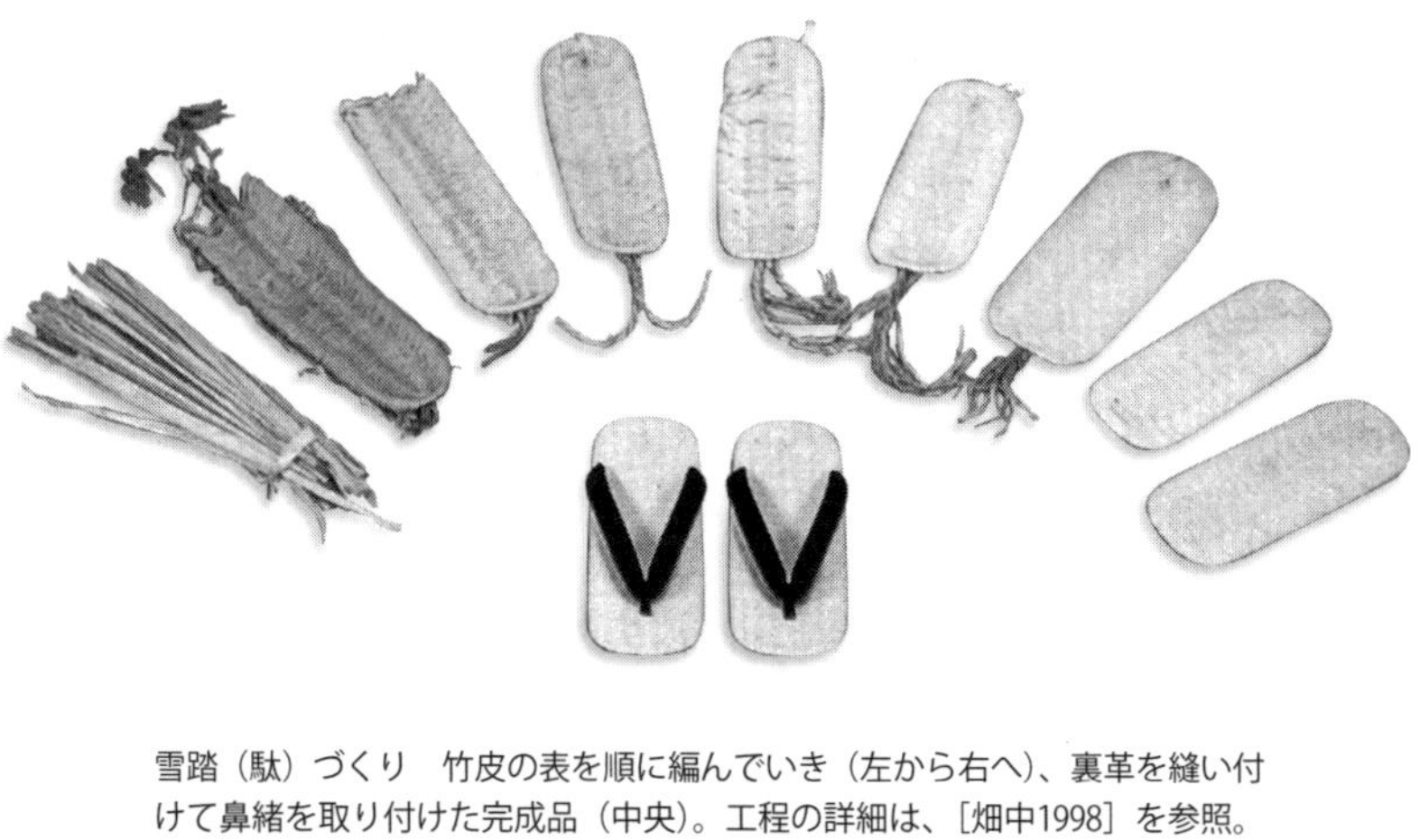

雪踏（駄）づくり　竹皮の表を順に編んでいき（左から右へ）、裏革を縫い付けて鼻緒を取り付けた完成品（中央）。工程の詳細は、［畑中1998］を参照。

づけられていく具体的な過程でもある。

おわりに

確たる資料が発見されていない現時点では、本章の内容もまた推論の域を出ない。「散所（村）」として複数の村々の職務を分掌していた、大坂に固有の賤民集団が、近世城下町の形成に沿って、近世の村々に移転させられ新たに分属した、という見通しが得られただけなのかもしれない。

しかし、大坂城築城のための強制的移住による、単一の賤民集団から近世の「かわた」村の形成へ至るといった、従来の研究史の多くに伏在する単純な図式は成立しない点だけは共有できたであろう。それぞれの賤民集団の「移転」は、近世における城下町大坂の都市形成過程において、政治的な権力ないし宗教的な勢力による歴史的要件が複雑に絡まりつつ、身分制の構築の一環として実行されたものだったといえる。当然ながら、そこには国家を構成する主権としての権力だけではなく、町人（商工業）や農民へと再編される民衆による賤民との境界線の策定（共同体における賤民の居住区の確定）という在地の権力も発動されたことになる。近世の国家権力対賤民といった単純な歴史認識では捕捉できない「移転」とその帰結である。

そもそも、畿内武士団の姓であり、近世以降も「北渡辺」「南渡辺」といった町名となって残った（おそらく坐摩神社の門前として発展した）「渡辺」は、何ゆえに賤称となったのか。そもそも「摂津役人村」の自称を多用し、一方で町屋で作成される刊行絵図の多くが「かわた村」「穢多村」などと記すなか、最終的に木津村領へと行きついた賤民集団は、どのようにして「渡辺」の由緒を手に入れたのか（同村の氏神である浪速神社は古くから坐摩神社の御旅所となっている)。その理由や歴史的経緯は何によって説明できるのか。刊行絵図なども参照しつつ、さらに議論を深めていく必要があるが、[29]実に謎の多い「移転」である。

註

(1) 中世賤民の種類(集団)別の特質については、[細川一九九四][松尾一九九八][山本一九九九][島津二〇一七]を、移行期の賤民の実態については、[脇田修ほか一九九四]をそれぞれ参照し、とくに「散所(村)」については、[脇田晴二〇〇二]に依拠した。

(2) 前近代の都市の固有性を認めずに、それらの実態をすべて同じ切り口で解明することの問題点、および前近代の都市史に関する課題については、[仁木一九九七]および[仁木編二〇〇二]を参照した。

(3) ゆえに、中世賤民と近世賤民とを直結する理解には無理がある。本章では中世賤民について、[三枝二〇一四]の「身分は自律的集団を基礎として成り立っていること、その集団は、イエ(イヘ)を最小の単位としながら、地縁・職能によるもの、権門の家産組織など様々な規模をもって存在し、それらが序列化されつつ最終的には国家へと統合」(一八七頁)されているという見解を踏襲しておきたい。また。近世賤民についても[横田二〇一四]の「〈身分制〉とは、〈身分〉が一定の秩序にしたがって世代間で継承され、再生される社会的しくみのこと[中略]家を社会の原基形態とするような社会では、身分制は多かれ少なかれカースト的、〈種姓〉的な様相を帯びる[中略]〈近世身分制の種姓的特質〉という」(二七九〜二八〇頁)理解をとっておきたい。

(4) 中世・近世移行期の大坂の都市史および寺内町の空間構成については諸説があるが、[仁木一九九四a・b][天野一九九六][大澤二〇一九]が最も体系立った説を展開しており、なかでも[大澤二〇一九]は、「渡辺」について、その居住域など最新の学説を提示している。なお、大坂城の全貌については、[中村二〇一八]に依拠した。

(5) 天満門前は大坂天満宮(かつて渡辺天満宮と称されていた)を中心に繁栄した中世「都市」であり、天満宮の位置する北渡辺と南渡辺とを架橋する渡辺津(もとは渡)に所在する橋が「天神橋」に他ならず([松村一九八七]七九〜八二頁)、この天神橋は、大江御厨に因んで「大江橋」とも、渡辺に因んで「渡辺橋」とも称されていた。

（6）［新修大阪市史編纂委員会編一九九六］の別帙図3、［日下二〇一二］の巻頭図、［大阪歴史博物館・大阪文化財研究所編二〇一五］の巻頭図などは、すべて多色刷りで、当時の姿が構造的に明確になるように工夫されている。

（7）渡辺津は、天神橋（渡辺橋・大江橋とも）一帯と天満北中部までを含む地理的範囲で、渡辺氏はここを拠点として旧堀江川（川崎川・渡辺川とも）の水運業関係者の統括と検非違使摂津国出張所の活動を管轄していた。また「滝口」（下級官人）として朝廷に出仕し、官司領や供御人を管理・統括する権限も有していた［三浦一九八一］［河音二〇一一］。さらに、検非違使として検断・葬送・警固および清目を遂行する衛士を支配していたとされ、武士と朝廷・寺院・神社との強い結びつきと政治力を持っており、まさに「権門体制」の一角を占める政治的位置にあったことになる［大村二〇〇六］［小西二〇一二］［生駒二〇一四］。なお、検非違使については、［丹生谷一九八六］が「キヨメとケガレは、中世の身分制を支える核心的差別原理であったと思われるが、かかるキヨメ・ケガレ秩序を支えるかなめとしての機能を、検非違使制は果していたのである」（一三頁）と指摘し、「中世賤民、非人＝キヨメ身分の形成と構造に、検非違使制の果した役割は、ほとんど決定的であったのではないか、と私は考えている。検非違使制は、天皇と非人＝キヨメという、中世身分制における両極を媒介するかなめの役割を担っていたといっても過言ではな」（二〇頁）い、としている。

（8）［新修大阪市史編纂委員会一九九六］一〇三～一二五頁、［生駒二〇一四］二七～一三〇頁、［大澤二〇一九］九九～一二九頁などで実証されている。

（9）［新修大阪市史編纂委員会一九八八］四六三～四六七頁。なお、荘園公領制のもとで、津村郷は龍安寺に、三津寺荘は石清水八幡宮に、難波荘は渡辺惣官に、それぞれ帰属した。なお、当該期を含む荘園の実像と歴史的変遷については、［伊藤二〇二一］を参照した。

（10）一向宗の門徒あるいは賤民による各地の砦については、［新修大阪市史編纂委員会編一九八八］六五六頁が図解とともに詳しい。なお、多数の賤民を兵として動員するほど、当時の「木津」は、惣村として河口付近にまで勢力と機能を備えていたといえる。大坂本願寺合戦や大坂冬の陣において、たびたび戦略の拠点として戦場となっている。なお、いずれも近世中期のものとされる「石山合戦配陣図」（大阪城天守閣蔵）は「エタカサキ砦」、「石山合戦古図」（国立国会図書館蔵）は「エタガ﨑砦」と記す。これに対して、いずれも作成年不詳の「大坂五戦之図（五）」

（国立国会図書館蔵）および「大坂冬之陣図」（個人蔵）は、「穢多城」と記しており、それぞれの描く砦（城）の位置は一致しない。そのなかでも「大坂冬之陣図」が「木津砦」に最も近い位置を描いていると推定される。いずれにせよ、当該期の「砦」や「城」は、「堀（濠）や矢倉、バリケードの逆茂木（先を鋭く尖らせた木杭の列・掻楯（矢を防ぐ楯の列）」などを設けた、簡単なしつらえのものであった［藤木一九九七］五四頁。

（11）［大阪の部落史委員会編二〇〇五］史料№一三七に収載されており、本文編にあたる［大阪の部落史委員会編二〇〇九］三七頁においても「具体的なことはほとんど明らかにできない」とされている。ただし、当該部分は年貢分に相当する「分米拾三斛捌升（田数弐町壱段半の内）」から「下行」分が引かれ「弐石四斗七升」となり、さらに「十分一」が引かれ、そこに「寺納分」などが加えられるとともに銭に代えられ「代拾肆貫参百廿文」と解することができる。ただし「料足納」が不詳であるが、これを「散所村」が営む皮革業からの収入など商業への対価であると仮定することも可能である。なお、寺院である「蓮華寺」「嶺坊」「梅本坊」に関わる年貢は三三〇文、二二〇文とあり、一一〇文を一ユニットとしている（「算所村」の一六五文は、一・五ユニットの計算になる）点は興味深い。ここに記された「福島」は天満地域よりもさらに西域（現・福島区）に位置し、「春日江（滓上江・澤上江）」は、渡辺津から大川沿いに北上した東岸の一帯（現・都島区）を指す地名である。

（12）『〈日本歴史地名大系二八〉大阪府の地名』（平凡社、一九八六年）の「津村郷」によると、「津村」の初見は元弘三（一三三三）年の「内蔵寮領等目録」（宮内庁書陵部蔵）であり、大江御厨の供御人の勢力が及んでいたという。すでに一四世紀初頭には「津村」の名称が存在しており、「圓江」の転訛とする説は成立しない。

（13）一部の手彩町絵図に記されている「穢多崎（城・砦）」は、浜松歌国著『摂陽奇観』（天保四〈一八三三〉年成立）の「巻之五・穢多ヶ崎の条」に「三津寺観音の地を穢多ヶ崎といふ、大坂の乱の時、砦を築く、（中略）其頃は今の幸町の地に穢多村あり、幸町の条ニ著ス、（中略）穢多か城は、世俗誤りて穢多村の地と心得たり、然らず、昔より穢多か城といふは、今の三津寺観音の地にて、是則穢多共、海賊を恐れて築く所也、或人云、穢多か城の砦は、故太閤築かれしと也」とあって、三津寺荘と被差別民との関係をうかがわせる記述となっている。なお、「海賊を恐れて」の箇所からは、「かわた（穢多）」身分が、中世以来担ってきた皮革生産とその流通の疎外となる存在を警戒しているとも読み取ることができる。また、暁鐘成著『摂津名所図会大成』（安政二〈一八五五〉年成立）の

「巻之九上」には「穢多崎　幸町の西、木津川と尻無川の分れ口の辺といふ、一説ニハ、西浜町とも云、慶長の頃、ここに砦ありしと云　一説ニ、中古穢多村ハ道頓堀の西今の幸町の地なりに有し故、其西方を穢多が崎と言しとなり」とあって、三津寺と賤民との深い関わりを示しており、木津村領内へ移転する以前の被差別民が下難波村領に居住した事実との関連性も深い（傍線は引用者）。

(14)［上杉二〇〇二］一七〇頁では、いわゆる「Bグループ」として位置づけられている。また、森幸安（謹齋）のカルトグラファーとしての地図学上の位置づけについては、［上杉二〇一〇］一一四～一九五頁および［辻垣・森二〇一六］を参照した。なお、現時点で広く知られている手彩ないし手書きの「浪速古図」類を初めて体系立てて紹介したのは、［近世絵図地図資料研究会編一九九八］で、その第七巻には「大阪の都市空間と地図――「近世絵図地図資料集成第Ⅶ巻」によせて」が掲載されており、賤称を含む絵図の活用について明確な見解を示している。

(15) 先にあげた慶長一七（一六一二）年のものとみられる「摂州大坂旧地図」「大坂分町地図天正十三年分町」では「皮田邑」「皮多村」、正保国絵図以降の町絵図である承応三（一六五四）年の「大坂絵図」では、すでに移転した先である下難波村領に「カワタ町」とあって、その呼称は区々である。こうした記載方法は、「皮多」とだけ記す正保国絵図（正保元～五・一六四四～四八年）の時点でさえ定まっていない。

(16) ただし、描かれたことそのものには作成者の何らかの意図があり、問題関心も存在するのだから（「主題図」たるゆえんであり）、笑止千万な内容だと却下することも妥当性を欠く。①は、森幸安（謹齋）の手になる絵図であり、すでに詳細な検討が多くの研究者によってなされているので、ここでは、②「渡辺」と「エタ村」の由緒を、別の出来事として記す絵図についてだけ、それが描かれた意図（作者不詳・複数の作者の存在）を推定しておきたい。箇条書で、時系列的に列挙すると、次のようになろうか。ⅰ作成者は、大坂の陣図のいずれかを見聞し、「穢多城」と記されていることを確認した。↓ⅱ典籍や文書なども照合し現在地を比定すると、御霊神社（圓江神社）の旧所在地であった。↓ⅲ御霊神社が文禄三（一五九四）年に、また坐摩神社が寛永年間に津村へ移転してきた伝承を突き合せた。↓ⅳ「穢多城」を「穢多村」と読み替え（誤認し）、御霊神社とともに「穢多村」が圓江から移転したことにし、さらに「穢多村」だけ難波嶋（下難波）へ移転したことにした。↓ⅴ祠ということが前提にあったので、図柄としても祠の形状を彩色で描いた。↓ⅵしかしすべてに確証がないので、詞書の最後に「不詳」（よくわからない）と記した。なお、こうした浪速古図の信憑性と下難波村領への「かわた（穢多）」身分の定着については、［のび二〇〇七］も、本稿でも批判した資料などを用いて検討を加えている（六一～六四頁）。

(17) 関西大学津田秀夫文庫の所蔵で、［藪田二〇〇三］九二～九三頁によって目録とともに翻刻されている。同翻刻の解説文で藪田は、この文書が平野庄（平野郷）と五ヶ村との関係を示すものであり、「かわた（穢多）」身分の渡辺村に関する「初見史料」と位置づけている。

(18) この五ヶ村のうち木津村は、「（包紙ウハ書）元禄十四巳之年　御定　小堀様」（「浪速部落の歴史」編纂委員会編二〇〇五収載）によれば、元禄一四（一七〇一）年時点でも「銀二五匁」の「葭成」を納めている。

(19) 両村は、元和初年の「一国高御改帳」では東成郡に記されており（前掲註（12）『〈日本歴史地名大系二八〉大阪府の地名』の「三津寺村」「上難波村」の項）、三津寺村は、慶長一四（一六〇九）年「摂州欠郡三津寺村御検地帳」（大阪市史編纂所編『〈大阪市史史料第一八輯〉御津八幡宮・三津家文書（下）——近世初期大坂関係史料』大阪市史料調査会、一九八六年、三二頁）では「欠郡」扱いとなっているので、町屋化して市中へと編入される（元和六・一六二〇年）までの状況はきわめて興味深い。

(20) ［大阪歴史博物館・大阪文化財研究所編二〇一五］巻頭の多色刷図版によってこのことが確認できる。また、天正の地割（町割）に際して、船場を含む大坂市中には「背割下水」が整備されていくことは周知のことであるが、その敷設時期については、同書八三～八四頁でも詳述されているように不明な点が多い。さらに、いわゆる「大坂町絵図」の類にも、同系統でありながら「背割下水」を記した場所がかなり異なる（たとえば、大阪歴史博物館蔵と国立国会図書館蔵とでは、「背割下水」を同系色で記すものの、その記入範囲はほとんど一致しない）。それゆえ、「大坂町絵図」系統に記された記載内容を事実として比定することはできない。なお、かつて松井章が主導し部落史にも大きく寄与してきた動物考古学について、大阪市域に関するその発掘成果が重要であることに異論はない（たとえば［大阪の部落史委員会編二〇〇五］一四～四二頁）。しかし、複数確認されている獣骨の出土地を賤民の居住地と直接的に結びつけることは、簡単にはできない（牛馬骨は戦乱での死、あるいはその地に死骸が漂着した可能性などがある）と考えられるので、その成果については本章では取り上げておらず、今後の課題である。

(21) 複数の町絵図をもとに［中尾二〇〇一］が指摘しているが、註（10）でみたように、「エタカサキ砦」「エタガ﨑砦」「穢多城」などと記される木津川口の砦が、文献資料にあるように「木津」一帯と当該期の人々に思念されていた場所に存在したと仮定すれば、それは、近世以降に村域を拡大する下難波村領内に相当する。であれば、下難波村には、三津寺村と密接に関係する賤民が戦国期からもともと居住していた可能性も捨象できなくなる。また、近世期の文書によれば、この賤民は、元禄一二（一六九九）年に、下難波村から「かわた（穢多）」身分として移転するが、この移転の関係性も、元来から「木津」に居住した賤民を近世期の「木津村」が再び受け入れたと考えれば、一応の辻褄が合う。

(22) 前掲『〈大阪市史史料第一八輯〉御津八幡宮・三津家文書（下）――近世初期大坂関係史料』史料No.一二三、三一～四三頁）。また、「三津寺」が村から町へと変化する契機は、元和六（一六二〇）年のことである（大阪市史編纂所編『〈大阪市史史料第一七輯〉御津八幡宮・三津家文書（上）――近世初期大坂関係史料』大阪市史料調査会、一九八六年、二頁）から、他の村の町屋化もこの時期の前後であると推定される。なお、「せきた町」はもとは「周防町」と称し、元和二～三（一六一六～一七）年頃の当地の町屋化によって町名変更したようである。「水帳」では明暦一（一六五五）年には「南新雪踏町」、元禄七（一六九四）年には再び「周防町」になっている［大阪町名研究会一九七七、三七一～二頁］。また、「せきた」という町名に表れている雪踏（駄）づくりは、近世において、裏革だけを「かわた（穢多）」身分が担い、鼻緒取り付けと雪踏そのものの販売は平民である町人が担うのが一般的であるが、当該期には、まださほど分業すなわち職能の分化は、進んでいなかったと推定される。

(23) 賤民集団の「船場」居住説を早くから指摘したのは、［中尾二〇〇一］一〇七～一一二頁であるが、正確には、のちに町屋となる近世初頭の村で諸役の遂行ということになる。なお、下難波村領時代の渡辺村を「かわた村」と記す『大坂三郷町絵図』（明暦元〈一六五五〉年、大阪歴史博物館蔵）には、慶長四（一五九九）年創建の徳浄寺（道場開基は慶長年間）および慶長八（一六〇三）年創建の正宣寺の場所が明示されているが（もう一ヶ寺記されているが寺院名は不詳）、いずれも町屋を表す彩色がなされている。このことから、のちに渡辺村の檀那寺となる両寺院が、当該地とは別の町屋のいずれかに存在した可能性がある。

(24) こうした戦国時代の歴史的意義については、［勝俣一九九六］二頁が「転換期の戦国時代」との認識を示した点と通底するものである。

(25) 朝廷に属して、天皇や皇族などに山海の特産物といった食料や各種の手工芸品などを貢納した集団である供御人は、中世の大坂にも居たが、なかでも今宮供御人については、［網野一九八四］六六〜六八頁を参照した。

(26) 大和国への移動については、［小西二〇一一］一二頁が指摘している。

(27) 猿引、座頭仲間、人形仲間（傀儡師）などへの「祝義」は、町式目でも規定されている（大阪市史編纂所編『〈大阪市史史料第三二輯〉大坂の町式目』大阪市史料調査会、一九九一年、九一頁）。

(28) 『大坂濫觴書一件』（元禄一二〈一六九九〉年）によると、大坂市中へと編入されていく「阿波座村・三津寺・上難波村・敷津村・渡辺村・津村」の六ヶ村の「墓所」が元和五（一六一九）年に「下難波村墓所へ、千日寺聖ともニ壱ヶ所に蓉之（中略）千日の聖六防ト相成候」という（大阪市参事会編『大阪市史・第五』一九一一年、三頁）。ただし、六ヶ村が「大坂市中所々（ニ）在候」とあるが、三津寺村が町屋化するのは元和六（一六二〇）年である。

(29) 近世期の刊行絵図の集大成である［小野田・上杉編二〇一五］は、都市大阪に関わる刊行絵図研究の到達点を示すものである。なお、絵図の研究蓄積と部落史との連環および賤民記載などについては、同書所載吉村解説文および［吉村二〇一九］を参照されたい。

文献・史料

天野太郎　一九九六「大坂石山本願寺寺内町プランの復原に関する研究――位置比定と内部構成をめぐって」『人文地理』第四八巻第二号
網野善彦　一九八四『日本中世の非農業民と天皇』岩波書店
生駒孝臣　二〇一四『中世の畿内武士団と公武政権』戎光祥出版
伊藤俊一　二〇二一『荘園――墾田永年私財法から応仁の乱まで』中公新書
上杉和央　二〇〇二「近世における浪速古図の作製と受容」『史林』第八五巻第二号
上杉和央　二〇一〇『江戸知識人と地図』京都大学学術出版会
大阪町名研究会編　一九七七『大阪の町名――大坂三郷から東西南北四区へ』清文堂

大阪の部落史委員会編　二〇〇五・二〇〇九『大阪の部落史』第一巻（史料編・考古／古代・中世／近世一）・第一〇巻（本文編）、部落解放・人権研究所／解放出版社
大阪歴史博物館・大阪文化財研究所編　二〇一五『大坂・豊臣と徳川の時代——近世都市の考古学』高志書院
大澤研一　二〇一九『戦国・織豊期大坂の都市史的研究』思文閣出版
大村拓生　二〇〇六「平安時代の摂津国衙・住吉社・渡辺党」栄原永遠男・仁木宏編『難波宮から大坂へ』和泉書院
小野田一幸・上杉和央編（脇田修監修）二〇一五『近世刊行大坂図集成』創元社
勝俣鎮夫　一九九六『戦国時代論』岩波書店
河音能平　二〇一一「中世渡辺津の形成過程」『河音能平著作集』第四巻（中世畿内の村落と都市）、文理閣
近世絵図地図資料研究会編　一九九八『近世絵図地図資料集成』第Ⅰ期・第七巻（大坂・堺・摂津・河内・和泉）、科学書院
日下雅義　二〇一二『地形からみた歴史——古代景観を復原する』講談社学術文庫
小西瑞恵　二〇一一「中世の大阪——水走氏・渡辺党を中心に」『大阪樟蔭女子大学研究紀要』第一巻
島津毅　二〇一七『日本古代中世の葬送と社会』吉川弘文館
新修大阪市史編纂委員会編　一九八八・一九九六『新修大阪市史』第二巻・第一〇巻、大阪市
辻垣晃一・森洋久編　二〇一六『増補改訂・森幸安の描いた地図』臨川書店
中尾健次　二〇〇一「古地図から見た渡辺村の変遷」大阪人権博物館編・刊『絵図の世界と被差別民』
中村博司　二〇一八『大坂城全史——歴史と構造の謎を解く』ちくま新書
「浪速部落の歴史」編纂委員会編・刊　二〇〇五『史料集・浪速部落の歴史』
仁木宏　一九九四a「大坂石山寺内町の復元的考察」中部よし子編『大坂と周辺諸都市の研究』清文堂出版
仁木宏　一九九四b「大坂石山寺内町の空間構造」井上満郎・杉橋隆夫編（上横手雅敬監修）『古代・中世の政治と文化』思文閣出版
仁木宏　一九九七『〈AOKI LIBRARY 日本の歴史〉空間・公・共同体——中世都市から近世都市へ』青木書店

仁木宏編　二〇〇二『〈「もの」から見る日本史〉都市――前近代都市論の射程』青木書店
丹生谷哲一　一九八六『検非違使――中世のけがれと権力』平凡社選書
のびしょうじ　二〇〇七『被差別民たちの大阪――近世前期編』解放出版社
畑中敏之　一九九八『雪踏をめぐる人びと――近世はきもの風俗史』かもがわ出版
藤木久志　一九九七『戦国の村を行く』朝日選書
細川涼一　一九九四『中世の身分制と非人』日本エディタースクール出版部
松尾剛次　一九九八『中世の都市と非人』法藏館
松村博　一九八七『大阪の橋』松籟社
三浦圭一　一九八一『中世民衆生活史の研究』思文閣出版
三枝暁子　二〇一四「中世の身分と社会集団」『岩波講座・日本歴史』七（中世二）、岩波書店
藪田貫　二〇〇三「津田秀夫文庫古文書目録（一）」『関西大学博物館紀要』第九号
山本尚友　二〇〇九『史料で読む部落史』現代書館
横田冬彦　二〇一四「近世の身分制」『岩波講座・日本歴史』一〇（近世一）、岩波書店
吉村智博　二〇一九「絵図（古地図）の公開推進と研究深化の可能性」『部落解放』第七七〇号
脇田修ほか　一九九四『賤民身分論――中世から近世へ』明石書店
脇田晴子　二〇〇二『日本中世被差別民の研究』岩波書店

［附記］　本章の執筆にあたっては、当該期の専門家であり、大阪の歴史および地誌に造詣が深い、仁木宏・大阪公立大学教授と大澤研一・大阪歴史博物館館長から、詳細な点に至るまで貴重なご助言を頂戴した。あわせて、中世賤民の実態をはじめ史料上の解釈などについては、共同研究のメンバーでもある小倉慈司・片岡耕平・舩田淳一の三氏からも貴重なご助言をいただいた。いうまでもなく本章の文責はすべて筆者にあるが、ここにお名前を記した方々の有意義なご教示に対して衷心より感謝申し上げたい。

【第二章】

坐摩神社から浪速神社へ

――「渡辺」と神社の深い関係

西宮秀紀

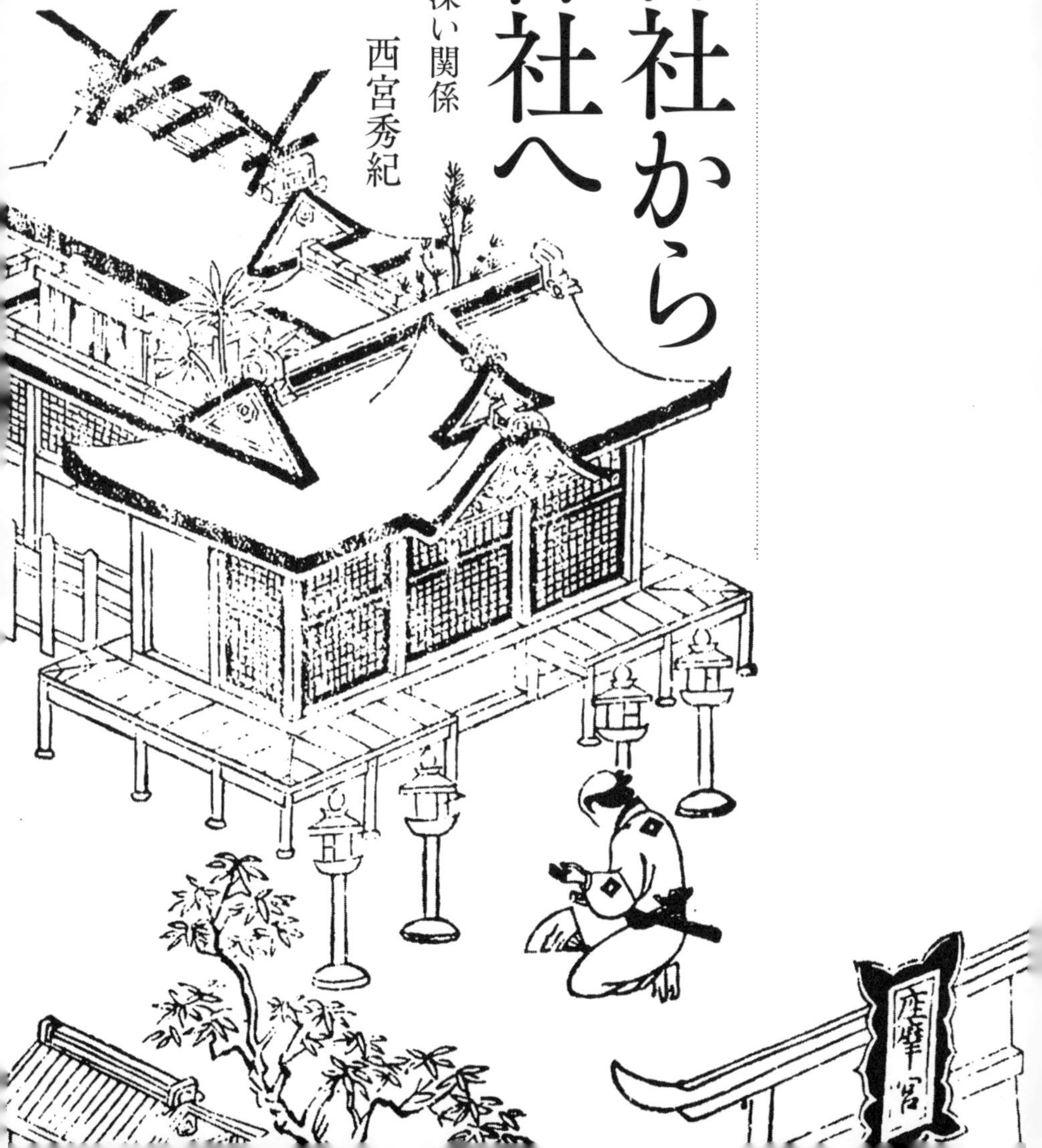

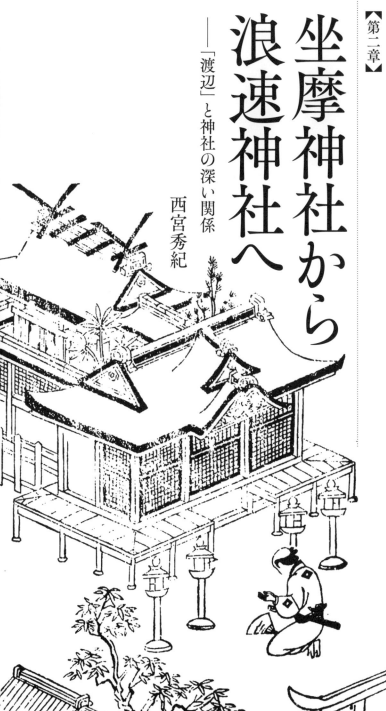

「浪速部落に浪速神社があるんですけど、みな坐摩《ざま》さんて呼んだはります。一体なんで坐摩さんがここにあるんか、さっぱりわかりませんねん。空襲で古い史料も無《の》うなったし、知ってる人もおらんようになって、困ったことです。」このようなAさんの問いかけから、本章は生まれた。これまで謎だった、坐摩神社から浪速神社にいたる過程について「渡辺」を踏まえつつ、史料に基づいて明らかにする。

扉絵　「座摩之宮」（『葦分船』第三より。延宝三〈一六七五〉年刊行）
約一二〇年後の『摂津名所図会』の「座摩神社図」（一〇二〜三頁）と比べて古拙ではあるものの、拝殿・社殿の形態は細かい相違点もあるが、よく似ている。

はじめに

かつて西浜南通と称されていた浪速部落の南西の一区画に、浪速《なにわ》神社がある。北から社務所、社殿、それに末社二社が並んでおり、社殿は西向きで前に競《せ》り出た階段上の破風《はふ》が神社を感じさせる。北側の廻廊壁には、一九八二（昭和五七）年の造営定礎や氏子総代以下の姓名が石版に刻まれている。浪速神社は戦後、一九四八（昭和二三）年七月に成立した［浪速区創設三十周年記念事業委員会一九五七、三一六頁］が、この神社がどのような歴史をもっているのか謎が多い。江戸時代の天保期（一八三〇〜四四年）渡辺村町割略図によれば、道場として徳浄寺・正宣寺が記されているが[1]、神社の記載はない。また、管見の限りでは渡辺村を描いた古地図に神社の記載はない。その点で、渡辺村はきわめて神社や神道に関する記述が希薄である。

　浪速神社境内の入り口に掲げられたパネルには坐摩神社の末社とあり、御祭神は生《いく》井《い》神・福井《さくい》神・綱長井《つながい》神・阿須波《あすは》神・波比岐《はひき》神の五祭神を総称して坐摩大神としている。つまり、浪速神社は坐摩神社（中央区久太郎町）と関係深い神社ということになる。その末社がなぜ西浜に存在するのであろうか。坐摩神社に関しては、戦前に出版された『官幣中社　坐摩神社誌』［官幣中社坐摩神社社務所一九三六］や、辞典・調査報告書［志賀一九七七］［二宮一九七七］［角川日本地名大辞典編集委員会　一九八三］［大和一九八四］

現在の浪速神社（筆者撮影）

〔平凡社地名資料センター編一九八六〕などがあるものの、坐摩神社から浪速神社に至る通史について、これまで歴史的背景を踏まえた論考はない。そこでこれから、坐摩神社があったとされる兎我野・渡辺から渡辺町・渡辺村までの地理と歴史を踏まえたうえで、そこに神社という宗教施設が存在するとすれば、それはどのような関係であったのか、探ってみたいと思う(2)。

1 坐摩神社の創始と住吉社との関係

まず、坐摩神社のはじまりから話を始めよう。一〇世紀に完成・施行された『延喜式』巻九神名上（以下、神名式上と略称）9摂津国条によれば、摂津国西成郡には坐摩神社一座（大座）と記され、六・一二月に行われる月次祭《つきなめ》と一一月に行われる新嘗祭《にいなめ》に預かるとある。現在「ザマさん」と親しみをこめて呼ばれているが、正式な訓みはイカスリ神社である。『延喜式』古写本には、「井カ爪リ」（九条家本〔東京国立博物館古典籍叢刊編集委員会二〇一二〕）・「ヰカ爪リ」（吉田家本〔天理図書館善本叢書和書之部編集委員会一九七五〕）と振り仮名があり、イカスリと訓んでいたことがわかる。イカスリの語義については諸説あるが、次節で述べるように「居《い》処領《かしり》」つまり敷地の神が原義とみておきたい(3)。

さて、同摂津国の住吉郡に属し、古代から有名な住吉大社（神名式上では住吉坐神社）には『住吉大社神代記』〔田中一九八五〕が残されているが、そこにも坐摩神社のことが見えてくる。この文献は天平三（七三一）年に住吉社から提出と記されているが、実際は平安時代前期に成立したものと言われている〔坂本一九八八〕〔西宮一 一九七〇〕。これには「座摩社（二前〈座のこと〉）」とあり、子神である座摩神は二前（座）で、別名は為婆照《いばてり》神と記されている。同書には、坐摩神に関する二つの伝承が記されている。一つは、住吉大神が神功《じんぐう》皇后に教えて言うには、「私のために天香具山の社の中の埴土《はに》を取り、天平瓮八十瓮《あめのひらかやそか》を造り奉斎せよ。謀叛の謀略があっても、そうして祀《まつ》れば必ず服従するであろう」と述べたので、古海人老父《おきな》に醜い格好をさせ、土を取り天平瓮を造り、大神を奉斎した。それが為賀悉利祝《いがしりのはふり》である。これと同様の伝承は、『日本書紀』の神武天皇即位前（戊午年九月戊辰条）・崇神天皇一〇年九月壬午条にもあるところから、それらを基にして為賀悉利祝の由来の説明伝承に、書き換えたものと考えられる。

もう一つの伝承は、住吉大神の子神である坐摩神二前の伝承である。まず、猪加志利の神二前とは一名為《い》婆天利《ばてり》神で、元来住吉大神がいて「唐飯《からいい》」を食べた土地である、というようにカラ（三韓）の服属伝承にちなむ神として描かれている。そして、住吉大神は仁徳天皇時代に天皇の子波多毘若郎女《はたびのわかいらつめ》の夢に現れ、「私は住吉大神の御魂で、亦の名を為婆天利神（亦の名を猪加志利神）という」と託宣した。そこで、神主に津守宿禰を奉斎させ、祝に為加志利津守連らを奉仕させ、神戸二烟と神田七段一四四歩を充て、それは西成郡にあるという。住吉大神御魂と座摩神を同一視し、住吉神社の神主家による奉斎と、祝為加志利津守連による奉仕という、平安時代における住吉社側の座摩社支配の正当性を、奉斎・奉仕担当者伝承で説明したものであろう(4)。実際に、後に坐摩社は住吉社の末社とみえる（『百練抄』元仁元〈一二二四〉年四月一三日条）。

このように、坐摩神社が住吉社の末社にされたのは、摂津国で外交の国家神として勢力を誇った住吉社［岡田一九八五］が、瀬戸内海から九州にかけての外交神としての住吉神信仰の橋頭堡《きょうとうほ》の一つとして、坐摩神社の位置や社格を重要視し、取り込んだからに他ならない故と思われる。

2 宮中神の座摩巫が祭る神——もう一つの坐摩神

ところで、坐摩という名称は、神名式2宮中条に座摩巫《かんなぎ》祭神五座として、すべて大座で月次祭と新嘗祭に預かるとして、(5)生井神・福井神・綱長井神・波比祇神・阿須波神の名が見える。この座摩巫が奉斎する祭神は五座で、先に見た摂津国の坐摩神社の祭神は一座であるので五座を一座にまとめたものとする説もあるが、祭神五座をまとめて一座と記す例はない。また、宮中の座摩巫以外の御巫・御門巫・生島巫は、庶女(一般の女性)から採用したのに対して、座摩巫は、七歳以上の都下国造氏の童女を採用することになっており、結婚した場合には交替する決まりがあった(臨時祭式43御巫条・44座摩巫条)。

この座摩巫は、都下国造氏から採用とあるが、都下国造とは古く『日本輿地通志畿内部(『五畿内志』「摂津志」)』(以下、「摂津志」と略称。享保一九〈一七三四〉年。並河誠所他編)[正宗編一九三〇]に述べられているように、「都下」とはツゲと訓む説もあるが古くトガノと訓み、摂津国の兎餓野《とがの》のことである。(6)ちなみに、兎我野は現在北区に町名として残っており、現淀川南の中央区北部にかけて広がっていた野も、兎我野と呼ばれていた可能性はあろう。(7)

祝詞式3祈年祭条によれば、この坐摩御巫が「皇神《すめがみ》」たちの前に申上する内容は、瑞々しい宮殿をお造りして、「四方国」を安定して平和にお治めになるゆえに、座摩御巫が五神(生井・栄井・津長井・阿須波・婆比《はひ》支《き》)をお祭りする、というものであった。この五神の性格は諸説あるが、生井・栄井・津長井は井戸の神で、阿須波神(8)・婆比支神は屋敷・宅地の神と捉えてよい。(9)座摩巫で重要なのは、ここにあるように、瑞々しい宮殿をお造りしてお治めになるとあり、また『古語拾遺』（大同二〈八〇七〉年）には、神籬《ひもろき》（神の依り代）を立て神を祀ったが、坐摩とは大宮地の霊で今は坐摩巫が斎いているとあるように、宮殿・大宮地との関わりで述べられている。天皇（大王）の宮で、摂津国との関わりといえばやはり難波宮が想起され、倭の五王の時代の難波大隅宮（応神天皇）・難波高津宮（仁徳天皇）については、いまだ伝承の域を出ないが、遅くとも六世紀代の難波小郡《おごおり》宮から難波長柄豊崎宮（孝徳天皇）[10]にかけて、在地の有力な敷地の神を宮殿の敷地の神として取り込み、座摩巫が五神を宮中に勧請するシステムとした可能性が高いと思われる。

先の兎我野の地名と難波宮の位置を考えると、坐摩神社の古代における地理的重要性が窺え（「坐摩社御旅所と発掘遺構の位置」図〈一〇〇頁〉参照）、祭神への期待する役割も含めて、やはり宮中に祭神の取り込みが図られたとみるべきであろう。

3　中世における坐摩社

鎌倉時代に入り、坐摩社は中世的な変容を迫られることになった。まず、坐摩社の存在した兎我野の南地域の地名は、一一世紀初頭に、もともと「国衙の大渡」の辺りという意味から渡辺となり[11]、一一世紀後半には窪津や大渡を渡辺と呼んでいたと言われている[12]。そこに流入した人々が渡辺と名乗り、やがて朝廷の御厨《みず》子所《しどころ》領の摂津大江御厨《みくりや》に包摂されていた渡辺および津村郷に、非開発領主型（開発本領たる公領や荘園を所有しない領主）の武士団であった渡辺党と呼ばれる二家（氏）が住み着いた［新修大阪市史編纂委員会編一九八八］［河音二〇〇二］。それが、渡辺党遠藤氏（藤原姓遠藤氏）と渡辺党源氏（源姓渡辺氏）であった。渡辺党の二氏

遠藤氏と渡辺氏の系譜関係

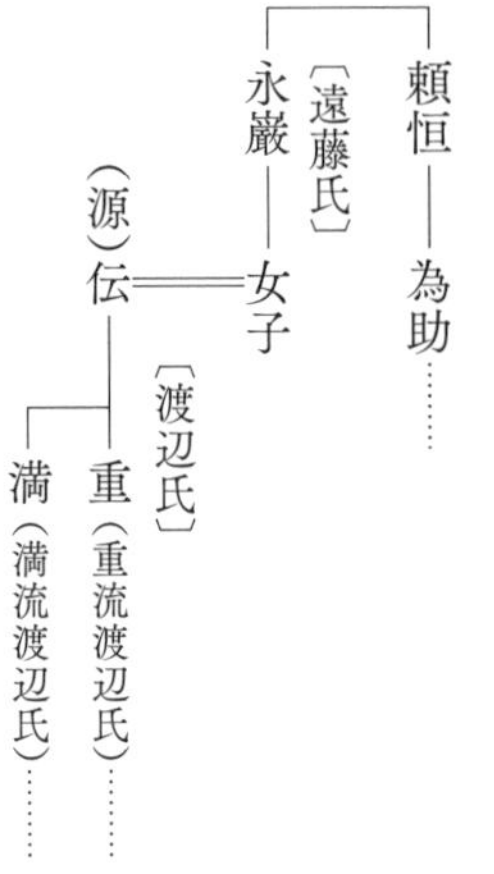

出典：〔生駒 2014〕〔系図〕
渡辺党略系図改変

については、これまで「遠藤系図」「渡辺系図」を基に多くの研究が積み重ねられている。(13) とりわけ近年、佐々木紀一・生駒孝臣による新出「堺善通寺渡辺系図」の分析成果(14)を受け、大村拓生によって「遠藤系図」の遠藤永厳の娘が渡辺伝の妻になった記述は、まったくの誤りではないとされている（「遠藤氏と渡辺氏の系譜関係」図参照）。そして、元国衙在庁官人などとして遠藤氏が活躍していたところに、遅れて一一世紀末以降に渡辺氏が入り込み、渡辺氏のために用意された役職が惣官であった。また、一二世紀段階の渡辺党は渡辺氏を中心に構成されていたが、承久の乱後に北条氏と結んだ遠藤氏が優位に立つなかで、当初から遠藤氏が渡辺氏の上位にあったと系図に記述されるようになったとされている〔大村二〇一六〕。

このように渡辺の地に流入した二氏によって、坐摩社の組織も変わらざるをえなかったと思われる。それを示すのが「遠藤系図」で、依重の代に「座摩祐四人、長者其一人」とあり、鳥羽院の時に滝口の武士（禁中警固などを担った武者）であった為信の子信恒の代にも「座摩祐四人、長者一人」、また文覚《もんかく》上人の指図で頼朝の挙兵に最初から参加した家国の代にも「座摩祐四人、長者其一人」とある。この「座摩祐」は「座摩社」の誤記であり〔加地・中原一八九四〕〔河音二〇〇二b〕〔大村二〇一六〕、長者は神主のことと捉えてよいであろう。(15) このように、坐摩社では遠藤氏が神主職を担っていたことがわかる。その一方で、渡辺氏は国衙・坐摩社への関与は確認できていないとされている〔大澤二〇一九〕。

さて、先述したように『百練抄』の元仁元（一二二四）年四月一三日条によれば、去年（貞応二〈一二二三〉

年）一二月七日に坐摩神社で火災が起こって門と荒垣等が焼亡しているが、「住吉末社座摩社」とある。弘安七（一二八四）年六月、住吉社（津守）国平が坐摩社神主康重の神事執行の供料横領をめぐって相論を起こし勝訴している（『勘仲記』六月二八日条）。この康重とは清原康重のことで[16]、永仁六（一二九八）年には、逆に住吉社神主津守国助（国平の息子）による坐摩社の神輿・神殿破却事件があり、今度は康重が社務執行の正当性を主張し相論を起こしている（『鎌倉遺文　第二五』一九二一三号）。このように、住吉社の坐摩社支配をめぐって、一三世紀後半には坐摩社神主清原氏との間で相論が起こっていた。ただ、嘉暦二（一三二七）年、津守棟国が座摩社の神主に補任されたとあるので（『住吉松葉大記』巻五摂末部）〔真弓監修一九八四〕、住吉社系の津守氏が坐摩社の神主に復活していたことがわかる。なお、中世には、渡辺氏が神主職についていた史料は見あたらない。

ところで、中世後半の坐摩社に関する史料はほとんどない。わずかに文明一六（一四八四）年の龍安寺領「摂津国欠郡渡辺福島春日井散用状[17]」があるくらいで、そこには渡辺の銭納分として「津村河洲島之銭」「蓮華寺納之」「嶺坊納之」「梅本坊納之」「散所村納之」と書き上げられており、そこから「住吉エ本役」と住吉社への支出がなされていることがわかる[18]。また、ここに散所村が記されており、渡辺に散所村が存在しており、村組織を持っていたこともわかる。しかし、中世当時の賤民身分制では、散所は河原者より上のランクであるとされており[19]、その意味で、この散所村を、六章で述べる渡辺村の直接の淵源とみることはできないように思われる[20]。

4　坐摩社の御旅所伝承

戦国時代から徳川政権への過渡期に、坐摩社は大きな転機を迎えることになった。それに触れる前に、渡辺の坐摩社の元の位置を示すとされる御旅所《おたびしょ》が、近世の名所案内などに散見するので、それを見ておきたい。(21)

比較的よく取り上げられる『葦分船《あしわけぶね》』（延宝三〈一六七五〉年刊行、一無軒道治著）［船越編一九二七b］・『摂陽群談』（元禄一四〈一七〇一〉年刊行、岡田徯志著）［蘆田編一九一六］・『和漢三才図会』（正徳二〈一七一二〉年自序、寺島良安編）［谷川健編一九八〇］）・「摂津志」（前掲九四頁）・「名葦探杖《めいいたんじょう》 巻之五」（安永七〈一七七八〉年自序、暁隣軒蟻工〈井上源造〉著、浅井幽清編『摂津徴書　二十五』所収、以下「名葦探杖」と略称）［浅井編一七七八］・『摂津名所図会』（西成郡は寛政一〇〈一七九八〉年刊行、秋里籬島著）［森修編一九八〇］）・『摂津名所図会大成』（安政二〈一八五五〉年以降のもの。著者暁鐘成〈木村弥四郎〉は万延元〈一八六〇〉年死去）［船越編一九二七a］）を取り上げてみよう。そのことによって、『葦分船』から『摂津名所図会大成』の、一七世紀後半からおおよそ一九世紀後半のものまで、約一八五年間の坐摩神社に関する記述の変遷を知ることができる。

内容は大きく、①元の神社場所（御旅所）とされる石（以下、鎮座石と呼ぶ）と移転問題、②祭神、③神功皇后伝承等、④祭礼、⑤その他、に分けられるが、ここではとくに①と④に焦点を当ててみよう。

①について『葦分船』は、「当社は昔は八軒屋辺にあったが、中頃には淡路町一丁目に移し、今の渡辺に勧請した」という。それに対して、『摂陽群談』は「大坂南渡辺町にあるが、初めは石町《こくまち》の地にあった」とあり、夏祓の神祭のおり神輿の御旅所の注に、「初め大津町（俗に菅田町）にあり、元禄己卯年（一二〈一六九

九〉年）に、鎮座石を祀って御旅所社として、大津町のそれを壊し移した」と詳しく述べている。『摂陽群談』成立はその二年後であるから、この記述は信頼性が高いと言えよう。『和漢三才図会』は、「渡辺は南御堂の裏町で、このあたりすべてを渡辺という」とするが、鎮座石の記述はない。一方、官撰の地誌である「摂津志」は、古くは八軒屋南石町にあり今は鎮座石があり、[22]俗に神功皇后が休息した石と呼んでおり、これに因《ちな》んで神幸地としている。その北の樓の岸に昔数十の小祠があり域内に属す」こと、また『夫木和歌集《ふぼくわかしゅう》』（巻二十一、橋）の渡辺橋の歌の「社」のことで、天正中（一五七三〜九二）圓江《つぶらえ》の側に遷し置き、それで渡辺町という」とする。[23]

『摂津志』から六四年後の『摂津名所図会』（初版）では、南渡辺町にあり「旧地は大江岸国府町御旅所で今石町といい、天正年中に淡路町一町目に移し、その後渡辺筋に移った」とし、御旅所については「石町の北の弥兵衛町にあり、六月二二日の神事に神輿を社内の神石に安座する」とする。『摂津名所図会大成』も、座摩社旧地・座摩神社について、それまでの諸書・諸説を引用し意見を述べるが、おおむね同じである。「名葦探杖」は、「太閤が大坂城を築いたとき今の渡辺町に移したが、鎮座石のみ残して、それが今の御旅所になっている」とする。

このように、当初の神社は「八軒屋辺」「（南）石町」「大江岸国府町」にあり、その場所には鎮座石が存在し、それが目印になっていた。

そして、その鎮座石に対し④として、六月二二日の夏祓の祭礼には、神輿による御旅所往復の祭礼が行われるようになった、という。そのルートは、初め大津町（俗に菅田町）であったが、元禄一二（一六九九）年に鎮座石を御旅所とし、大津町の御旅所[24]は壊

坐摩神社御旅所と鎮座石（手前の柵の中）2022年１月当時（筆者撮影）。註（22）参照

したとの記載がある（『摂陽群談』）。なお、『摂津名所図会』の初刷では、「神石ハむかしのものにあらず」という一文があったが、坐摩神社の申し出により削除されたという。(25) 興味深いのは、坐摩神社は渡辺氏族がどこにいても、この宮の氏人と伝承していたとあることで（『葦分船』）、また神主に「渡辺右京」と記されているように（『和漢三才図会』）、この頃になると渡辺氏が神主で、氏族としての絆も強かったことがわかる。

以上の名所案内記などから、坐摩神社は御旅所が神社の元地とされており、江戸時代当時に御神幸が行われていたことになる。

ところで、御旅所の近辺では、南側のOS85－28次調査の発掘事例［大阪市文化財協会編二〇〇三］が知られていたが、二〇二一年に御旅所のほぼ北側の一区画が発掘された（大坂城跡発掘調査OS20－4次）結果、御旅所の位置は、敷地の北端が大川（難波

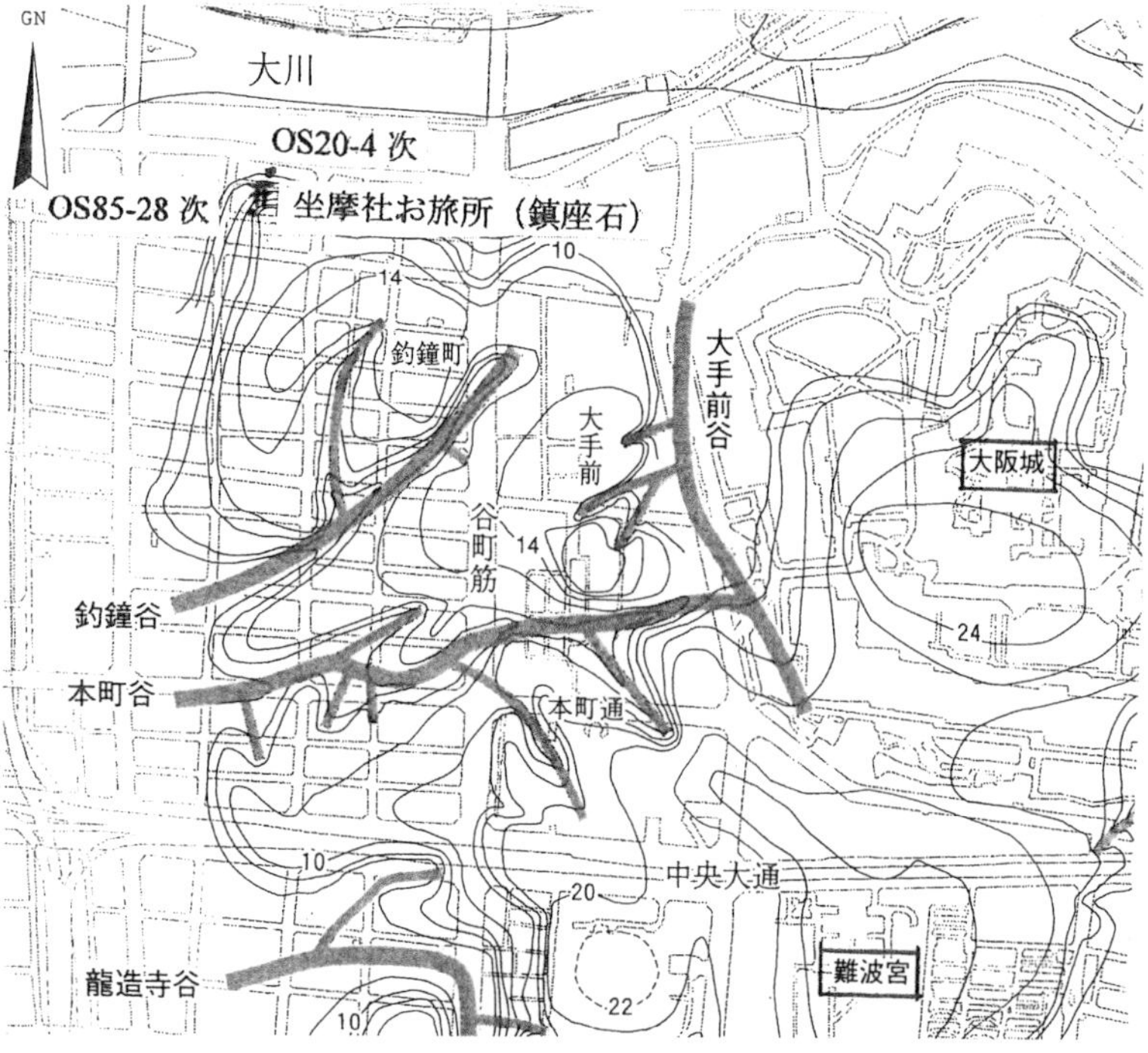

坐摩社御旅所と発掘遺構の位置
出典：寺井誠「難波宮成立期における土地開発」『難波宮址の研究』第十二（大阪市文化財協会、2004年、「上町台地北部の旧地形復元図」改変）

堀江）の波に洗われるような立地であったこと、また現地形でＴＰ（東京湾平均海面値）が6～7メートル高く位置しているが、大きく北へ落ち込む旧地形が検出されており、坐摩社の位置が変わっていないのであれば、その最下層のレベルはＴＰで2メートル前後の高さであることが明らかとなったという。[26] つまり、坐摩社の御旅所の地は、かなり深く埋まっているということになる。[27]

それに加えて、先述のＯＳ85－28次調査の地山を掘り込む落ち込みの埋土の最下層から、奈良時代の遺物が出土しているという［大阪市文化財協会編二〇〇三、四六～七頁］。このことは、御旅所の場所が、遅くとも奈良時代には存在していたことを示していることになる。

5　近世の南渡辺町の坐摩神社

坐摩神社の移転年代を名所案内記などで見てみると、「摂津志」・『摂津名所図会』・『摂津名所図会大成』に「天正（年）中（一五七三～九二）」とあった。その要因として「名葦探杖」に、太閤（豊臣秀吉）が大坂城を築くとき鎮座石のみ残したと記載するように、大坂城の築城を挙げる。元禄一二（一六九九）年正月一九日の日付けのある『大坂濫觴書一件』［大阪市一九一一、六頁］によれば、天正一一年三月に太閤が大坂城を居城とする普請のため、生玉社（現生魂神社）と座摩社を廓外の東南地に替え地の命令をしたこと、坐摩大明神社は元来西成郡の惣社で、南渡辺に替え地を命じ社料二八〇〇石余りとしたが、元和の乱（一六一五年）で神主渡辺氏が大坂城方に加わったため社料没収

現在の坐摩神社（筆者撮影）

となり、御堂西の南渡辺町樵木町に社地を与えたという。この南渡辺町の社が、現在の中央区久太郎町にある坐摩神社ということになる。[28]

坐摩神社が南渡辺町に遷座し、渡辺氏が神主となっていたことは、名所案内記や上記の史料でわかるが、大坂城廓内にいた人々も移動したことになる。当初、坐摩神社は廓外の東南に所領を与えられたが、坐摩神社とともに移動した人々は、淡路一丁目に移動させられたと思われる。しかし社料は没収となり、社域のみの保障では、神主の渡辺氏にとって厳しいものがあったであろう。その一方で、神主となった渡辺氏以外の渡辺党

渡辺氏は、延元二年（建武四年・一三三七）八月五日に後醍醐天皇の綸旨により、渡辺惣管渡辺照が崇徳上皇の御願寺成勝寺を本所とする難波荘の地頭職に宛てがわれており[29]、その本拠地を窪津（渡辺津）から難波荘内に移している［新修大阪市史編纂委員会編一九八八、四六三頁］。難波荘の位置については、「渡辺惣官家文書」に木津浦と境界相論を繰り広げているところから、近世の木津村北の難波村とされている［同右、三六三頁］。その後も「渡辺惣官家文書」によれば、室町時代から戦国時代にかけて難波荘と関係をもっていたことがわかる［同右、五〇三〜五頁］。

さて、「大坂〈北組・南組・天満組〉水帳町数家数役数寄せ帳」（元禄年間）［井上一九七五、一九七〜八頁］によれば、「南渡辺町　七〇　年寄　松屋六右衛門」の項に「坐摩社祭礼の節、人足並びに社中掃除人足出し申す可《べ》く候。然れども宮附または座摩

「座摩神社図」（『摂津名所図会』巻之三より。寛政一〇〈一七九八〉年刊行）一八世紀末の拝殿・社殿・境内の様子が、詳細に描かれている。

支配にはこれなく候。これにより総会所よりの支配銀をご免、御用人足・火事人足、総代扶持銀はそのまま相務むる心得と、元禄十一戊寅十一月晦日に仰せつけられ候」とあり、椹木町二三軒と西笹町二一軒も同じとある。元禄年間といえば、鎮座石が御旅所で注目された頃で、坐摩神社の神幸祭礼が本格化する時期であり、また次節で述べるように、道頓堀川下幸町に集結させられた渡辺の賤民集団は、大坂川の改修工事で木津村領の渡辺村に落ち着く時期である。この「水帳」に明らかなように、宮附や座摩支配下にはないと明言されており、祭礼に人足と社中掃除人足を出すだけの関係となっていた。

その後、坐摩神社は享保九（一七二四）年の大火（妙知焼）により、土地の者が離散し余国から入りこんでいるような状況となったという。そこで、神具・祭器・内殿再建のため、延享四（一七四七）年西成郡は産《うぶ》土《すな》の地なので一郡勧化《かんげ》を願い、翌年奉行に訴えたため大坂天満宮と氏地争いを起こし［官幣中社坐摩神社社務所一九三六、七九～八二頁］、その後、寛政八（一七九六）年・文政一一（一八二八）年と計三回相論を起こしていた［近江一九九一］。このように、坐摩神社は一八世紀になると、かつての渡辺氏だけではなく西成郡住民の氏地化に乗り出していたと思われる。

6　近世の渡辺村の白木神社

前節で述べたように、大坂城築城により坐摩神社の移転だけでなく、多くの渡辺等にいた住民も移動・再編成を受けざるをえなかったとみられるが、それを窺うことのできる史料が「役人村由来書」（摂津役人村文書）[30]である。そこには、おおよそ次のような経緯が記されている。役人村の住民は天正年中に天満・福島・

渡辺・博労・三ツ寺五ヶ所に別れ住んでいたが、元和年中（一六一五～二四）に道頓堀川下幸町壱丁目・貳丁目裏尻難波村領[31]へ移住した。しかし、元禄一一（一六九八）年に大坂の諸川改修工事が始まり、一〇月二二日に野江に替え地がなされたが沼田であったため、西成郡七反島上人川北南に替え地となったが、ここも水所で、同一四年五月に木津村領の内新田字堂面に移住したという（渡辺村）。「役人村」というのは、追捕・断罪などのような義務労役を負わされていた[32]村のことで、そこには渡辺の住民も含まれていたことがわかる。

さて、最後の移住地であった渡辺村の神社に関わるとみられる唯一の史料が、「摂津役人村文書」に収録されている「八軒町の掟」の中の「一・六月神事事、又は七月盆の内、町内にて銭を集、踊を企候儀仕間敷事」という条文である［谷川健編一九七一、三九九頁］。これは宝暦八（一七五八）年一一月に、奉行から年寄・家持中を通じて八軒町借家中に申し渡されたものである。この六月神事のおりに、銭を集め踊ることを禁止するということであるから、実際は六月神事にも集金し踊りを行っていたことが読み取れる。この六月神事について、盛田嘉徳は「座摩神社の夏祭の神事。この祭の翌日、「新地の祭り」と称して、村内唯一の神詞《マヽ》、白木神社の祭りが盛大に挙行された由である。それも併せて、六月神事といったのであろう。白木神社の創建は詳らかではないが、七瀬新地にあり、明治四〇年一二月一一日に、座摩社に合詞《マヽ》された[33]」と詳しく注している。ここに「由である」というのは盛田が注記した頃の聞き書きを意味しているのであろう。

ところで、ここに見える白木神社の創建は明らかでないが、渡辺村の町割区画域ではなかったことは注意しておいてよい。七瀬（新地）とは渡辺村内の町割の西側に延びた土地のことである。七瀬（新地）七瀬新田とも記されているように、恐らく米作に基づ

現在の白木神社（筆者撮影）

く神社として成立したのであろう。

白木神社という名称の神社は、現在木津川二丁目に現存しており、白木神社を訪れてみると、鳥居の額と石碑に「白木神社」と記されているが、社殿には「白富龍王」の額が掛かり、御由緒のパネルには「明治四一年（一九〇八）にこの神祠に白蛇が依憑していたので神使・守護神「巳の神」として祭られた。水難ごとに霊験あらたかな加護あり更に船玉神として船舶航行の守護神となり後には「白蛇宇賀《うが》神倉稲魂神」（宇賀神と倉稲魂《くらいなだま》神は基本的に穀物神で、白蛇はその化身―筆者注）として人々の生活保護の神となり家内安全・無病息災・商売繁盛と広く人々の信仰・崇敬の神となった。（大正四年八月現在の地にて祭られる）」とある。この明治四一年というのは、まさしく先に述べた坐摩神社へ合祀された年の翌年で、遷座の届け出がなされた年であり、(34)祭神名を変更しこの地に存続したものと思われる。

おわりに――近現代、田蓑神社から浪速神社へ

ようやく、現在の浪速神社の由来について触れることとなった。それに関する唯一の手掛かりは、次の『浪速区史』〔浪速区創設三十周年記念事業委員会一九五七、三一五～六頁〕の記述（原文引用）である。

当社は本社坐摩神社の飛地末社として従来の境内社田蓑神社を遷御する予定で、社殿・社務所竣工準備中のところ（二十年三月十四日遷座の予定）昭和二十年三月十三日空襲により、大部分焼失した。その後西浜町民の希望もあり、坐摩大神を祭祀することとし、二三年七月二十日坐摩神社末社として浪速神社となしたものである。本殿は二三年七月二十日竣工し、社務所は三一年七月二十日の竣工になっている。

そして、祭神は坐摩大神で、氏子地区は西栄地区・南栄地区・西浜地区・中栄地区・東栄地区・栄町六丁目の以上約一六〇〇戸とする。また、例祭日は毎月二一日で、夏祭は七月二一日とあり、西町の蒲団太鼓は豪華絢爛のものとして有名であり、古くは八ヵ町より八つの大太鼓が氏子地域を歩いたが、戦争のため全部焼失し、戦後昔を偲ぶために、栄町六丁目・東栄地区に二つの太鼓が作られ、祭礼の日に町内を練り歩くが、枕太鼓の重さは約一五〇貫位あり、町区民約五〇名が肩にかつぐという。

1930年代の浪速神社の祭り（『渡辺・西浜・浪速』口絵写真によれば、「布団太鼓がくりだし、村の外からもたくさんの人が訪れた」とある）

右記の引用記述中に見える田蓑神社とは、『官幣中社坐摩神社誌』〔官幣中社坐摩神社社務所一九三六〕によれば、「天照皇太神と豊受皇太神の二柱を奉斎し、もと本社旧鎮座地田蓑島に坐したのを、後年本社境内に移したもので、（中略）最近迄社殿を有し明細帳に登載せられてゐたが、将来は浪速区西浜町の当社飛地氏子地域に移転することゝなつてゐるので、同所に御社殿の新築せられる迄、当分大江神社相殿に奉斎することゝなつてゐる」（同書六九頁）としている。この本社旧鎮座地田蓑島については、坐摩神社に伝わる「坐摩神社縁起書」に、神功皇后が「新羅国を征伐し給ひ、首尾よく御凱旋の途次再び五柱の御神託があり、我は是より東にて浪速の国田蓑島大江の岸に留まらんと仰せられ、やがて其所の石上に影向《ようごう》（神が一時応現すること—筆者注）あらせられたので、皇后は宮柱太しき立てゝ崇め奉

旧浪速神社の拝殿（手前）と社殿（奥）（『浪速区史』）

つたと述べてゐる」（同書一六頁）としている。また、同じく神社に伝わる「坐摩宮御伝」によれば、「皇后御帰陣の砌《みぎり》摂津国に於いて長田・生田・広田の神々を祭り給うて後、大江田蓑島へ御到着遊ばされ、石上に坐摩神を奉祀せられた」（同頁）という。これが伝承であり史実でないことは「勿論右の縁起書は近世の作であるからこれを直ちに信ずることは出来難《できがた》い」（同頁）とある通りである。[35]

特に注目したいのは、右記の「将来は浪速区西浜町の当社飛地氏子地域に移転することゝなつてゐるので、同所に御社殿の新築せられる迄、当分大江神社相殿に奉斎することゝなつてゐる」（六九頁）という一文である。なぜならば、一九三六（昭和一一）年当時浪速区西浜町は坐摩神社の飛地として氏子地域であったと神社側に認識されており、さらに坐摩神社旧鎮座地の田蓑島に坐す神を祀る社殿新築計画があったことがわかるからである。先述したように、一九〇七（明治四〇）年白木神社を坐摩神社に合祀する許可が下りたのち（註（33）参照）、西浜町に新たなる神社が鎮座することは、地元氏子として当然の要望であったであろう。坐摩神社側として、恐らく地元氏子の要望に沿うために出された案が、坐摩神社の大江神社に合祀されていた旧鎮座地田蓑島に坐す神の移転であった。この計画が当時、どのような経緯を辿って西浜町の地元氏子と合意がなされたのか、今となっては確かめようがない。しかし、この案は西浜町の氏子にとって、坐摩神社の旧社地である神社（名）が誕生するということであり、神社側にとっては境内社の大江神社に仮住まいであった田蓑島に坐す神をようやく安置できる、という側面があったと思われる。先述の『浪速区史』によれば、田蓑神社は一九四五（昭和二〇）年にはほぼ完成していたとある。空襲で消失せず敗戦を迎えなければ、西浜町には坐摩神社末社として田蓑神社が鎮座したことになる。

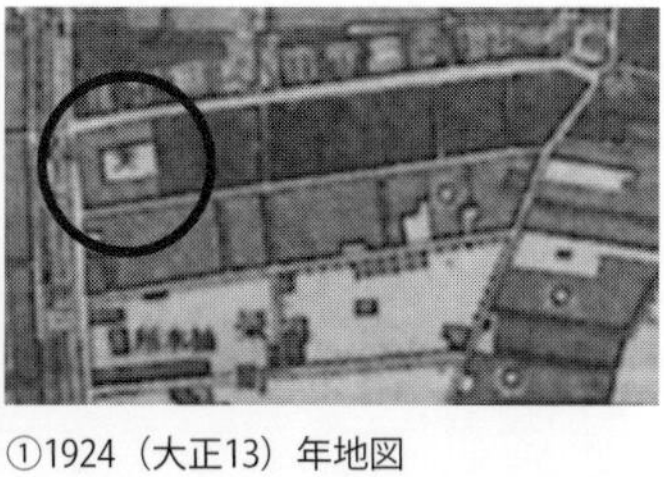

①1924（大正13）年地図

②1943（昭和18）年地図

③1947（昭和22）年航空写真

④1995（平成７）年航空写真

地図・写真から見た浪速神社位置
（いずれも『渡辺・西浜・浪速』の口絵写真より。○印内東側が浪速神社地）

そのことを少し別の角度から補足してみたい。近世の貞享四（一六八七）年・寛政九（一七九七）年・文政四（一八二一）年の地図を見る限り[36]、現在地の浪速神社の位置に神社の記載は見られない。一九二四（大正一三）年地図には学校（栄小学校第二期）の印がある（①）。一九四三（昭和一八）年の地図には学校は現在地（栄小学校第三期、大阪人権博物館）に移っている（②）が、昭和二二年の写真には神社の敷地らしきものが写っており（③）、恐らく学校の南への移転にともない、その跡地の一部が神社の敷地になった可能性があろう。したがって、先の『西浜区史』を参照すれば、おそらく栄小学校第二期の跡地に、一九四五（昭和二〇）年に坐摩神社末社田蓑神社として社殿がほぼ完成していたことになる。[37]

しかしながら、一九四五年の空襲により田蓑神社は焼失した。戦後その焼け跡に、一九四八（昭和二三）年に今度は西浜町民から神社新設が要望された結果、坐摩神社末社浪速神社と命名され祭神は坐摩大神として成立したのである。[38]

以上述べきたった経緯をみると、田蓑神社を白紙にし浪速神社と地名に基づく名称変更となったのは、戦後の町民希望によるものとあるが、祭神に関しては恐らく坐摩五神の総称名としての坐摩大神とすることで、坐摩神社との本社末社関係を明示できると、双方の調整がおこなわれたことが憶測される。その調整は、しばしば述べてきた「渡辺」と坐摩神社の、実に長い歴史的関係が背景にあってこそ成立したもの、と言えるであろう。

註

（1）［のび一九九七］七六頁。元史料は西本願寺所蔵とある。なお、［中尾二〇〇二］四章参照。

（2）現在「坐摩神社」が正式な漢字表記であるが、前近代の史料には「座摩」と記す場合もあり、音が同じであれば通用して用いる場合がある。本章では、基本的に「坐摩神社」の表記を用いるが、史料・文献の表記を尊重し「座摩神社」と記した場合もあり、中世には神を省き「坐摩社」と記す場合も多いので、それに倣った場合がある。

（3）「座」は「居処」、「摩」はシリの音転スリの宛字という（［西宮一 一九八五］八八頁）。ザマ（サマ）が固有の呼び方とする説［溝口一九二九］もあるが従えない。

（4）為加志利津守連の氏族名は、本章の先に見た伝承では「為賀悉利祝」という祝の古型［西宮秀二〇〇四］が記されており、『住吉大社神代記』が記された頃には坐摩神社の奉斎を、在地の首長である津守連に委ねていたのかもしれない。

（5）神名式古写本である吉田家本・九条家本によれば、ザの漢字が「座」となっており、前節で見た同じ西成郡坐摩神社と表記が異なり、神名式内で異なっており書き分けているようにもみえる。しかし、訓みは同じであり、その意味で同名と言える。

（6）「摂津志」の「天神橋」の注に、「この地は初めの名は兎餓野で後に済の南北を呼んで皆渡辺村という」（原漢文）とあり、その後、谷川士清も「或いは曰く、北は天満・北野より、南は京橋町・平野町の総名、座摩の社記に都下に作る。又、渡辺町と名づく。風土記は刀我野に作る」（原漢文）と具体的に述べている［谷川士一九七八、一一四九頁。一七六二刻版］。

（7）［吉田一九〇〇］。また、仁徳紀三八年七月条によれば、高津宮高台で鹿の鳴き声を聞いたという伝承がある。

（8）阿須波神については、「庭中の　阿須波の神に　小柴さし　我は斎はむ　帰り来《く》までに」（『万葉集』巻二〇—四三五〇）と、『古事記』上巻に大年神と天知迦流美豆比売の子として、阿須波神・波比岐神が挙げられている。

（9）その他、四時祭式19御川水祭条では、御川水祭に座摩の巫が行事することになっており、座摩巫は水の祭祀に関係していた。水も敷地の大事な構成要素である。

（10）難波豊碕宮は、前期難波宮として遺構がほぼ確定している。難波小郡宮については、現在の大阪城の北の大川（難波堀江）に面した低地説［吉川一九九七］と、天神橋の南詰東側（現在の中央区石町付近）とする説［西本二〇一四］がある。

（11）治安三（一〇二三）年一〇月二八日条「国府大渡下」（『扶桑略記』）、良暹法師「わたのべ（渡辺）や　おほえのきしに　やどりして　くもゐにみゆる　いこま山かな」（『後拾遺和歌集』第九—五一三番［『新編国歌大観』編集委員会一九八三］。

（12）長保三（一〇〇一）年六月二六日平惟仲施入状案「同（摂津）国久保津御庄壱処」（『平安遺文　第二巻』四一〇号）。永保元（一〇八一）年九月二一日「渡辺住人武久」（『為房卿記』（［駒沢大学大学院史学会古代史部会一九七九］。影写本で確認）、文治三（一一八七）年八月二二日条「窪津〈渡陪也〉」・文治四年九月一五日条「渡部〈之大渡也〉」（『玉葉』［宮内庁書陵部二〇〇七・二〇〇九］。なお、渡辺（津）については［松尾二〇〇四］ほかが、また、上町台地の地形については［大阪市博物館協会大阪文化財研究所大阪歴史博物館二〇一四］が、詳しく有益である。

（13）「遠藤系図」は『続群書類従　第六輯下』。「渡辺系図」は『続群書類従　第五輯下』。「嵯峨源氏系図」は『尊卑分脈　第三編』。［永島一九六一・一九八七］［近藤一九六一・一九六三］［三浦一九八一］［戸田一九九一］［加地・中原一八九四］［河音二〇〇二a・b］参照。なお、座摩神社を祀っていた都下国造を渡辺党の祖とする説（羽床二〇一五）があるが、両系図を虚偽とし水との関係だけで説明しようとする点、無理があろう。

（14）［佐々木二〇〇二a・二〇〇二b・二〇〇三］・［生駒二〇一四］。「堺禅通寺蔵渡辺系図」（大阪府立中之島図書館所蔵）は［新修大阪市史編纂委員会編二〇〇九］および［生駒二〇一四］付録に翻刻がある。なお、「堺善通寺蔵渡辺系図」に坐摩社関係の記載はない。

（15）［加地・中原一八九四］一三〇〜一頁。『住吉松葉大記』（巻二十寺院部）［真弓監修一九八四］によれば、「瑠璃寺講堂恒例正諸檀越名帳之事」に一番長者とあり、神主・権神主以下が記されているのも参考となろう。なお、著者梅園惟朝は元禄頃の人物である［真弓一九八四］。

（16）『史料纂集　勘仲記　第四』（八木書店、二〇一五）六二頁によれば、康重に「（遠藤）」の人名比定がなされているが、『鎌倉遺文　第二十』一五二二二〜七号に関係文書があり、一五二二七号に「座摩社散位清原康重勤重言上」とあるから清原康重のことであろう。一五二二二〜七号の文書配列・校訂については［森茂一九九一］参照。清原康重は『尊卑分脈　第四編』（一五九頁）の清原氏系図に見えている。なお、［加地・中原一八九四］一二八頁も参照。

（17）［大阪の部落史委員会編二〇〇五］一三七番、二〇〇〜四頁。ちなみに、欠郡とは、応仁の乱前後に散見するが、主として住吉・東生・百済・西成のうち中島を除く広い範囲を指す部分を総称するとされている［今谷一九八六］三〇三頁。

（18）［大村二〇〇七］参照。文明一四年四月六日の住吉神社の神人方の注進状である史料の五月五日の項に「馬ハわたなへより出され候」とある［宮川一九七一］。また、同年三月五日の戸燈帳方の注進状の九月一五日に「わたなへのりしりもちて参候」［藤本一九八一］といった負担が記されており、それと関係するものであろう。

（19）［丹生谷一九九四］。また、散所は掃除役や手の芸能・道の芸能に関わる用語である［山本二〇〇九］。［山本二〇〇四〕も参照。

(20) 坐摩神社と河原者との関係で取り上げられるのが、『証如上人日記』天文九(一五四〇)年正月一二日条に「河原者弥次郎、箒・緒太上之」とある史料で(「天文御日記」[北西編一九七九]二四〇頁)、箒と緒太の献上は河原者の身分的徴標と捉えられている([丹生谷一九九四]二三七〜八頁)。この河原者は、渡辺の河原者であった可能性はあろうが、これが座摩神社に隷属した下級神人([盛田一九七〇]五頁)と理解してよいか、不明な点が残る。

(21) 一七世紀の大坂の名所案内記については[上杉和一九八六]参照。また、渡辺津と名所案内記の検討は[仁木二〇〇五]参照。

(22) ちなみに、この鎮座石は「方五丈許」とある。丈を仮に三メートルとすると十五メートルになるが、現在の御旅所に保存されている石は、おおよそ「四尺許」ぐらいに見える。なお、寸法確認のため二〇二二年五月一〇日に訪れたところ、御旅所並びに鎮座石(九九頁写真)は撤去され、新地《さらち》となっていた。坐摩神社に問い合わせたところ、改修事業のため御神体を本社に遷御したとのことであった。保管されている鎮座石の寸法は、おおよそ高さ七五センチメートル(地上部分は五五センチメートル)、奥行は一一六センチメートル、間口は一二七センチメートルとのこと。渡邉紘一・坐摩神社宮司より、ご教示並びに公表のご許可を頂いたことについて、改めて謝意を表しておきたい。

(23) この圓江は、同書によれば「圓神祠」の注に津村町で御霊と称しているとあり、「天神橋」の注に、この地は初めの名は兎俄野で済の南北を皆「渡辺村」と呼んでいたが、天正中南渡辺民家を圓江に追いやり、「屠者守墓家」を難波村に移す、などとある。この記事については[上杉聡二〇二〇]に言及があり、渡辺の移転について多くの知見が盛り込まれているが、『浪華三津之浦図』などの絵地図の利用には、やはり史料的信頼性の限界があることと、本章との関連で言えば、右記史料に、天正中に南渡辺の民家が圓江(津村)に強制移住させられたこと、そして、そのうちの「屠者守墓家」を難波村に移住させたというように、民家と屠者守墓家を並列させていることに注意し、それを踏まえて次節のように理解したい。なお、いわゆる浪速古図については[上杉和二〇〇二]が必読である。

(24) 大津町の御旅所はほかに見えず不明だが、『葦分船』『摂津名所図会』等に見える淡路一丁目のことを指すのかもしれない。

（25）『摂津名所図絵』の坐摩神社の項は、天満宮と同様に番所に訴えがあり、再版の際に改められたことが知られている（［森編一九八〇］四八〇頁）。坐摩神社からの申し入れとは、主に伏見院勅額などに難波大社とあることが記されなかったことや、御旅所の御鎮座石の古さを否定されたことへの、抗議だったのであろう。［仁木二〇〇五］二四頁によれば、「渡辺町」の移転にともない座摩社も移転したことを強く否定する姿勢が窺えるとする。

（26）ＯＳ20－4次調査。報告書は未刊。積山洋氏のご教示による。

（27）［大阪府一八七九］には、「元禄年中弥兵衛町ト云フ所ニ由緒有之、影向石ヲ掘出シ依之其所ヲ座摩神社旅所トシテ其頃ヨリ此二座ヲ祭祀ス」とあり、影向《ようごう》石を掘り出したことが記されている。ちなみに、御旅所は、明治三九年に豊磐間戸奇磐間戸神社（境外末社）となっている。近世の絵図面を博捜したわけではないが、宝永六（一七〇九）年の「摂津大坂図鑑綱目大成」に「座摩　おたひ」とあり石が描かれている（［近世絵図地図資料研究会編一九八八］Ⅶ－016－001）が、宝永六年前の元禄一二年（一六九九）の「大坂絵図」（［脇田二〇一五］五八頁）は、残念ながら町屋部分が黒塗りで不明である。宝永六年のそれによれば、遅くとも元禄以後、旅所の石が目印となっていたことが想定され、あるいは掘り出されたことも契機となったかもしれない。ただし、その石の絵は山のような形状が二つあり、デフォルメされているのか、当時の姿であるのか不明だが、現在の平面的な石の姿と異なっている。

（28）「政清寛永年中従五位下右京大進、此時又御社ヲ今渡辺町ト云フ所ニ移サル、社務渡辺ヲ名乗ルニヨリ其所ヲ渡辺町ト云フ云々」（「渡辺氏系図」［官幣中社坐摩神社社務所一九三六］三一頁）とあり、寛永年中（一六二四～四四）のこととしている。なお、同書（七四頁）に記される渡辺氏系図は「天津彦根命—天戸間見命（中略）国麿〈三代〉（中略）政清〈四六代〉（中略）—醇〈五六代〔一九二六年当時の宮司—筆者注〕〉」とあり、『続群書類従　第五輯下』掲載の渡辺系図が、嵯峨天皇から始まる一字名であるのとは違う二字名であるので、異なる系統系図であったことになる。

（29）［新修大阪市史編纂委員会編一九八八］口絵写真。「渡辺惣官家文書」に関しては［下市町史編纂委員会一九七四］に翻刻がある。

（30）［谷川健編一九七一］三八四～五頁。これは、文久二（一八六二）年一一月の「書き上げ写し」という朱書きがあり、年寄住吉屋治兵衛の書抜帳であるという。

（31）難波村（下難波村）時代の渡辺村については、［のび一九九八］［寺木二〇〇〇］［八木二〇〇一］などがある。

（32）［谷川健編一九七一］三五七頁。なお、「摂津役人村文書」の盛田嘉徳の解題は［盛田一九七〇］と異なるので、注意が必要である。さらに『摂津役人村文書』（［盛田一九五六］の解説は［盛田一九七〇］の解題とほぼ同じであるが、一九五六年版の五〇頁後半部分から割愛され、［盛田一九七〇］は三三頁から『続摂津役人村文書』［盛田一九五七］の「後序にかえて」の前半がほぼ付け加えられている点など、注意が必要である。

（33）［谷川健編一九七一］四〇六～七頁。［大阪府一八七九］によれば、西浜町（七瀬）に白木神社があり、祭神は市杵島姫命で明治四〇年一二月一一日合祀許可があり、同四一年一月一〇に遷座の届け出がされたことが記されている。なお、盛田嘉徳は［盛田一九五七］の「後序にかえて」の後半で、七瀬の地名と七瀬の祓の関連について示唆している。

（34）註（33）参照。ちなみに、大和岩雄は［大和一九八四］で「坐摩神社には渡辺村の唯一の神社が白木神社である。北渡辺の旧地名新羅江の白木である」（四六～七頁）と述べているが、北渡辺が旧地名新羅江であったことの論拠は記されていない。天平宝字四（七六〇）年一一月一八日の摂津国安宿王家地倉売買券により、難波堀江の北側に新羅江庄が存在していたことが推定されているが、そこから新羅の地名が存在したにせよ、それが近世の白木神社名に引き継がれたと論証するには、多くの困難がともなう。なお、右の売買券に関しては、［大谷一九七九］二七頁参照。

（35）ここで近世の名所案内記の関連記事を振り返ってみたい。本論四節の内容区分によれば、③に当たる。田蓑神社が見えるのは『摂津名所図会』再版［森編一九八〇］（寛政一〇〈一七九八〉年）で、「摂社（田蓑神社〈俗に斎宮と称す〉）」が初版に書き加えられ、「抑当社の鎮座ハ神功皇后十年也。三韓より御凱陣し給ふ時、神武天皇の吉例によつて、御船を浪速の岸浮見石の上によせて、神璽を鎮《しずめ》て斎給ふ時、賤女醬を献じければ祭らせ給ふ神社也。旧地ハ大江岸田蓑島、今の御旅所也（已上社説）。」とあり、御旅所を石町北弥兵衛町としている（四八三頁）。これは坐摩神社側の要望によって書き加えられた文と思われる。田蓑神社とは大江岸の田蓑島に旧地があり、今の御旅所は鎮座石のある石町だというのである。このように、一八世紀末に田蓑神社は神功皇后の浮見石伝承と、御旅所の鎮座石は同一と考えられていたことがわかる。この想定によって、田蓑神社は坐摩神社の旧社地という『官幣中社坐摩神社誌』〔官幣中社坐摩神社社務所一九三六〕の田蓑神社の説明記事（六九頁）となるのである。なお、「〈俗に斎宮と称す〉」とあるのは、同書に「伝へに拠れば往昔伊勢斎宮環京の砌《みぎり》、浪速の祓を行ひ給ふた所であると云ふ」（六九頁）と、古代に実際に行われていた斎宮の難波の祓場所としても想定していることによる。一方、『摂津名所図会大成』〔船越編一九二七a〕には、「摂社　田蓑神社〈……両皇太神を祭る〉」とあり、これは『官幣中社坐摩神社誌』に「天照皇太神と豊受皇太神の二柱を奉斎し」（六九頁）とある伝承が、近世からすでに存在したことを裏付けるものである。ちなみに田蓑島神は、住吉四神の子神として『住吉大社神代記』〔田中一九八五〕にすでに見えており、近世に創作された神ではなく、平安時代には神（社）として存在したと思われる。なお、現在の田蓑神社は佃一丁目に存在し、住吉三神と神功皇后を祭神としており〔平凡社地名資料センター編一九八六〕、坐摩神と直接の接点は窺えない。

(36)『渡辺・西浜・浪速――浪速部落の歴史』〔「浪速部落の歴史」編集委員会編一九九七〕所収。以下の写真も同じ。なお、浪速部落の地図・写真（布団太鼓の写真の年代含む）に関しては吉村智徳氏のご教示を得た。

(37)一九三五年（昭和一〇年）の西浜部落地図（〔部落解放浪速地区総合一〇ヶ年計画推進委員会一九七四〕二四頁に現浪速神社位置に「坐摩神社」という書き込みがある。しかし、吉村智博氏のご教示によればこれは古老から（一九七〇～八〇年当時）の聞き取りによるものということであるので、本論に掲げた〔浪速区創設三十周年記念事業委員会一九五七〕の記述からすれば、記憶の誤りの可能性があろう。なお、昭和二三年遷座当初の浪速社旧社殿・拝殿の写真は残念ながら見つけえていないが、〔同書〕三二六頁（本章一〇八頁に掲載）と〔上田一九六八〕一六一頁の写真二葉によって窺うことができる。今後の更なる発見を期待したい。

(38)ちなみに、田蓑神社の祭神は〔官幣中社坐摩神社社務所一九三六〕によれば、天照皇太神と豊受皇太神であった（六九頁）。このことは、近世の坐摩神社の縁起書・伝として見えることや『摂津名所図会大成』〔船越編一九二七a〕に見えることは、本論や註（35）で述べた通りであるが、それは近世以降の祭神名であることに注意が必要である。註（35）で述べたように、田蓑島神（社）が平安時代に存在していたとしても、祭神名を記す同時代史料はなく不明と言わざるをえないからである。

文献・史料

浅井幽清編　一七七八『摂津徴書　二十五』https://dl.ndl.go.jp/info:ndljp/pid/2553315
蘆田伊人編輯　一九一六『大日本地誌大系九　摂陽群談』大日本地誌大系刊行会
生駒孝臣　二〇一四「鎌倉中・後期の摂津渡辺党遠藤氏について――「遠藤系図」をめぐって」『中世の畿内武士と公武政権』戎光祥出版（初出二〇〇二）
井上正雄　一九七五『大阪府全志　巻之二』清文堂出版（初出一九二二）
今谷明　一九八六「戦国期の摂津闕郡について」『守護領国支配機構の研究』法政大学出版局（初出一九八四）
上杉和央　一九八六「一七世紀の名所案内記にみえる大坂の名所観」『地理学評論』第七七巻第九号
上杉和央　二〇〇二「近世における浪速古図の作成と受容」『史林』第八五巻二号
上杉聡　二〇二〇「大阪渡辺村の発生期について――歴史研究への絵地図史料の使用意義に触れつつ」『関西大学人権問題研究室紀要』第八〇号
上田官治　一九六八「摂津渡辺村の歴史（1）」『部落問題研究』第二二輯
近江晴子　一九九一「大阪天満宮の氏地の拡大と坐摩神社との相論」大阪天満宮史料室編『大阪天満宮史の研究』思文閣出版
大阪府　一八七九『神社財産登録（大阪市街）』（大阪府公文書館）
大阪の部落史委員会編二〇〇五　部落解放・人権研究所『大阪の部落史　第一巻　史料編　考古／古代・中世／近世1』解放出版社
大阪市　一九一一『大阪市史　第五』清文堂出版（一九六五復刻版）
大阪市博物館協会大阪文化財研究所大阪歴史博物館　二〇一四『大阪上町台地の総合的研究――東アジア史における都市の誕生・成長・再生の一類型』
大阪市文化財協会編　二〇〇三『大坂城跡Ⅶ』大阪市文化財協会
大澤研一　二〇一九「渡辺の都市構想」『戦国・織豊期大阪の都市史的研究』思文閣出版
大谷治孝　一九七九「「摂津国家地売買公験案」の基礎的考察」『ヒストリア』第八二号

大村拓生　二〇〇七「中世渡辺津の展開と大阪湾」『大阪の歴史』第七〇号
大村拓生　二〇〇六「平安時代の摂津国衙・住吉大社・渡辺党」栄原永遠男・仁木宏編『難波宮から大坂へ』和泉書院
大和岩雄　一九八四「坐摩神社」谷川健一編『日本の神々――神社と聖地　第三巻　摂津・河内・和泉・淡路』白水社
岡田精司　一九八五「航海と外征の神――宗像と住吉」『神社の古代史』大阪書籍
角川日本地名大辞典編集委員会・竹内理三編　一九八三『角川日本地名大辞典27　大阪』角川書店
加地宏江・中原俊章　一九八四『中世の大阪――水の里の兵たち』松籟社
河音能平　二〇〇二『大阪の中世前期』清文堂出版
河音能平　二〇〇二a「鎌倉時代の摂津国渡辺津」『大阪の中世前期』清文堂出版（初出一九八七）
河音能平　二〇〇二b「中世渡辺津の形成過程――平安時代の難波」『大阪の中世前期』清文堂出版（初出一九八九）
官幣中社坐摩神社社務所　一九三六『官幣中社　坐摩神社誌』
北西弘編　一九七九『真宗史料集成』第三巻、同朋舎
近世絵図地図資料研究会編　一九九八『近世絵図地図資料集成』第Ⅰ期第七巻　科学書院
宮内庁書陵部　二〇〇七・二〇〇九『圖書寮叢刊　九条家本　玉葉　十一・十二』明治書院
近藤喜博　一九六一「難波の渡辺党――上・中・下」『國學院雑誌』第六二巻第五号・第六号・第七・八合併号
近藤喜博　一九六三「文覚譚の渡辺党」『南都佛教』第一三号
駒沢大学大学院史学会古代史部会　一九七九「翻刻為房卿記　自延久四年至永保二年」『史聚』第一〇号
坂本太郎　一九八八「住吉大社神代記について」『坂本太郎著作集　第四巻』吉川弘文館（初出一九七二）
佐々木紀一　二〇〇二a「渡辺党古系図と『平家物語』「鵺」説話の源流（上）」『米沢史学』第一八号
佐々木紀一　二〇〇二b「渡辺党古系図と『平家物語』「鵺」説話の源流（下）」『山形県立米沢女子短期大学紀要』第三七号
佐々木紀一　二〇〇三「文覚発心説話と渡辺党の信仰」『山形県立米沢女子短期大学紀要』第三九号
志賀剛　一九七七「坐摩神社」『式内社の研究　第三巻』雄山閣
新修大阪市史編纂委員会編　一九八八・二〇〇九『新修　大阪市史　第二巻　史料編・第三巻　中世Ⅱ』大阪市

下市町史編集委員会　一九七四『大和下市史　資料編』下市町教育委員会
「新編国歌大観」編集委員会　一九八三『新編国歌大観　第一巻　勅撰集編　歌集』角川書店
田中卓　一九八五『住吉大社神代記の研究　田中卓著作集7』国書刊行会（初出一九五一）
谷川健一編集代表（原田伴彦・中沢巷一・小林宏編）　一九七一『日本庶民生活史料集成　第一四巻　部落』三一書房
谷川健一編　一九八〇『日本庶民生活史料集成　第二十九巻　和漢三才図会（二）』三一書房
谷川士清　一九七八『日本書紀通証　二』臨川書店（一七六二刻版）
寺木伸明　二〇〇〇「摂津役人村移転前後の屋敷地の状況」『近世身分と被差別民の諸相――「部落史の見直し」の途上から』解放出版社（初出一九九八）
天理図書館善本叢書和書之部編集委員会編　一九七五『天理図書館善本叢書・和書之部　第十三巻　古代史籍続集』八木書店
東京国立博物館古典籍叢刊編集委員会編　二〇一二『九条家本　延喜式　二』思文閣出版
戸田芳実　一九九一「御厨と在地領主」『初期中世社会史の研究』東京大学出版会（初出一九七〇）
永島福太郎　一九六一「渡辺惣官家と渡辺・難波」『上方文化』創刊号
永島福太郎　一九八七「難波渡辺惣官と渡辺津」『大阪の歴史』第二〇号
中尾健次　二〇〇一「古地図から見た渡辺村の変遷」『絵図の世界と被差別民』大阪人権博物館
「浪速部落の歴史」編纂委員会編　一九九七『渡辺・西浜・浪速――浪速部落の歴史』解放出版社
浪速区創設三十周年記念事業委員会　一九五七『浪速区史』
仁木宏　二〇〇五「摂津国渡辺津をめぐる一考察」『都市大阪の古代から現代　都市問題研究「大阪市とハンブルク市をめぐる都市・市民・文化・大学」報告書　第2分冊』大阪市立大学大学院文学研究科プロジェクト研究会
西宮一民校注　一九八五『古語拾遺』岩波文庫
西宮一民　一九七〇「住吉大社神代記の仮名遣」『日本上代の文章と表記』風間書房
西宮秀紀　二〇〇四「祝・祝部に関する基礎的考察」『律令国家と神祇祭祀制度の研究』塙書房（初出一九八一）
西本昌弘　二〇一四「平安時代の難波と難波津」脇田修研究代表者『大阪上町台地の総合的研究――東アジア史における

都市の誕生・成長・再生の一類型』大阪市博物館協会大阪文化財研究所
二宮正彦　一九七七「坐摩神社」式内社研究会編『式内社調査報告　第五巻』皇學館大学出版部
丹生谷哲一　一九九四「非人・河原者・散所」『岩波講座　日本通史　第八巻』岩波書店
のびしょうじ　一九九七「史料紹介「木津村文書」大坂渡辺村の空間構成　上」『部落解放研究』第一一八号
のびしょうじ　一九九八「史料紹介「木津村文書」大坂渡辺村の空間構成　下」『部落解放研究』第一二四号
羽床正明　二〇一五「都下国造と摂津渡辺党――地名「渡辺」を新しい苗字にした古代の名族、都下国造」『歴史と神戸』第五四巻第三号
藤本篤　一九八一「文明十四年三月五日住吉大社戸燈帳方神事勤役注進状」『大阪の歴史』第三号
部落解放地区総合一〇ヶ年計画推進委員会　一九七四『差別をなくする運動の前進のために――部落解放浪速地区総合実態調査報告書』
平凡社地名資料センター編　一九八六『日本歴史地名大系　第二八巻　大阪府の地名Ⅰ』平凡社
船越政一郎編　一九二七a『浪速叢書　第七』浪速叢書刊行会
船越政一郎編　一九二七b『浪速叢書　第十二』浪速叢書刊行会
正宗敦夫編　一九三〇『日本古典全集　五畿内志　下巻』日本古典全集刊行会
松尾信裕　二〇〇四「大坂城下町下層の遺跡」『大坂城下町跡Ⅱ』大阪市文化財協会
真弓常忠監修　一九八四『住吉松葉大記』皇學館大学出版部（一九三四出版の覆刻）
真弓常忠　一九八四「梅園惟朝の人と学問――復刻の辞に代へて」『住吉松葉大記』皇學館大学出版部
三浦圭一　一九八一「中世における畿内の位置――渡辺惣官職を素材として」『中世民衆生活史の研究』思文閣出版（初出一九六五）
溝口駒造　一九二九「坐摩神に就ての一考察」『神道学雑誌』第六号
宮川満　一九七一「『年中神事勤役注進状』について」『大阪府の歴史』創刊号
森修編　一九八〇『〈日本名所風俗図会10〉大阪の巻』角川書店
森茂暁　一九九一「鎌倉後期における公家訴訟制度の展開」『鎌倉時代の朝幕関係』思文閣出版（初出一九八六）

盛田嘉徳　一九五六『摂津役人村文書』大阪市同和問題研究室
盛田嘉徳　一九五七『続摂津役人村文書』大阪市同和問題研究室
盛田嘉徳　一九七〇『摂津村役人文書』大阪市浪速同和教育推進協議会
八木滋　二〇〇一「安井家文書からみえる難波村時代の渡辺村」『大阪市立博物館研究紀要』第三三冊
山本尚友　二〇〇九『史料で読む部落史』現代書館
山本尚友　二〇〇四「散所の概要と研究の経緯」世界人権問題研究センター編『散所・声聞師・舞々の研究』思文閣出版
吉川真司　一九九七「難波長柄豊碕宮の歴史的位置」大山喬平教授退官記念会編『日本国家の史的特質　古代・中世』思文閣出版
吉田東伍　一九〇〇『増補　大日本地名辞書　上方　第二巻』冨山房（一九六九増補版）
脇田修監修　二〇一五『近世刊行大坂図集成』創元社

【第三章】

親鸞系諸門流と被差別民

――西本願寺・本照寺・万宣寺・穢寺をめぐって

吉田一彦

西日本の被差別部落の寺院は、なぜほとんどが浄土真宗の本願寺派（西本願寺）なのか。被差別民たちは、どのようなご縁で、それらの寺院の門徒となったのか。そもそも、浄土真宗は、親鸞とその弟子の時代以降、長い歴史の中でどのように変化していったのか。本章では、渡辺村の寺院の歴史と性格を、実証的に考え、明らかにすることによって、この問題の核心に迫る。

「聖徳太子絵伝」（二幅本）一四世紀前期　四天王寺蔵　大阪市天王寺区
もとは〈荒木門流〉の寺院で依用されていた絵伝であろうと推定されている。

はじめに

かつて「穢寺《えたでら》」と呼ばれた寺院があった。「穢寺」とは、穢多を門徒・檀家とする寺院のことで、江戸時代に用いられた呼称である。河原道場、穢多寺と呼ばれることもあり、今日では部落寺院、被差別寺院と呼ぶ研究者も少なくない（なお、本章では、史料に見える用語の場合は「穢寺」を、その他の場合は「被差別寺院」の用語を用いることを基本に、両語を適宜織り交ぜながら論述を進める）。その多くは、西日本では一向宗（浄土真宗、以下「浄土真宗」と記述する）の寺院であった。浄土真宗の寺院はなぜ被差別民と関係が深いのか。それを理解するには時間軸を過去へとさかのぼり、親鸞やその弟子や孫弟子たちの時代にまでさかのぼって考究する必要がある。

親鸞は阿弥陀如来および聖徳太子への信心をもっぱらとする〈念仏聖〉として活動した。親鸞の弟子や孫弟子たちも、また多くが〈念仏聖〉であった。親鸞には、五〇人前後の弟子があったと考えられる。彼らは、現在の茨城県を中心に活動していたが、やがてそこから近隣の別の地域へと展開を開始し、さらに現在の関東地方から他の地方へと広域展開をして、信徒を拡大した。親鸞の死後、弟子や孫弟子たちは、一つの団体（教団）としてまとまって活動することはせず、有力な弟子や孫弟子ごとに複数の門流に分流して活動した。親鸞を祖とするそれら複数の門流を、本章では〈親鸞系諸門流《しんらんけいしょもんりゅう》〉と呼ぶこととしたい(1)。

その〈親鸞系諸門流〉の特色とは何か。真宗史の解明に巨大な足跡を残した井上鋭夫は、初期の信徒のほとんどが河川湖沼の民・山の民・海の民などの非農業民であったこと、および彼らが強い聖徳太子信仰を持っていたことを実証的に明らかにした［井上一九六八］。井上の研究成果は、今後にさらに継承、発展させていくべき豊かな可能性に満ちている。このうち、彼らの聖徳太子信仰の特質については、本シリーズ第二巻の拙論で論究した［後藤・吉田二〇二二］。

本章では、初期の門徒たちが被賤視された民を含む非農業民であったことに着目して考察を進めたい。具体的には、〈親鸞系諸門流〉の最大の門流である〈荒木門流《あらきもんりゅう》〉の摂津国への展開について概観し、本照寺の前身道場の様相と特質を検討する。そして、本照寺《ほんしょうじ》と末寺・末道場との関係、および河原門徒との関係について分析し、同寺がいつから被賤視された民を門徒としたのか、また江戸時代以降には差別の固定化にどのような役割を果たしたのか、について考察する。その上で、渡辺村の真宗道場の成立について検討し、特に両道場の上寺であった万宣寺《まんせんじ》の歴史および同寺と西本願寺との関係について考究する。これらによって、渡辺村の被差別寺院がどのような歴史と文化の中で成立したのかを明らかにする。

1 親鸞系諸門流の各地への展開

親鸞の弟子・孫弟子と有力な門流

最初に、〈親鸞系諸門流〉の各地への展開について見ておきたい。親鸞の弟子が形成した門流には、性信《しょうしん》（一一八七〜一二七五?）を祖とする〈横曽根門流《よこぞねもんりゅう》〉、真仏《しんぶつ》（一二〇九〜一二五八）および顕智《けんち》（一二二六〜一三一〇）を祖とする〈高田門流《たかだもんりゅう》〉、順信《じゅんしん》（信海《しんかい》）を祖とする〈鹿島門流《かしまもんりゅう》〉、善性《ぜんしょう》および明性《みょうしょう》を祖とする〈磯部門流《いそべもんりゅう》〉などの複数の門流があった。

性信は、常陸国の鹿島郡（現茨城県鹿嶋市）の大中臣氏の出身で、下総国の飯沼郷の地で活動した。飯沼の南部を横曽根といった。鬼怒川西岸に南北に長く大きくあった沼に隣接する地であったという［今井一九九九］。寺伝では、性信は真言宗の大楽寺を改めて報恩寺《ほうおんじ》としたという。小山正文が論じたように、性信は最初は真言宗の〈念仏聖〉として活動し、のち親鸞の門弟となり、真言寺院を親鸞門流の寺に改めたと考えられる［小山二〇〇〇ａ］。報恩寺はのちに江戸に移動して、外桜田、日本橋、浅草を経て、現在の東京都台東区東上野の地に定着した。報恩寺には、現在も初期の法物が多数伝えられており、その中には真言宗時代のものと推定されるものが含まれている。他方、横曽根の旧地には報恩寺の掛所《かけしょ》が残り、それが近代になって報恩寺を名乗った（茨城県常総市豊岡町）。だから、現在、報恩寺（坂東報恩寺）は二つ存在している。

高田門流の真仏は真壁（現茨城県桜川市真壁）で活動した真仏で、その弟子の顕智は下野国の高田で活動した。それは茨城県にほど近い栃木県真岡市高田で、現在、同地に本寺の専修寺《せんじゅじ》がある。高田門流の形成にとっては顕智の存在感が大きく、この門流は実質的には顕智を祖とする門流という性格を有している。のち一五世紀後期になって、専修寺の真慧《しんね》（一四三四～一五一二）は高田の地から移動して伊勢国で活動した。その地に真慧が創建した寺院は当初は無量寿院と称し、のちに専修寺と称するようになった。これが、その後発展して現在の高田派本山となった。こちらが三重県津市一身田町の専修寺である。高田門流にも、だから、現在、本寺と本山の二つの専修寺がある。

順信（信海）は、もと鹿島神宮の大宮司である大中臣氏の出身で、親鸞の弟子となって常陸国の鹿島で活動し、鹿島門流を形成した。その中心寺院となった無量寿寺は、茨木県鉾田市鳥栖《とりのす》にある。今井雅晴によれば、『親鸞門侶交名牒《しんらんもんりょきょうみょうちょう》』『存覚袖日記《ぞんかくそでにっき》』などを参照するに、順信の弟子や孫弟子は、常陸国の富田、嶋崎（現茨城県潮来市）、布川《ぬのがわ》（現茨城県筑西市布川）などで活動し、さらに遠く出羽国のタモ山（現山形県村山市たも山）、長井吉田（長井庄吉田郷、現山形県東置賜郡川西町吉田《よした》）、小松（現同小松）、砂田（現山形県東置賜郡）などへと展開していったという［今井一九九九］。このうち富田は、鳥栖の隣接地である現茨城県鉾田市上富田、下富田で、また『存覚袖日記』に見えるシロクは、現茨城県行方市四鹿《しろく》と理解される。鳥栖、富田など現鉾田市は、霞ケ浦や北浦に近く、行方市は両浦に挟まれた地帯、さらに、現潮来市、現鹿嶋市はその南方に展開する地域で、いずれも水郷地帯であり、ここから親鸞系諸門流が河川湖沼の民を信徒としたことが知られる。また、この門流が現山形県に展開したことも注目される。

　信越地方への展開で注目されるのが、善性およびその弟子の智光《ちこう》、明性の活動である。善性は親鸞の弟子で、蕗田《ふうきだ》（現茨木県結城郡八千代町蕗田）の地で活動し、明性はそこに近い磯部（現茨木県古河市磯部）の地で活動した。この門流は磯部の地名をとって〈磯部門流〉という。善性および明性を祖とする集団は、信濃国の長沼（現長野県長野市長沼地区〈旧長沼村〉）へと展開し、浄興寺《じょうこうじ》を創建して活動した。また、磯部の地には勝《しょう》願寺《がんじ》が成立し、両寺を中核とする門流が現在の長野県、新潟県に展開した。

親鸞の弟子・孫弟子による主な門流（吉田一彦作成）

	弟子	孫弟子	門流
親鸞	性信［横曽根］		〈横曽根門流〉
	真仏［真壁］	顕智［高田］	〈高田門流〉
	順信［鹿島］		〈鹿島門流〉
	善性［蕗田］	明性［磯部］	〈磯部門流〉
	真仏［大部］	源海［荒木］	〈荒木門流〉
	无為子［会津］		〈太子守宗〉
	是信［和賀］		〈和賀門流〉
	善鸞（親鸞真弟）	如信［大網］（善鸞真弟）	〈大網門流〉

親鸞系諸門流の発展と各地への展開

　このように、親鸞およびその弟子・孫弟子たちは、現在の茨城県を中心に活動し、諸門流がこの地域を地盤にして発祥した。やがてそれらは発祥地から四方八方へと展開していった。中で最大の門流を形成したのは、大部（現茨城県水戸市飯冨町）の真仏（平太郎または中太郎）を祖とする門流である。この真仏は、すでに指摘されているように高田門流の真壁の真仏とは別人である［宮崎一九九〇、早島一九八八、金龍一九九四、脊古二〇〇五］。大部の真仏に始まる門流は、弟子、孫弟子、その弟子によって複数に分流し、巨大な複数の門流が形成された。

　真仏の弟子に源海《げんかい》（光信《こうしん》）がいる（以下、法名（坊号）の順に名を表記する）。源海は武蔵国の荒木（現埼玉県行田市荒木または東京都新宿区荒木町）を本拠とし、そこに満福寺《まんぷくじ》ないしその前身道場を設置して活動した。源海は荒木の源海と呼ばれ、その門流を〈荒木門流〉という。脊古真哉によると、満福寺は、源海以降、海信《かいしん》（寂信《じゃくしん》）、海円《かいえん》（道空《どうくう》）、範盛《はんじょう》（空暹《くうせん》）と相承されていった。なお、海円（道空）については、源海の真弟（実子）とする伝えがあるという［脊古二〇〇七］。本章で検討する摂津国の門流は、この〈荒木門流〉の中から出たものである。脊古によると、〈荒木門流〉は、その後、

①荒木満福寺を継承する海信（寂信）の系統の集団
②源海の弟子の阿佐布の了海（願明）の系統の集団
③源海の弟子の大庭の源誓（光寂）の系統の集団

などに分流して、さらなる展開を遂げていった。

了海（願明）坐像　鎌倉時代　善福寺蔵　東京都港区　重要文化財

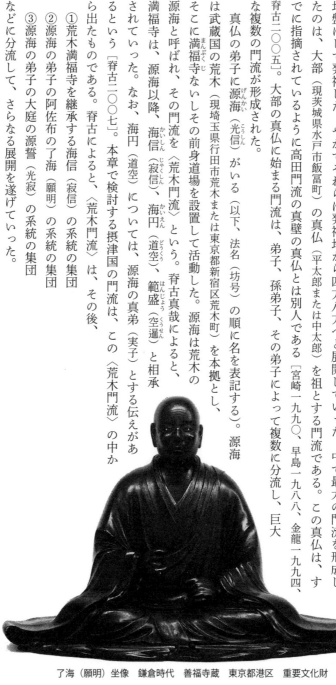

このうち②の了海《りょうかい》（願明《がんみょう》）は、武蔵国の阿佐布《あざぶ》（現東京都港区の麻布近辺）で活動し、真言宗寺院を親鸞門流の寺に改めた善福寺《ぜんぷくじ》（東京都港区元麻布）を拠点にして、現在の東京都から神奈川県にかけて大きな集団を形成した。この集団について、井上鋭夫は「麻布教団」と呼んでおり［井上一九六八］、また荒木門流から分流した〈阿佐布門流〉としてとらえるべきだとする理解がある［西岡二〇〇三、二〇〇五、二〇一二］。了海の集団は、〈荒木門流〉の中で最も大きな集団を形成し、やがて分流となって独自の歩みを進めていった。了海の弟子の誓海《せいかい》（願念《がんねん》）は、現在の神奈川県を中心に多くの門徒を持った。

さらに、誓海の弟子の了円《りょうえん》（明光）は、鎌倉の甘縄《あまなわ》（現神奈川県鎌倉市甘縄）で活動し、材木座の弁ケ谷高御蔵《べんがやつたかみくら》（現神奈川県鎌倉市材木座）の天台宗寺院を親鸞門流の寺に改めた最宝寺《さいほうじ》（のち野比に移転、現神奈川県横須賀市野比）を拠点に活動した。了円の門流は遠く備後国沼隈郡山南《さんな》の地に活動を展開し、(2)了円の孫弟子の了誓《りょうぜい》（慶円《きょうえん》）によって、山南に光照寺《こうしょうじ》（広島県福山市山南）が建立され、この地の拠点寺院となった。了円の門流は、現在の広島県など中国地方に多くの門弟、門徒を持ち、巨大な集団を形成した。なお、井上鋭夫は、誓海は了海の従兄で、了円は了海の実子だとする伝えがあることを肯定的に紹介しているが、私もその可能性は高いと推定している［井上一九六八］。

さらに、了円の弟子に、相模国の山下（現神奈川県平塚市山下）で活動した了源《りょうげん》（空性《くうしょう》、一二八五～一三三六）がいる。〈渋谷門流《しるたにもんりゅう》（仏光寺門流）〉の祖となった人物である［熊野二〇〇五a］。彼は元応二（一三二〇）年に京都で存覚《ぞんかく》と会っている。『存覚一期記《ぞんかくいちごき》』によれば、了源は鎌倉武士の大仏維貞《おさらぎこれさだ》（一二八五～一三二七）の家人の肥留《ひる》左衛門太郎維広《これひろ》の中間《ちゅうげん》で、名を弥三郎といい、阿佐布の門人の甘縄の了円を知識とする人物だったという。そして「俗体《ぞくたい》」（俗人の姿形）で存覚と会い、「御流」（親鸞門流）の教学にかかる質問をし、聖教類の書写を行なったとある。これによれば、了源は了海の門人の了円（明光）の門徒で、その時は俗体の弥三郎だった。弥三郎の京都行きは、主人の六波羅探題勤務に伴うものだったと理解される。のち、弥三郎は京都で親鸞門流の布教を行ない、興正寺《こうしょうじ》（のち仏光寺《ぶっこうじ》［神田一九九一、草野二〇一一］）を拠点に門流を形成した。

次に、③の源誓《げんせい》（光寂《こうじゃく》）は、武士の家の出身で、出家して天台宗の大庭の薬師寺の僧となった。それが親鸞門流に転じて源海の門流に連なり、相模国の大庭（現神奈川県藤沢市）で活動した。のち甲斐国へ赴き、山梨郡の等々力（現山梨県甲州市勝沼町等々力）に満福寺《まんぷくじ》（等々力満福寺）を開創し、ここで活動した［小山二〇〇〇b］。

〈荒木門流〉は、その後、現在の静岡県や愛知県にも展開した。満福寺から出た教密《きょうみつ》は如意寺《にょいじ》（現愛知県豊田市力石町）を拠点とした［脊古二〇〇七］。また、善明《ぜんみょう》は遠江国（現静岡県）で活動し、のち彼の後継者の代に三河国に移動して満性寺《まんしょうじ》（現愛知県岡崎市）を形成した。

了円（明光）影像　南北朝時代　寶田院蔵　広島県福山市　広島県指定文化財

以上、親鸞の集団は複数の門流に分流して展開し、諸門流が日本列島の各地へと流通していった。流通した地域には、水辺の地、山辺の地、海辺の地が多いという特色が見られる。河川湖沼の民、山間地の民、海浜地の民たちは親鸞系諸門流の布教にとって主要な〈対象者〉であった。

2　摂津国における親鸞系の門流の展開と光照寺

〈荒木門流〉の摂津国への展開と仏照寺

摂津国への親鸞系の門流の展開は、〈荒木門流〉の伸長によるものと考えられる。荒木の源海（光信）の弟子である阿佐布の了海（願明）の孫弟子（あるいは実子）の了円（明光）は、鎌倉の甘縄を拠点に活動し、大きな集団を形成した。その弟子には、先に述べたように備後国や京都に進出する者があり、遠国への展開が大きな特色になっている。『親鸞聖人門侶交名牒』の満福寺本の記載を中心に作成した法脈図を示すと、下記のようになる。

すでに述べたように、ここの願明は了海、願念は誓海、了円は明光のことである。了円の弟子のうち、筆頭に記される了覚の弟子の慶円には「ビンゴ」との注記があり、備後国に展開した人物であることが知られる。その法名は了誓であろう。三番目に記される了源は、京都に進出して仏光寺門流の祖となった人物である。

了円（明光）の門流（吉田一彦作成）

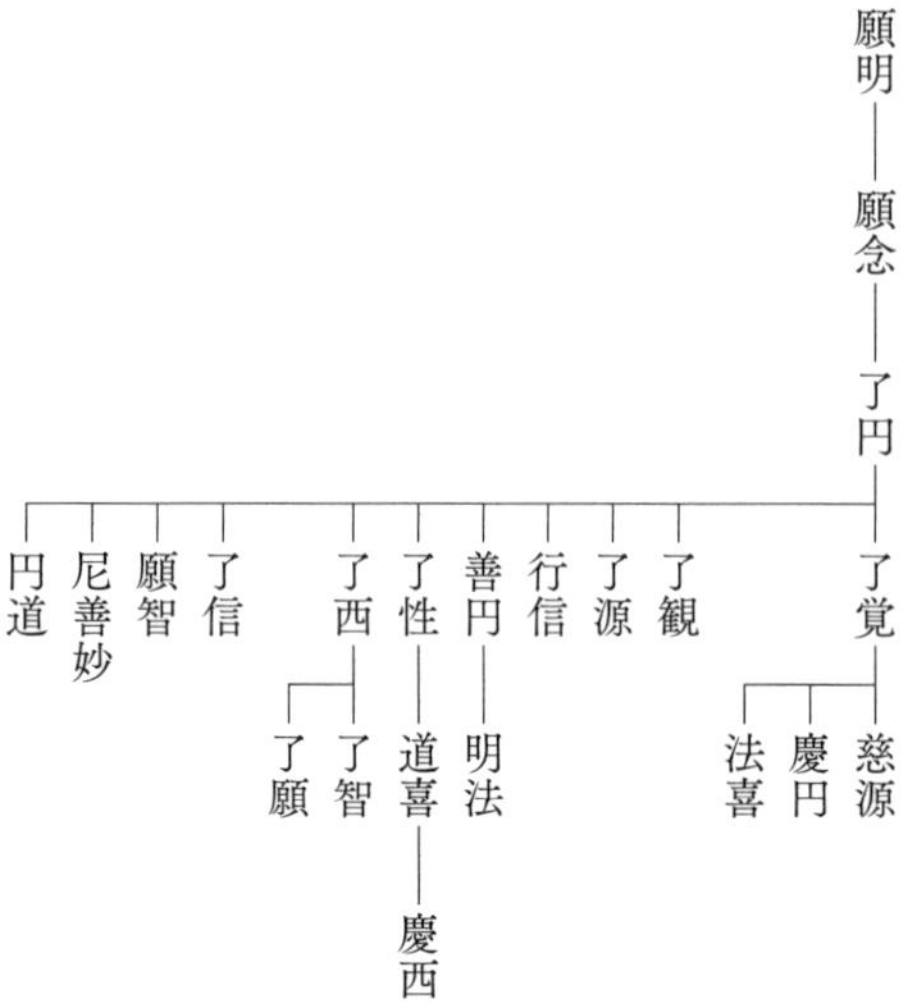

摂津の国との関係で注目されるのは、七番目に記される了西とその弟子の了智と了願である。『親鸞聖人門侶交名牒』の光薗院本では、この法脈の記述に「カマクラ了円」「ツノクニハシラモト了西」の注記があり、弟子として「了智」「了願」を記す。さらに、『親鸞聖人門侶交名牒』光照寺本は、この二名を「ミシマ了智」「ミソクヒ了願」と記している。「ツノクニハシラモト」は摂津国柱本、すなわち現在の大阪府高槻市柱本のことで、淀川の川辺（川の西側）の地である。了西がいかなる経緯で鎌倉の海浜地である材木座の地から摂津国の柱本に進出したのかについては不明であるが、展開した先が淀川の川辺の地であったことは注目される（一三九頁地図参照）。

了西の弟子（あるいは子）の了願が展開したという「ミソクヒ」は、摂津国島下郡にあった「溝咋村《みぞくい》」（のち大阪府三島郡）のことで、その中には二階堂・目垣・馬場・平田・十一の、五つの大字があった。「溝咋」の地名は、『日本書紀』『古事記』にも見え、多様な漢字表記が用いられたが、中世には「溝杭」と表記することが少なくなかった。この地に了願が造立した道場は、のち発展して仏照寺《ぶっしょうじ》(3)（大阪府茨木市目垣）となった。(4)なお、仏照寺の住職家は佐々木姓を名乗り、佐々木伝承を持っている。その意味については、塩谷菊美の研究に詳しい［塩谷二〇〇〇・二〇〇四］。

一方、もう一人の弟子（あるいは子）の了智が展開したという「ミシマ」は、大阪府茨木市三島のことと理解され、柱本の至近の地であり、また次に述べる本照寺《ほんしょうじ》（寺号の改号以前は光照寺）の所在する富田の地の東側隣接地になり、了智の時代には、広域の「三島」の中に富田が含まれた可能性がある。了智が活動した地は、次に述べる光照寺（本照寺）と密接な関連を持つとしてよい。

光照寺（本照寺）前身道場の成立とその本尊

大阪府高槻市富田に所在する本照寺は、浄土真宗の古寺であり、かつては周囲に寺内町を形成したことでも知られる有力寺院である。この寺院の最初の寺号は光照寺で、のち本照寺と改号した。この寺院は、江戸時代に末寺を通じて多くの被差別民を門徒とした寺院として知られている。成立期の光照寺を知る史料は乏しく、寺伝に頼る部分が多くなるが、幸い、寺伝は『本照寺由緒略記《ほんしょうじゆいしょりゃくき》』〔日野一九八六所収〕という形で一八世紀の宝暦（一七五一～一七六四）の頃に文章化されている。ただ、寺伝には後世の付会も少なからず含まれており、そもそもがはるか後代の史料であって、事実を伝える部分と、そうとは評価できない部分とがあり、慎重な〈史料批判〉の作業が必要になる(5)。

同書冒頭の「富田光照寺御草創」には次のようにある（原漢文仮名交り文を書き下し文にし、割書きは〈 〉で記した。また適宜ルビを付した。以下同）。

百二代の称光院の御宇、応永三十四〈丁未〉年、存如《ぞんにょ》尊師円兼法印権大僧都《えんけんほういんごんのだいそうず》、三十二歳の御建立なり。（注略）。則ち山号〈之《これ》を名に寄す所なり〉は富山にして、〈院号〉は養寿院、〈寺号〉は光照寺と号す。堂は三間四面の萱葺《かやぶき》なり。此の時の画像本尊〈但し壱貫の尊形にして、御裏書《おうらがき》は之無し〉、四尊像一軸〈祖師聖人・源信和尚・円光大師・聖徳太子四尊像也、御裏書は之無く、御讃は之有り。筆者は知らず〉あり。常随の御弟子の式部卿沙門正信へ御附属なり。

これによるなら、同寺の前身道場は、応永三四（一四二七）年、存如の建立で、山号は富山といい、院号は養寿院で、光照寺と号したという。建物は、三間四面の萱葺のもので、中に「画像本尊」と「四尊像一軸」がまつられていたという。そして、その道場が存如の常随の弟子であった正信に委嘱されたという。ここで注目されるのは、①「画像本尊」と②「四尊像一軸」のそれぞれに注記が付されていて（山カッコ部分）、そこに「御裏書無之」とか「御讃有之、筆者不知」とあることである。ここから、この『本照寺由緒略記』が作成された一八世紀中頃の時点で、これら二点の掛軸が同寺に伝えられており、その裏面や讃銘が実見、確認されて、この注記が付されたものと理解される。

このうち②は、源信、法然、親鸞および聖徳太子と四人の眷属が書かれた影像であったことが明記されて

「和朝太子先徳連坐像」室町時代　本照寺蔵　大阪府富田林市（龍谷ミュージアム写真提供）

おり、親鸞系諸門流（初期真宗）で用いられた「和朝太子先徳連坐像」であったことが知られる。

この像は本照寺に現存しているが、ただ『真宗重宝聚英』八などの解説によると、この像は原像が抹消され、地塗りがなされた上で新たに描き改められたものになっており、一部、源信像の右側や親鸞像の左側に原像の残影が残るという［信仰の造形的表現研究委員会一九八八、龍谷ミュージアム二〇一六］。原像には、おそらく、〈荒木門流〉の先徳たちが複数描かれていたのであろう。いずれにせよ、これは親鸞系諸門流で依用されていた和朝太子先徳連坐像である。

一方の①は、実見しないと何とも言えないところがあるが、「御裏書」がないとあることから、親鸞系諸門流で用いられた阿弥陀如来絵像（しばしば「三方正面阿弥陀絵像」と呼ばれる）である可能性が高い。ただし、一貫大の尊形だともあるから、本照寺が本願寺傘下となったのちに本願寺から下付された「方便法身尊像（形）」で、のちに裏書が失なわれたものである可能性もある。仮に前者であるなら、本照寺の前身道場には、阿弥陀如来絵像と和朝太子先徳連坐像が懸けられていたと理解される。後者であるなら、道場には、和朝太子先徳連坐像のみが懸けられていたということになるだろう。なお、この「画像本尊」は現在、所在不明になっている。

では、存如建立というのはどう理解されるだろうか。存如（一三九六～一四五七）は本願寺の僧、巧如《ぎょうによ》（一三七六～一四四〇）の子、蓮如（一四一五～一四九九）の父で、本願寺住持となる人物である。しかし、本願寺系の道場に和朝太子先徳連坐像がまつられることはなく、存如建立という記述と堂舎に懸けられた法物の間には矛盾がある。存如建立という伝えは後世の付会として退けられるべきであろう。事実は、蓮如の父として知られる存如がまだ若かった同時代に、正信という人物によって親鸞系諸門流の道場が摂津国富田の地に創建されたと評価すべきである。正信の肩書の「式部卿沙門」も意味不明の記述であり、後世の付会と評価すべきで、正信は親鸞系諸門流の〈念仏聖〉だったと理解されよう。また山号、院号も後世の付会である。

光照寺門徒たちの生業

では、正信はどの門流の系統の〈念仏聖〉であり、光照寺（本照寺）の前身道場はどのような性格の道場だったのだろうか。もう少し『本照寺由緒略記』を読み進めると、

> 此の時、当所富田は一面の岡山にて其の間に民家之《これ》在り。所謂東岡・南岡・岡前・岡崎・馬場岡等の名之有り。

とある。当時、富田は一面の岡山だったという。また、次のようにある。

> 其の頃は富田村の前野の南の方は一面の沼にて田地も之無く、藺《いぐさ》を作り、農業の間に藺莚《いぐさのむしろ》を打ち申すに付き、御本山へ毎年の秋の彼岸の節に門徒中参詣《さんけい》仕まつり、藺莚五拾枚を差し上げ、御礼申し上げ候。之に依りて、則ち、御盃《さかずき》を下し置かれ候。但し右の藺莚差し上げ始め候ひし節は、相ひ知らず候。実如様の御代の節より指し上げ候と相ひ聞き候。其の後、慶長の比《ころおい》より次第に富田は繁昌するに付て、藺作り申す儀は相ひ止《とど》め、悉《ことごと》く田地に相ひ成り候。仍りて当時の其の跡を藺田《いぐさだ》と字《あざな》して田地に仕まつり、其れ以後は、藺莚代として銭五貫文を、今に退転すること無く之を差し上ぐ。

これによると、その頃の富田村の前野の南の方は一面の沼地で田地がなく、「藺《いぐさ》」を作り、「藺莚《いぐさのむしろ》」を作っていたという。やがて本山（本願寺）に毎年秋の彼岸の節に門徒とともに参詣して、藺莚五十枚を献上するようになり、これによって盃を下していただいた。藺莚の差し上げがいつから始まったのかは知らないが、実如（一四五八～一五二五）の時代から差し上げ始めたとも聞いている。その後、慶長年間（一五九六～一六一五）の頃からしだいに富田は繁昌し、藺作りはやめ、ことごとく田地となった。かつて藺作りをしていた跡

地は「藺田」と字《あざな》して、今は田池になっている。それ以後は本願寺に「藺莚代」として銭五貫文を今に至るまで退転することなく献上しているという。

以上より、慶長の頃までは、この寺の付近は一面の沼地であり、門徒は藺草作りを中心とする民だったことが知られる。それは、河川湖沼の民を多く門徒とした親鸞系諸門流のあり方に、まことにふさわしいものであった。そうであるなら、本照寺前身道場自身が、藺草作りおよびその加工品製造の生業に関わる〈念仏聖〉による道場だったと見るべきだろう。

光照寺は、正保三（一六四六）年、寺号を変え、「本照寺」へと改号して歴史を歩み、今日に至っている。これは、当時の西本願寺住持の良如（一六一二〜一六六二）の弟である円従が光照寺の住職に就任したことに伴うもので、本願寺の「本」の一字が与えられての改号だった。光照寺（本照寺）が立地する富田は、仏照寺が所在する溝杭の目垣から至近の地にあり、直線距離にして約三キロメートルほど北方にあたる。摂津国における親鸞系諸門流の展開に関して両者の近接性を考慮するのは、合理的な判断であると私は考える。

ここで、本照寺の住職であった日野照正の見解を参照したい［日野一九八六］。日野は、光照寺は存如の命を受けた常随の弟子正信が開基したと論じた。そして、仏照寺も光照寺も住職家の姓が佐々木姓であったことを勘案するなら、両寺には密接な関連性があると説いた。その上で、摂津国には荒木門徒の仏光寺系が進出しているから、その影響を受けて、仏光寺の「仏」一字を拝受して溝杭仏照寺が開創され、また仏光寺の「光」一字を拝受して近村である富田の地に富田光照寺が開創されたと論じ、両寺は同族の可能性もあると説いた。

私は、この理解は大筋において正しいと評価するが、ただ日野の論には、曖昧さ、混乱、誤りが含まれており、その部分の修正が必要であるとも考える。一つは存如の命（指令あるいは意向）であるが、これについ

料金受取人払郵便

京都中央局
承　　認

4757

差出有効期間
2024 年 3 月
31 日まで

(切手をはらずに
お出し下さい)

郵便はがき

6 0 0 8 7 9

1 1

京都市下京区
正面通烏丸東入

法藏館 営業部 行

愛読者カード

本書をお買い上げいただきまして、まことにありがとうございました。
このハガキを、小社へのご意見またはご注文にご利用下さい。

お買上 **書名**

＊本書に関するご感想、ご意見をお聞かせ下さい。

＊出版してほしいテーマ・執筆者名をお聞かせ下さい。

お買上
書店名　　区市町

◆新刊情報はホームページで　http://www.hozokan.co.jp
◆ご注文、ご意見については　info@hozokan.co.jp

22. 06. 5

りがな
氏名　　年齢　　歳　男・女

□□□-□□□□　電話

住所

職業
宗派）　所属学会等

購読の新聞・雑誌名
（ＰＲ誌を含む）

ご希望の方に「法藏館・図書目録」をお送りいたします。
送付をご希望の方は右の□の中に✓をご記入下さい。　□

注 文 書

月　日

書名	定価	部数
	円	部
	円	部
	円	部
	円	部
	円	部

本は、○印を付けた方法にして下さい。

下記書店へ配本して下さい。
（直接書店にお渡し下さい）

書店・取次帖合印）

様へ＝書店帖合印を捺印の上ご投函下さい。

ロ. **直接送本して下さい。**

代金（書籍代+送料・手数料）は、お届けの際に現金と引換えにお支払下さい。送料・手数料は、書籍代計16,500円未満780円、16,500円以上無料です（いずれも税込）。

＊お急ぎのご注文には電話、ＦＡＸもご利用ください。
電話 075-343-0458
FAX 075-371-0458

（個人情報は『個人情報保護法』に基づいてお取扱い致します。）

出版案内

法藏館

【好評一般図書・2022年7月末現

文庫最新刊

の戦争責任

坂本慎一著　990円

戦前最強の「扇動者」、ラジオ。その歴史を五人の人物伝によって紐解き、国民が戦争を支持するに至った「日本特有の事情」を炙り出す。

明治維新と宗教

羽賀祥二著　1980円

日本近代の「神道」、その特質とは？　近代仏教までを含んだ広い視野から考察し、「国家神道」に止まらない近代「神道」の姿を描く。

劉裕――江南の英雄　宋の武帝

吉川忠夫著　1100円

微賤の武人・劉裕はその行動力と現実主義とによって皇帝となったが、即位後その生彩に翳りが―。南朝の権力機構の本質を明らかにする好著。

祭祀と供犠
―― 日本人の自然観・動物観

中村生雄著
赤坂憲雄解説　1650円

動物を「神への捧げもの」とする西洋の供犠と対比し日本の供養文化を論じ、殺生・肉食禁止と宗教の関わりに光を当てた名著が文庫化。

一遍語録を読む

金井清光、梅谷繁樹著
長澤昌幸解説　1320円

一切を捨てた「捨聖」一遍。その思想的背景と生涯を法語から読み解く一方、巻末では一遍の和讃である「別願和讃」を詳細に解説する。

このページ掲載の書籍のためし読みはこちら ▶▶▶

ては、先に述べた通り、事実としては認められないと考える。光照寺（本照寺）前身道場は正信によって開創されたとするべきである。もう一つは、正信の門流である。正信を、非本願寺系の親鸞系諸門流（初期真宗）から出た人物と見るのは私もその通りだと考える。日野はその門流を「荒木門徒仏光寺派」とするが、すでに述べたところから明らかなように、これは〈荒木門流〉の中の了円（明光）の門流とすべきである。柱本の了西と仏光寺の了源は兄弟弟子で、どちらも了円の門流の人物である。〈仏光寺門流〉はやがて摂津国にも展開していくが、それは、了西と了源の協力的な関係から、さらに言えば了円の門流の展開という観点から捉えるべきであろう。「光照寺」なる法号は、同じ了円の門流で備後国に展開した山南の光照寺と同一であり、このことは、了円の門流内部の近親性あるいは集団としての一体性から理解すべきである。

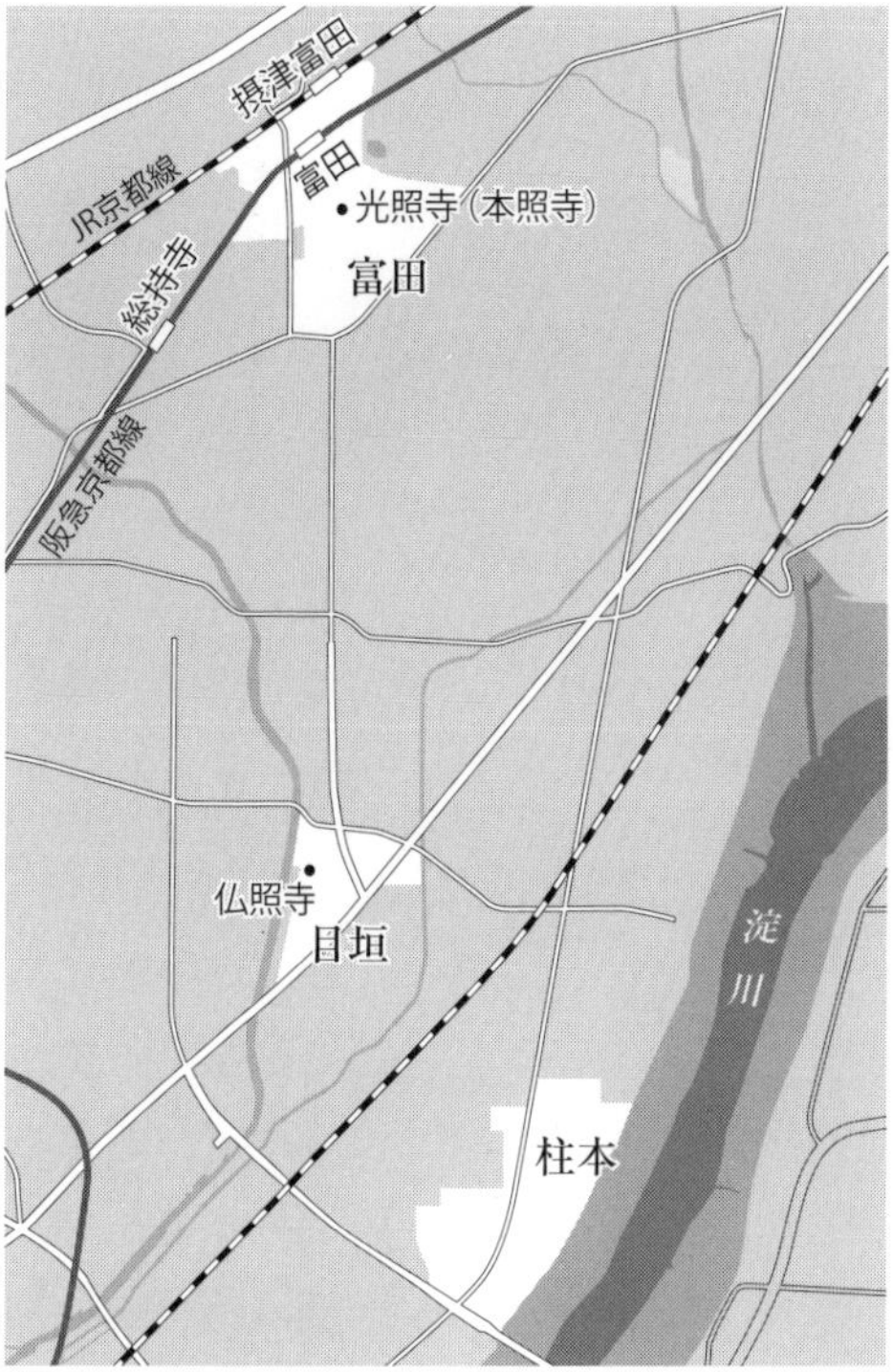

現在の目垣、富田付近

私は、正信は、〈荒木門流〉の中の了円（明光）の門流の〈念仏聖〉であり、摂津国に展開した了西を中核とする集団のうち、三島に展開したという了智の流れを汲む〈念仏聖〉であった可能性が高いと推定している。正信という名は、「信」の文字の使用から推定して、法号ではなく、坊号に当たると理解されよう。

なお、親鸞系諸門流の寺院であった光照寺は、おそらく蓮如期になって（存如期の可能性も皆無ではないが）本願寺の傘下に参入したものと推定される。

本願寺による親鸞系諸門流の編成

ここで、親鸞系諸門流の寺院、道場と本願寺との関係について、簡単に触れておきたい。この問題については、かつて方便法身尊像《ほうべんほっしんぞんぞう》の裏書を分析することによって詳細に考証、論説したことがある［吉田一彦二〇〇三a］。ここでは、その成果に立って、本章に必要な範囲で述べることにしたい。親鸞の死後、その集団は複数の有力な弟子や孫弟子に分流して活動し、有力な複数の門流が成立した。〈親鸞系諸門流〉である。それらとは別に、京都に本願寺が成立した。親鸞の親族の中に女系のひ孫にあたる覚如《かくにょ》（一二七一～一三五一）がいる。彼は親鸞の墓所を寺院とすることに成功し、「本願寺」と号した。本願寺は当初は天台宗寺院として歩み、覚如の子孫が代々住持を継承した。

やがて蓮如が本願寺住持となると大きな変化が訪れる。蓮如は、それまでそれぞれが別個に活動していた親鸞系の諸門流の集団あるいは個別寺院に働きかけ、それらを本願寺の傘下に組織する活動を積極的に推進した。これによって、各地に展開していた親鸞系の諸門流、寺院、道場が多く本願寺の傘下に入っていき、本願寺の末となった。もちろん、本願寺集団に参入しなかった門流や寺院もあり、あるいは二つに分裂してその片方だけが参入したという集団もある。だが、かなりの多数が、この段階で本願寺の傘下に参入した。それは、本願寺住持が蓮如、順如(7)、実如の時代のことで、蓮如は子息に住持を譲った後も前住持として活動を継続し、蓮如死去後は実如がその方針を継続し、さらなる拡大を成し遂げた。これによって、本願寺は巨大な集団を形成することに成功し、それが以後の証如《しょうにょ》（一五一六～一五五四）、顕如（一五四三～一五九二）の時代に継承されていった。

光照寺は、おそらくは蓮如の時代に、本願寺集団に参入したものと考えられる。同寺には蓮如発給の消息が所蔵され、また蓮如の葬儀に光照寺の正尊（トンダ正尊）が列席したことが知られている。その後も同寺の住職は本願寺に仕えており、証如の日記である『天文《てんぶん》日記』にも、「富田光照寺」およびその正心、正順がしばしば登場する。蓮如期以降、光照寺は本願寺集団の中で重要な位置を占めるに至った。

先に見た光照寺（のち本照寺）蔵の和朝太子先徳連坐像は、一五世紀中後期の蓮如期以降のいずれかの時点において、親鸞系諸門流の道場であった過去を隠蔽することを目的に、像様の変更が行われたものと推定される。あるいは、それは、一七世紀前期、光照寺から本照寺への寺号の改変が行われた頃のことであった可能性もある。

3 本照寺、万宣寺と渡辺村

光照寺（本照寺）と「四ヶ之本寺」

江戸時代、本照寺は大きな力を持つ寺院であり、多くの「河原門徒」を末寺を通じて門徒としていた。被差別民を門徒とする寺院は「穢寺」と称された。「穢寺」（被差別寺院、部落寺院）の上寺（本寺）としては、まずこの本照寺があった。また、本照寺以外の上寺（本寺）には、金福寺《きんぷくじ》、万宣寺《まんせんじ》、教徳寺《きょうとくじ》、福専寺《ふくせんじ》の四寺院があり、一六世紀末～一七世紀初頭に成立し、やはり被差別民を末寺を通じて門徒とした。この四ヶ寺は、のち「四ヶ之本寺」と呼ばれるようになった。この合計五ヶ寺のうち本照寺は、一般の門徒と被差別民の門徒の両方を門徒としたが、他の四ヶ寺は末寺がすべて穢寺であり、被差別民（穢多）のみを門徒とした。井上鋭夫は、本照寺には、正保三（一六四六）年の寺号の改変の時に、部落寺院が「三百余ヶ寺」も門末につけられたとする伝えがあることを紹介している［井上一九六八］。その数についてはなお検討が必要であろうが、多数の末寺、門徒を擁していたことは間違いない。

山本尚友は、かつて杉本昭典によって紹介された「穢寺帳」［杉本一九七七・一九七八、一九九〇、左右田一九九七a、藤原豊二〇〇九］を詳細に分析した。そして、本照寺は、穢寺の下寺を、畿内を中心に一四ヶ国にわたって一〇八ヶ寺持っていたと指摘した。このうち紀伊国、周防国、讃岐国においては、穢寺のすべてが本照寺を上寺としており、石見国、備後国、長門国においては、穢寺の半数が本照寺を上寺としていたという。ただし、先に述べたように、本照寺の場合、穢寺や河原門徒ばかりでなく、穢寺ではない一般の寺院・道場や、被差別民ではない門徒を持っていたことが注目される［山本一九九九］。これは重要な指摘である。本照寺は、江戸時代、本願寺集団の中で幹部に位置する大寺院であった。

一方の金福寺、万宣寺、教徳寺、福専寺の四寺院であるが、吉田徳夫は、『山城国御下寺開基之帳』によれば、これらはいずれも文禄・慶長年間（一五九二〜一六一五）の成立で、豊臣政権の時代に寺号を公称していると指摘した［吉田徳夫二〇〇二］。この理解は大筋で正しいと評価されるが、ただ万宣寺の前史の理解については後述したい。次に、この四ヶ寺の立地であるが、すでに指摘されているように、これらは京都に新たに造立された西本願寺に近接して造営されており、西本願寺の寺内町もしくはその飛び地にあったことが知られている［左右田二〇〇二、和田二〇〇七］。

本願寺が豊臣秀吉の指示によって大坂から京都の六条堀川の現在地に移転したのは天正一九（一五九一）年のことで、阿弥陀堂、御影堂が完成したのは翌文禄元（一五九二）年のことである。これが西本願寺である。

だから、これら四ヶ寺は、西本願寺の成立とともに、それに近接する地に、寺号をもって成立した寺院だということができる。これら四ヶ寺（以下「四ヶ之本寺」）による末寺を通じての被差別民管理は、時代の大きな変化に対応して成立した現象と評価すべきものであり、今日から言うなら、中世から近世への変化に対応して生まれた。近世的な事象と理解することができる。

本照寺と被差別民

だが、本照寺は、四ヶ之本寺とは少し様相を異にする。本照寺は、早く一五世紀初頭、まだ光照寺と呼ばれていた時代から、のちの被差別寺院を下寺としていたことが、方便法身尊像の裏書から確認される。すなわち、和歌山県紀の川市名手市場の光明寺の方便法身尊像の裏書に、「方便法身尊像／大谷本願寺釈実如（花押）／永正四年〈丁卯〉三月廿五日／光照寺門徒 紀州／伊都郡 名手／願主 釈了道」とある［渡邉一九六三、井上一九六八］。ここには「光照寺門徒」の文言があり、下付された道場は後に被差別寺院になっている。また、紀伊国那賀郡田中荘、すなわち現在の和歌山県紀の川市西伊阪の蓮乗寺の方便法身尊像の裏書には、「方便法身尊像／大谷本願寺釈実如（花押）／永正三年〈丙寅〉十一月廿八日／富田光照寺門徒／田中荘／願主 釈善正」とある［日野一九八六］。

光照寺は、このように永正三（一五〇六）年、四（一五〇七）年に、末道場に本願寺から本尊を下付《かふ》してもらっている。蓮如期に本願寺集団に参入した寺院の末道場に、実如期に本尊として裏書を付した方便法身尊像が下付されることは一般的な傾向に沿うものであるから、光照寺末道場への方便法身尊像下付もその一環だったと理解される。問題は、その道場が近世になると被差別寺院になっていることである。おそらく、その道場および門徒たちは、中世社会において卑賤視を受けていたと推定される。それは、近世の差別とは異なる部分を持つ中世的な差別であったのだろう。ならば、光照寺膝元における藺草作りおよび藺莚の作成、貢納は、近世においては差別の表象とは判断できないかもしれないが、中世においては卑賤視を受けていた可能性が高いと考える。

光照寺は、中世において多様な民を門徒としていた。その多くは被賤視された民であったろうが、一般の民も含み込んでいたものと推定される。それが、中世から近世へと時代が転換する中で身分観念が変更され、それまで被賤視された民には被差別民に組み込まれた民と、そうとはならなかった民とがあった。こうした事情により、光照寺（のちの本照寺）の門末には、江戸時代、穢寺や河原門徒ばかりではなく、一般の寺院・道場や被差別民ではない門徒が包含されていたと理解される。他方、四ヶ之本寺の門末はすべてが穢寺であったと理解される。それは、この四ヶ寺が近世国家の成立に対応するように形成され、活動を開始したことによると理解される。西本願寺は新時代に対応して四ヶ之本寺を側近寺院として設置し、穢寺の管理と、そこからの多大なる得分の確保につとめた。

戦国時代は、日本史を二分するほどの大きな画期であり、時代の転換期であった［内藤一九六九、勝俣一九九六］。国家のあり方も、それと連関する社会の様相も、そして差別のあり方も、大きな変化を遂げた。光照寺（本照寺）はその激動の時代を生き抜き、中世的な差別のあり方から近世的な差別のあり方への変化に対応し、江戸時代に被差別寺院の本寺として頂点に立った。他方、四ヶ之本寺は、新時代の幕開けに呼応して、一五世紀末に西本願寺に近侍するように成立し、新たな職務を担当する寺院として、その後の時代を歩んでいった。

万宣寺の歴史

四ヶ之本寺の一つ万宣寺は、渡辺村の徳浄寺、正宣寺の上寺（本寺）だった。ここで万宣寺の歴史を見ておきたい。文政一二（一八二九）年に作成され、明治に補訂されたという、万宣寺の「門末別帳」〔兵庫県部落史研究委員会一九七四〕には、冒頭に寺の由緒が記されている。それによれば、万宣寺は、寿永二（一一八三）年草創の天台宗寺院で、のち徳治二（一三〇七）年、覚如上人様の御代に、「万宣寺休円」と号することの御免《ごめん》を頂いたという。続けて、

（前略）大永年中の頃、血脈《けちみゃく》の相《あ》ひ続かずに相ひ成りし時分、右の御免書等紛失仕《ふんじつつか》まつり候ふの処、芝田四郎左衛門と申す者、入道仕まつり、伝覚と姓名を相ひ改め、中興開基仕まつる。天正十九年卯年《うのとし》三月五日、顕如上人様の御代、聖徳太子の御作、弐尺壱寸の木仏尊像を御免頂戴仕まつり候。寺号の御染《ごせん》筆《ぴつ》の儀は、慶長参年戌年《いぬのとし》五月上旬、准如上人様の御代、万宣寺寿正と御免為され成り下し候ふ処、是も亦、無住の時紛失仕まつり、寺号の御染筆の御礼之《これ》無き事を相ひ歎き、住如上人様の御代、願ひ奉り申し上げ候ふ処、享保十二未年臘月《ろうげつ》廿三日に、万宣寺寿閑と御染筆為され成り下され候。尤も寺号の儀は古来より公儀様へ相ひ奉り申し候。以上。

とある。このうち、天台寺院としての草創や覚如による寺号御免の話は、御免書は紛失してしまったと記されるなど、事実とは評価できない、後世からの架上とすべきである。同寺の歴史は、大永年中（一五二一～二八）頃に伝覚という入道によって前身道場が開基され、のち天正一九（一五九一）年に聖徳太子作という阿弥陀如来の木仏が本尊とされ、慶長三年（一五九八）、寿正の代に「万宣寺」の寺号が許されたと理解されよう。しかし、無住の時代があり、書証類を紛失したため、享保一二（一七二七）年一二月二三日、寿閑の代に再度寺号承認の文書が発給されたという。

他方、『山城国御下寺開基之帳』には、これとは異なり、文禄二（一五九三）年、道甫による開基と記される。

これらに対し、本照寺では、また異なる万宣寺の歴史が語られている。すなわち、先にも引用した『本照寺由緒略記』の「万宣福宣両寺御与力之事」には、

> 万宣寺・福宣寺幷《ならび》に門徒共《ども》に御与力を仰《おお》せ付けられ候ふ事は、光照寺、無住の内、諸国に之《これ》有り候ひし光照寺門徒を、此の両寺経れ廻しを致し、いつとなく我が門徒に致し候。殊《こと》に万宣寺は、先祖は光照寺門徒より出《い》で候ひて光照寺門徒と同前の儀に付き、左様の所縁《しょえん》を思《おぼ》し召され、御与力仕まつり、御馳走《ごちそう》申す様《よう》、仰せ付けられ候。御与力ながら諸事の勤《つとめ》、御門徒と同前に仰せ付けられ候事なり。（中略）。光照寺無住の内、遠近共に門徒を散失し、河原門徒の分も右の両寺へ附け申し候（後略）。

とある。こちらによるなら、万宣寺の先祖は光照寺門徒から出たもので、光照寺門徒同然の存在だった。それが、光照寺が住職無住だったことがあり、遠近の門徒を散失しそうになったため、万宣寺と福宣寺の二寺に河原門徒

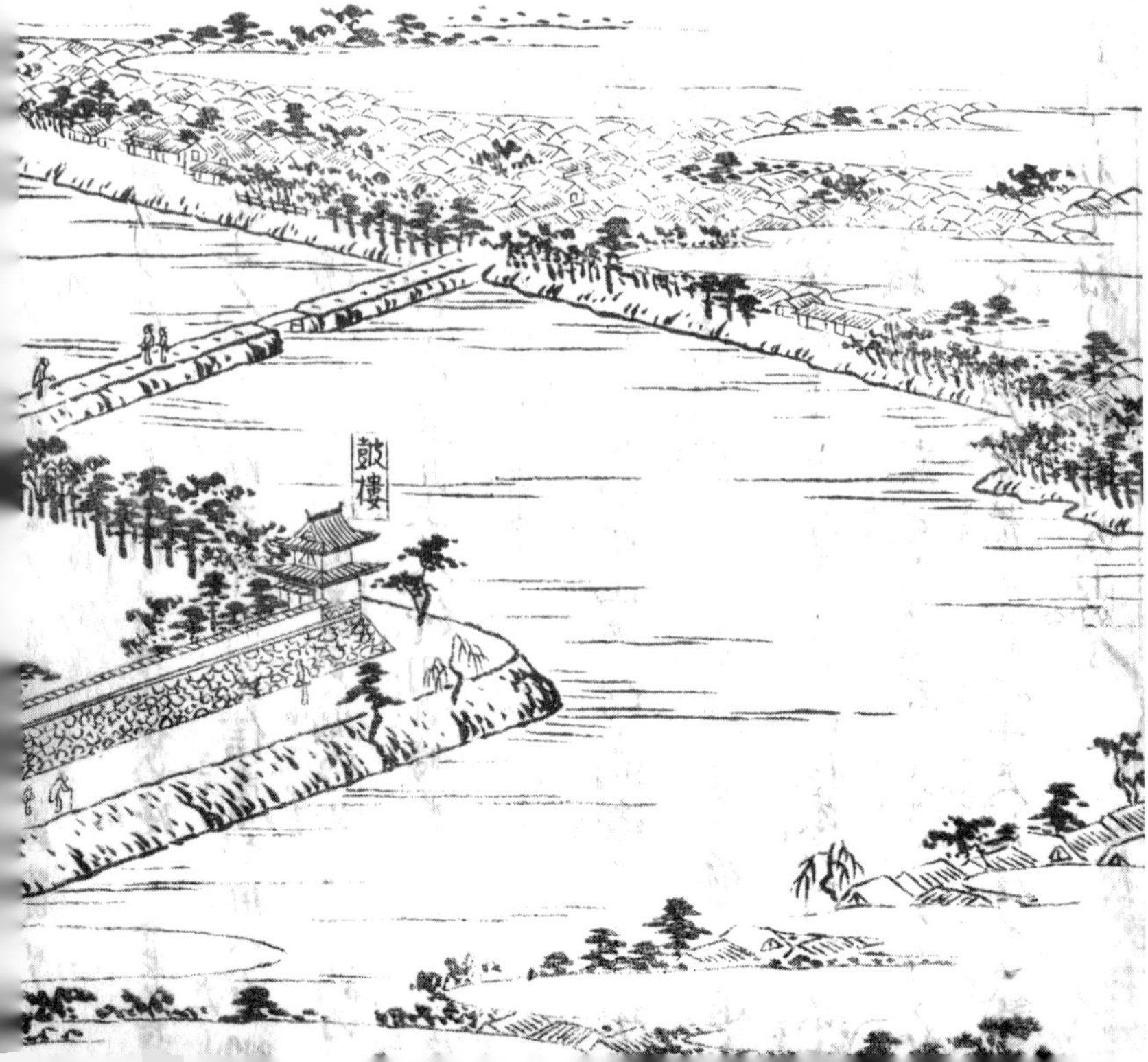

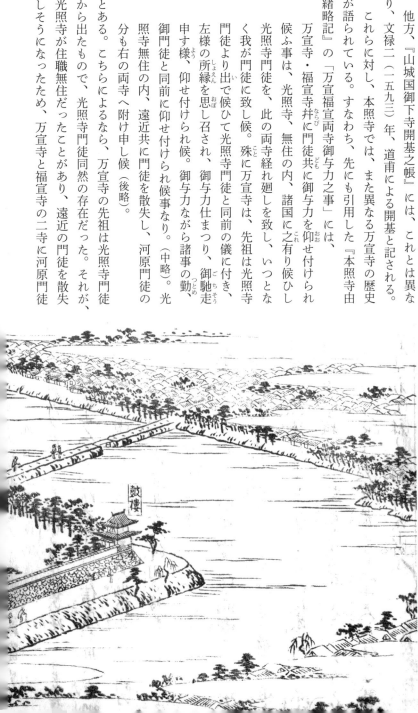

を手分けして管理するよう申し付けたことがあったという。それを、いつとはなく自らの門徒のようにして横取りしてしまったのだという。

この所伝はどう評価されるだろうか。ここであらためて「穢寺帳」の摂津国の記載を見てみると、本照寺の下寺は四ヶ寺と思いのほか少ないのに対し、万宣寺の下寺は四〇ヶ寺、福専寺の下寺は二〇ヶ寺にも及んでいる。摂津国は本照寺の地元であり、地盤であるはずだから、これには何らかの理由があるとしなければならない。そうであるなら、山本尚友や日野照正が述べるように［山本一九九九、日野一九八六］、右の本照寺の所伝には歴史

18世紀末頃の本照寺
『摂津名所図会』より　寛政10（1798）年刊行　吉野屋為八企画、文は秋里籬島、絵は竹原春朝斎
本照寺は、寛政元年（1789）に火災により焼失した。その後、同10年（1798）に本堂が再建されるが、『摂津名所図会』には本堂が再建される直前の姿が描かれている。なお、本堂前に松の大木があり、「富寿栄の松」として著名であった。ここにはその松も描かれている。

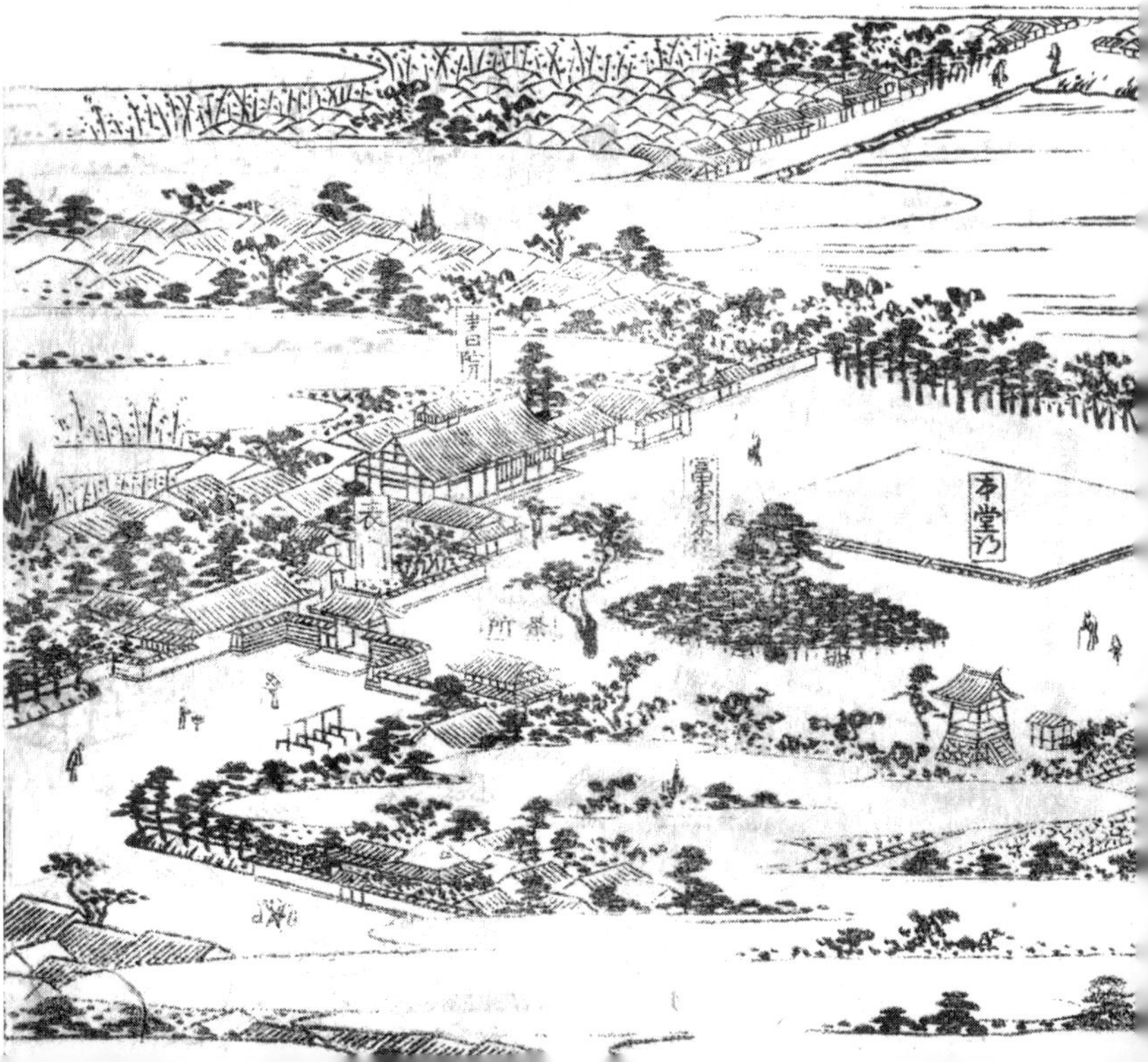

的事実を伝えるところがあると評価されよう。『本照寺由緒略記』の「万宣福宣両寺御与力之事」は「万宣寺、富田の北所迄も法用相ひ勤め、誤証文仕まつり候儀、之在り」とも言っている。万宣寺は、光照寺の本拠地である富田の北部の門徒までも、ニセ証文を作成して取ってしまったという。万宣寺が自らの寺伝を語る際に大永以来の歴史を曖昧に述べるのは、もともと光照寺の門末として出発した寺院だったことによるからだと理解される。それが、光照寺が不振となった時代に、複数の下寺を掌握したまま光照寺から離脱して独立した。

以上を総合するに、万宣寺は、大永の頃に光照寺の末道場として成立し、やがて、光照寺の末道場のうち、卑賤視された民を門徒とする複数の道場の管理を代行する立場になった。そして光照寺が不振になった時代に、管理を任された末道場を持ったまま独立した。のち、天正十九年（一五九一）または文禄二（一五九三）年に本尊を確立し、慶長三（一五九八）年に「万宣寺」の寺号が許された。本尊の確立、寺号の免許は、京都に西本願寺が成立する時期と重なっており、寺地を西本願寺寺内町の「七条通大黒町」（『山城国御下寺開基之帳』）に定め、被差別寺院を管理する寺院・道場の本寺として活動するようになった。しかし、光照寺に西本願寺住持の弟が入り、寺号を本照寺と改めると、再び本照寺の与力を命じられ、その与力寺院として活動するようになった。

光照寺の変貌

光照寺は、本山にとっても、被差別寺院の管理、経済的得分の確保、拡充という観点から、重要な寺院であった。そこで、正保三（一六四六）年、西本願寺住持の良如《りょうにょ》の弟の円従《えんじゅう》が光照寺に住職として入り、寺号を「光照寺」から「本照寺」へと改号した。これは「本照寺」となることによる光照寺の再出発であり、以前よりも西本願寺色が強い寺院への変貌であった。これにより、かつて門末だった万宣寺に対し、また福宣寺（福専寺）に対して、西本願寺から本照寺への与力が命じられた。

本照寺は、この時代、その性質を大きく変貌させた。光照寺の時代には、長く本願寺に「藺筵《いぐさのむしろ》」を貢納してきたが、幸いにもそれは慶長の頃に終わっており、この段階では銭納になっていた。もはや、藺草作りやその加工品の作製とは縁を切り、それは前史と位置づければよい。以後は、西本願寺の一族寺院（一家衆寺院）として、つまり本山の代理として、被差別民に〈救済〉の教えを説き、同時に寺請制度（寺檀制度）に従って人民管理を担当することが肝要である。それが正保三（一六四六）年以降の本照寺の職務となった。

成立期の光照寺は、卑賤視された民を基盤に造立された親鸞系諸門流の道場だった。彼らの生業の全体像は、史料を欠き不明の部分があるが、主要な生業の一つとして藺草作りがあった。道場の経営者もこの性格を共有していたと見てよい。成立期のそうした性格は、本願寺集団に参入した後も長く継続し、実如の時代から慶長時代に至るまで、本願寺への「藺筵」貢納が続けられた。光照寺は、この間、畿内そして西日本の広範な地域にわたって多数の末道場を経営し、大きな勢力を築いた。

しかし、本願寺および配下の寺院・道場・門徒は、大坂の合戦（いわゆる「石山合戦」）で信長軍に敗北した。以後は敗者として、信長、秀吉、家康への従属を余儀なくされた。光照寺もまた新時代に対応し、それまでの同寺の歴史・文化とは一線を画する存在へと寺の性格を変貌させた。自らは、武士、および公家・僧侶・医者、および百姓・町人の側の身分集団に属し、上から河原門徒（被差別民）を管理する。これが光照寺の新しい職務となった。こうした光照寺の性格は、大坂の合戦（石山合戦）の敗戦後、秀吉による大坂統治が開始される頃にはじまり、江戸時代の正保三（一六四六）年の本照寺への改号において確立したものと理解することができる。

徳浄寺・正宣寺の歴史をめぐる二つの史料

渡辺村の仏法は、徳浄寺《とくじょうじ》、正宣寺《しょうせんじ》の前身道場が担当した。その上寺は万宣寺であった。この二つの道場は、いつ、どこに、どのように成立したのか。左右田昌幸は、杉本昭典紹介の『五畿内穢寺下帳』［杉本一九九〇］の「摂州」の「東成郡」に次のようにあることに注目した［左右田二〇〇二］。

一、（朱線にて抹消）出玉庄大坂船場町
惣道場
正宣寺
免　元和九年九月廿八日
一、木佛「（墨線にて抹消）天明八戊（ママ）甲十一月十四日」
一、寺号　天和三年癸亥年四月七日
一、万宣寺離末　文化六十二月

（中略）

万宣寺下　生玉庄大坂船場町
惣道場
徳浄寺「（朱点）丶」

御免物帳ニ
木仏　享保三戊戌年十月
上寺離末　弘化二乙巳年正月
（後略）

この史料によれば、正宣寺は、木仏《もくぶつ》の下付が当初の記述では天明八（一七八八）年（これを墨線で訂正して元和九〈一六二三〉年）であり、上寺である万宣寺の末寺を離脱したのが文化六（一八〇九）年となる。また、徳浄寺は、木仏の下付が享保三（一七一八）年で、上寺である万宣寺の末寺を離脱したのが弘化二（一八四五）年となる。左右田は、正宣寺の木仏下付の年月として抹消訂正後の元和九年を採るが、私見では、同寺の歴史全体から見て、また『五畿内穢寺下帳』の成立過程を勘案するに、訂正前の天明八（一七八八）年を採るべきだと読解する。また、この史料で注目されるのは、その所在地が両寺とも「生玉庄大坂船場町」と記されていることである。

なお、『五畿内穢寺下帳』を詳しく見ていくと、「西成郡」のところにも「万宣寺下」として、「役人村」の徳浄寺と正宣寺の記載が見える。両寺は東成郡と西成郡に重複して見える。そして徳浄寺には「右地名西木津とアリ」と、また正宣寺には「地名大坂船場町とアリ」との注記がある。『五畿内穢寺下帳』は、複数の先行史料を参勘してまとめられた帳面で、たとえば「御免物帳ニ」など、参照した史料が何だったのかが記される場合がある。また、一度成立した後に朱線、墨線による加除訂正が加えられている。この史料は、複数の先行史料を吸収し、また順次加除訂正が加えられて成立したものだと理解される。ならば、これに記される複数の地名に、徳浄寺、正宣寺が所在するのは、移転した先の地名にも重ねて記されているからだと理解される。ここから、徳浄寺、正宣寺はかつて東成郡の「生玉庄大坂船場町」にあり、その後いずれかの時点で西成郡の「役人村」の地に移ったことが知られる。後者は「西木津村」とも呼ばれている。

上杉聰は、近年、新たな史料を発見し、そちらに基づいて両寺の歴史を考究している［上杉二〇二〇］。そこで次に、この史料を紹介、検討したい。それは、『大阪市南区寺院明細帳』（大阪府公文書館蔵）である。これは簿冊の表紙に「明治十二年七月調」と記されているが、中身にはそれ以後の記述も含まれており、明治三〇（一八九七）年以降に記された部分をも含む史料であるという。

　これには、徳浄寺は、「由緒　慶長三乙亥年開基智観ナルモノ本願寺第十一世准如法主ノ直弟トナリ、府下南区渡辺筋ニ建立ス。後チ宝永三壬寅年今ノ地ニ移転（後略）」と記される（ただし、朱書により「三」は「四」、「乙」は「己」、「ナルモノ」は抹消、「一」は「弐」、「南区」は抹消、「壬寅」は「丙戌」と訂正。なお、写真版が上杉論文に掲載されている）。「正宣寺」は、「開基名の永俊は、祖山第十二世准如法主の直弟（に）て、慶長八年癸卯十月創立、堂宇は大坂船場渡辺筋に於て、この時当町人民、彼地に住む。故に旧名渡辺村なり。二世智春、宝永三丙戌年三月、人民この地に転居す、因りて本寺また今の地に移す（後略）」と記されているという。

　上杉は、『日本輿地通志畿内部・摂津国（摂津志）』（以下『摂津志』）の記述などから、渡辺村はかつて「圓江（つぶらえ）」の地に所在していた時期があり、その「つぶらえ」はのちに「津村」になった地の

ことで、また「船場」のことを指しており、具体的には、現在の北御堂（津村別院）と南御堂（難波別院）の間の「渡辺筋」あたりに比定できるとする。上杉はこの理解に基づき、この二ヶ寺は慶長年間に船場の渡辺筋に成立し、それから宝永三（一七〇六）年まで一〇〇年以上その地にあり、それは渡辺村の村内であったと論じる。

徳浄寺・正宣寺の前身道場の成立とその意義

以上の二つの史料から考えると、この二つの道場は、いつ、どのように誕生したと見られるだろうか。私なりの理解を述べたい。

徳浄寺の前身道場は、慶長三（一五九八）年または四年に、大坂船場町に成立した。そして、宝永三（一七〇六）年に西成郡の木津村（後の西浜町）に移転した。次いで、享保三（一七一八）

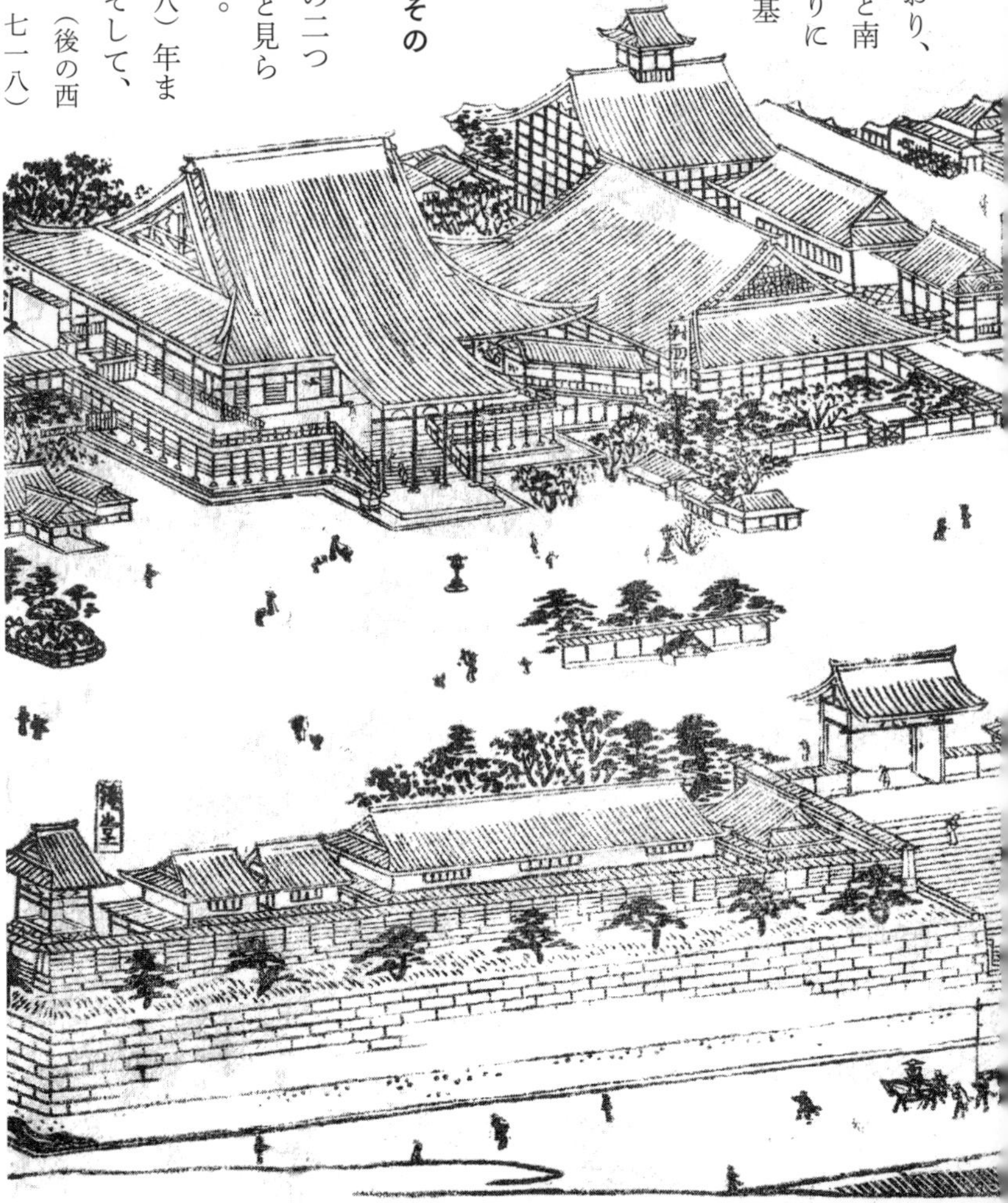

一八世紀末頃の津村御堂（津村御坊）『摂津名所図会』より

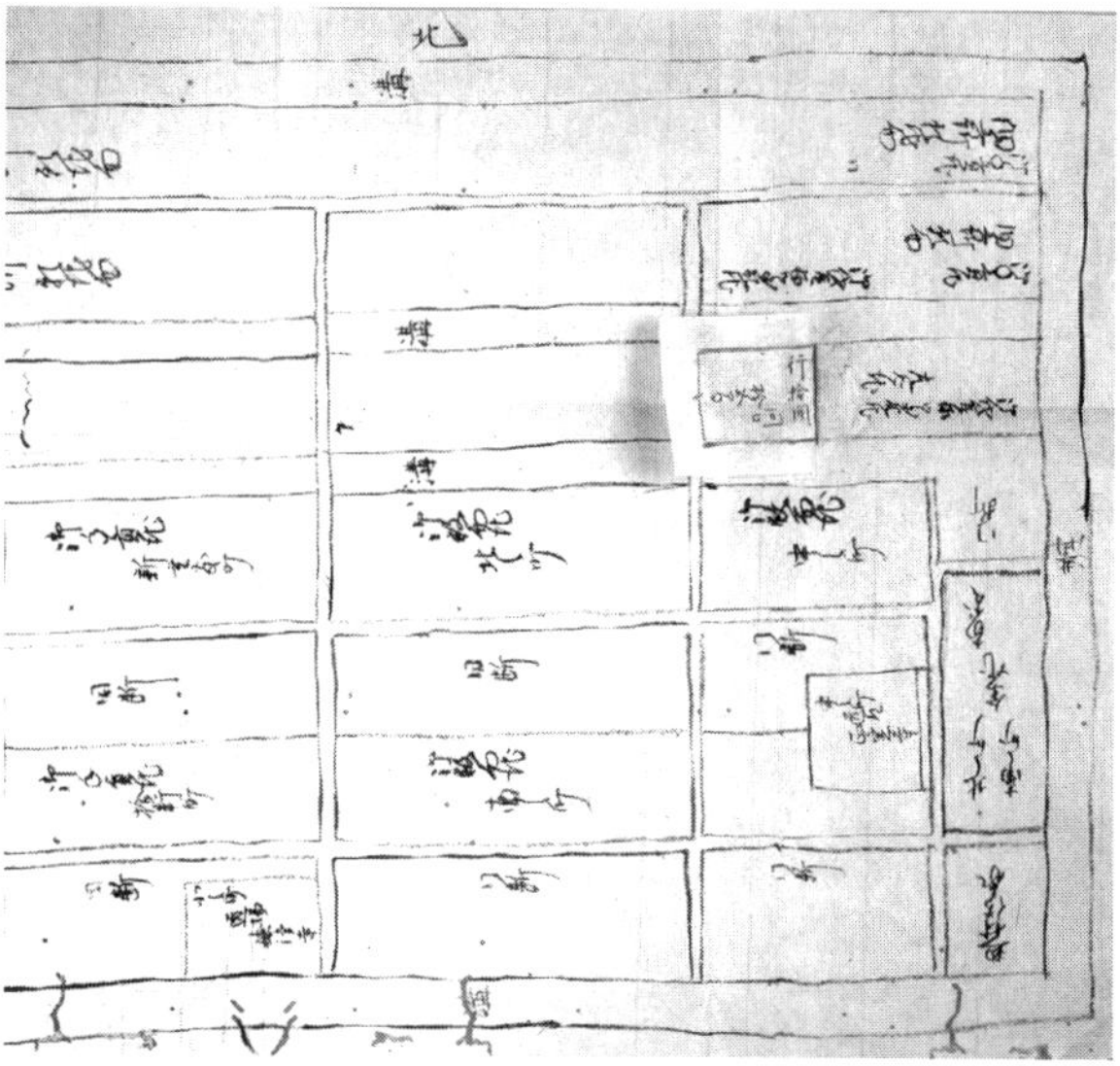

徳浄寺と正宣寺の位置
『摂津国諸記』 文久４（1864）年　本願寺史料研究所保管（本願寺文書）
同写真提供

年に木仏が本尊として下付されて道場から寺院に昇格し、徳浄寺と号した。さらに、弘化二（一八四五）年に上寺の万宣寺から独立した、となる。

正宣寺の前身道場は、慶長八（一六〇三）年に大坂船場町に成立した。そして宝永三（一七〇六）年に木津村に移転した。次いで、天明八（一七八八）年に木仏が本尊として下付されて道場から寺院に昇格し、正宣寺と号した。さらに、文化六（一八〇九）年に上寺の万宣寺から独立した、となる。

以上の歴史は、渡辺村が津村の渡辺筋付近にあったとする上杉説に立つなら、二つの道場は当初から渡辺村の村内（町内）に成立したということになる。一方、通説のように、渡辺村は道頓堀川南側の下難波村（のち難波村）にあったとする説に立つなら、二つの道場は村内ではなく、津村御坊に近接して成立し、外から渡辺村の被差別民の仏法を担当したということになる。津村御坊（今日の津村別院、現在の大阪市中央区本町四丁目）は、本願寺の大坂から京都への移転に伴い、西本願寺の大坂における代理拠点として慶長二（一五九七）年に成立している。だから、後者の理解に立つなら、西本願寺の寺内に万宣寺が成立したのと同じように、津村御坊《つむらごぼう》の近接地に万宣寺設置の二つの道場が成立したということになる。そして、いずれの理解を採るとしても、渡辺村の木津村移転に伴い、二つの道場は木津村内に移転したということになる。

では、二つの道場は、当初、渡辺村の村内にできたのか、村外にできたのか。本巻の第一章吉村智博「すべては移転からはじまった」が説くように、『摂津志』の「天正中、南渡辺の民家を圓江《つぶらえ》に徙《うつ》し、屠者、守墓の家を難波村に移す」は、南渡辺の民家を圓江に移し、「屠者」と「守墓」の家は難波村に移したと読まなければならないし（ただし、「守墓」は実際には難波村ではなく、千日前墓所に移転という）、「浪速古図」の活用には十分な〈史料批判〉の作業が必要である。また、本巻第二章の西宮秀紀「坐摩神社から浪速神社へ」も、「浪速古図」については〈史料批判〉の作業が重要であり(8)、『浪華三津之浦図』などには史料的信頼性について限界があると指摘する。吉村は、結論として、南渡辺の地にあって賤民としての諸役を担っていた散所には、のちに「かわた（穢多）」と呼称される「屠者」が居住していたが、彼らは、大阪城築城および城下町整備の中で、元和五（一六一九）年、下難波村に居住するようになったと説く。

以上より、私は、これまでそう理解されていたように、渡辺村は下難波村にあったと見るべきだと考える。ならば、万宣寺下の二つの道場は、津村御坊の近接地に慶長年間に成立し、村外から渡辺村の「かわた（穢多）」たちの仏法を担当したということになる。それは、元和五（一六一九）年に渡辺村の「かわた（穢多）」たちが下難波村の地に落ち着く以前からのことになる。

万宣寺は、先に述べたように、木仏本尊を確立した後、慶長三（一五九八）年に道場から寺院に昇格し、「万宣寺」の寺号が免された。そして、被差別道場・寺院の上寺として西本願寺の寺内で活動を開始した。それと同時期の慶長三年または四年に、早くも、渡辺村の村民を教化する道場を一つ設置し、同八（一六〇三）年にはもう一つの道場を設置した。それは渡辺村内の地における設置ではなく、津村御坊の近接地における設置だった[9]。これはやや意外な結論であるが、複数の史料が語るところを合理的に再構成するなら、この結論となる。

西本願寺は、秀吉の指示によって京都に移転すると、近接する地に万宣寺を呼び寄せ、被差別道場・寺院の管理を担当させた。万宣寺は、渡辺村教化のために二つの道場を津村御坊の近接地に設置して、その職務にあたらせた。なお、ここには、万宣寺のかつての上寺であった光照寺は出てこない。むしろ、本山の意志が働いている。万宣寺は西本願寺に寄り添うように本山の職務を執行し、その一つとして渡辺村担当の道場を新たに設置した。

二つの道場は、のち、渡辺村の木津村西部への移転に伴い、木津村内へと移転していった。それは宝永三（一七〇六）年のことであった。以後は村内で村人の仏法を担当し、道場から寺院に昇格して江戸時代後期に続き、近代に至った。寺を管理する看坊は本山から派遣された。

明治二〇（一八八七）年、渡辺村および七瀬新田は西浜町となった。そして、第二次世界大戦末期の、昭和二〇（一九四五）年、大阪大空襲により西浜町は焼け、徳浄寺、正宣寺も焼亡した。

徳浄寺は、のち、昭和二八（一九五三）年に現在地に土地を取得し、同三六（一九六一）年に本堂が完成し、現在に至っている。これが大阪市浪速区敷津西に所在する現在の徳浄寺である（二〇一九年八月二一日徳浄寺住職より聞き取り）。徳浄寺には、戦災で焼ける以前、昭和一四（一九三九）年五月一八日に西本願寺門主が訪れ、教化した時の写真帳（『大法主猊下御巡教記念　徳浄寺』徳浄寺作成、関係者にも配布）が大切に保管されていて、戦災前の寺の雄姿を知ることができる。

戦災以前の徳浄寺　昭和14（1939）年8月　西本願寺門主の巡教の時の写真（写真帳『大法主猊下御巡教記念　徳浄寺』より）
村人が寺に参集して巡教を祝賀した。当時、徳浄寺には6人の役僧がいた。

おわりに

以上、親鸞系諸門流の展開、および被差別寺院の成立と展開について考察し、そこから渡辺村の真宗寺院の歴史と特質を考究した。西本願寺、およびその寺内で活動した万宣寺などの四ヶ之本寺は、戦国時代から江戸時代へという時代の進展の中で〈差別―被差別〉の構造に立脚してそれを固定化していく役割を果たし、それによって大きな経済的得分を確保、伸長していった。一方、中世以来、河川湖沼の民・山の民とともに歴史を歩み、そちらの側に身を置いてきた光照寺は、近世国家の成立という時代の大きな転換の中で、そちらの集団の側から自らを切り離し、西本願寺の統率のもと、上から被差別民を管理する寺院へと変貌していった[10]。そこにも、また、大きな経済的得分が伴った［左右田二〇〇二]。渡辺村は経済的に豊かであり、西本願寺にとっても、万宣寺にとっても、手放すことができない重要な門徒集団になっていた。

浄土真宗は穢寺（被差別道場・寺院）を通じて被差別民に〈救済〉の教えを説いた。それは、当時の社会において、差別のもとにある被差別民たちに、生きる力と来世の救いを与えるという側面があった。しかし、どうだろうか。そこで説かれる〈救済〉の教えは、被差別民への差別を前提とした、あるいはそれに立脚した〈救済〉の思想であって、それを〈救済〉にのみ力点を置いて捉えるのは、筆者には妥当とは思われない。そうした構造の中で説かれた教えは、〈差別〉と〈救済〉が一体となった思想と評価されるべきであり、それはまた、その団体の信徒を確保し、増加せしめる教宣の思想でもあった。

こうした思想は、本シリーズ第二巻の拙論「日本の仏教と女性の〈救済〉」で論じた、〈女人救済〉の思想と構造的に共通するところがある。そこでも述べたが、〈救済〉の側面があるから〈差別〉ではないと評価するのは妥当ではない。差別と救済をめぐっては、〈差別〉であるから〈救済〉ではないとか、〈救済〉なのだから〈差別〉ではないというような、二者択一的な思考は正しくない。〈差別〉と〈救済〉は両立する。そこで説かれた思想は〈差別〉と〈救済〉が一体になった思想であり、両者がコインの裏と表のように一枚になった思想であった。差別して救済する思想なのである。そうした過去に目を背けるのではなく、また隠蔽するのでもなく、それを直視することによって、初めて差別を乗り越え、新しい未来を構築する可能性を手に入れることができると筆者は考えている。

註

（1）これらは、しばしば〈初期真宗〉とも称される。本章はこの用語を否定するものではないが、より正確でわかりやすい用語として〈親鸞系諸門流〉という表現を用いることにしたい。

（2）［熊野二〇〇五b］によれば、厳島神社所蔵「覚道書状」（竹内理三編『鎌倉遺文』二九、二二六三四号、東京堂出版、一九八五）により、山南が比留維広の知行所だったことが知られるという。彼は、了源（弥三郎）を中間として使用していた。了円（明光）の門流と比留氏との間には密接な関係があった。

（3）『存覚袖日記』（龍谷大学仏教文化研究所編『存覚上人一期記　存覚上人袖日記』龍谷大学善本叢書3、同朋舎出版、一九八二）には、存覚が「溝杭明教」の「本尊」に「外題」を記したことが記されており、そこに「明念門徒明教」との記述がある。〈念仏聖〉たちの坊号と法名の関係は複雑で難解であるが、この明教は「溝杭」の地名から仏照寺前身寺院の開基と推定されるから、明教と了願は同一人物、明念と了西は同一人物と理解するのが合理的である。前者を坊号とすべきだろうから、法名（坊号）という順で記載すると、この門流は、了海（願明）―誓海（願念）―了円（明光）―了西（明念）―了願（明教）と次第したと見ることができる。ただし、［塩谷二〇〇〇］によれば、仏照寺の歴代は二世の智光以降、七世の勝智まで「智」の文字を通字とするという。だとすると、あるいは了智の法脈（血筋）を引くか、とも考えられる。ならば、光照寺本の「親鸞聖人門侶交名牒」の「ミソクヒ」と「ミシマ」の注記は、取り違えによって逆になってしまっていて、あるいはミソクヒが了智で、ミシマが了願の誤りなのかもしれない。これについては後考を待ちたい。ここでは、当面、『親鸞聖人門侶交名牒』光照寺本の記述に従っておく。

（4）仏照寺は〈鹿島門流〉の流れを汲む道場として始まったとする理解がある。一八世紀後期の先啓『大谷遺跡録』を初見とし、［日野一九八六］［上場一九九九］が継承する理解である。しかし、これは後世の史料であり、記述に内部矛盾があり、退けるべきであろう。私見は、『親鸞聖人門侶交名帳』の記載を採る。なお、すでに［塩谷二〇〇〇］は、〈鹿島門流〉説は仏照寺を「二十四輩」格とすることを目的とした後世の作為であったことを明快に論じている。従うべき説得的な見解と評価される。

（5）真宗寺院由緒書の特色とその読み方、および住職家の姓が佐々木であることの意味については、［塩谷二〇〇四］。

（6）光照寺と号する以前に「本遇寺」と号していたとする見解もあるが、確実な史料に記される説とは見なせない。今は、『本照寺由緒略記』に依り、同寺の最初の法号は「光照寺」であったとする理解に従う。

（7）私は、蓮如に続いて、長男の順如が本願寺住持を継職し、方便法身尊像の裏書を書くなど下付物を発給したと理解している［吉田一彦二〇〇三b］

（8）なお、絵図の公開促進と研究の深化については、［吉村二〇一九］参照。

（9）渡辺村には、徳浄寺、正宣寺に続いて、文化一四（一八一七）年に順正寺、明治元（一八六八）年に阿弥陀寺が造立された。このうち阿弥陀寺は、［左右田一九九四］によれば、「大坂津島御坊御出張所」として成立したという。ここから、渡辺村の浄土真宗は、幕末維新期においても津村御坊の強い影響下にあったことが知られる。

（10）ただし、西日本と関東圏とでは大きく様相が異なることに注目しなければならない。たとえば、茨城県では、江戸時代以来、被差別民の多くは時宗寺院の檀家になっているという［東日本部落解放研究所二〇一七］。親鸞系諸門流の発祥地であり、現在もその伝統を引く古寺が多数存在する常総地方は、大阪などの関西圏と全く様相が異なる。それはその後の長い歴史の中で生まれた差異であると評価される。

文献・史料

井上鋭夫　一九六八　『一向一揆の研究』吉川弘文館
今井雅晴　一九九九　『親鸞と東国門徒』吉川弘文館
上杉聰　二〇二〇　「大阪渡辺村の発生期について」『関西大学人権問題研究室紀要』第八〇号
上場顕雄　一九九九　「摂河泉における真宗教団の展開」『近世真宗教団と都市寺院』法藏館（増補改訂二〇一三）
塩谷菊美　二〇〇〇　「真宗寺院における開基伝承の変化――「法系」から「教団内身分」へ」『眞宗研究』第四四号
塩谷菊美　二〇〇四　『真宗寺院由緒書と親鸞伝』法藏館
小山正文　二〇〇〇ａ「初期親鸞門侶の一考察」『親鸞と真宗絵伝』法藏館
小山正文　二〇〇〇ｂ「関東門侶の真宗絵伝」『親鸞と真宗絵伝』法藏館

勝俣鎮夫　一九九六　『戦国時代論』岩波書店
神田千里　一九九一　『一向一揆と真宗信仰』吉川弘文館
金龍静　一九九四　『福井県史　通史編２　中世』「第六章　中世後期の宗教と文化」第二節三
草野顕之　二〇一一　「佛光寺了源と存覚」『佛光寺の歴史と文化』真宗佛光寺派宗務所（法藏館発売）
熊野恒陽　二〇〇五ａ「了源上人の教化と興正寺の建立」（大阪真宗史研究会編『真宗教団の構造と地域社会』清文堂出版）
熊野恒陽　二〇〇五ｂ『了源上人――その史実と伝承』白馬社
後藤道雄・吉田一彦　二〇一二　「律宗と親鸞敬諸門流の聖徳太子信仰」『〈シリーズ宗教と差別２〉差別と宗教の日本史――救済の〈可能性〉を問う』法藏館
左右田昌幸　一九九四　「〈史料紹介〉大坂津村御坊出張所について」『国史学研究』第二〇号
左右田昌幸　一九九七ａ　「「穢寺帳」ノート」『教学研究所紀要』第五号
左右田昌幸　一九九七ｂ　「「四ケ之本寺」ノート」浄土真宗教学研究所・本願寺史料研究所編『講座蓮如』４、平凡社
左右田昌幸　二〇〇二　「「渡辺村真宗史」に向けての覚書」「浪速部落の歴史」編纂委員会編『太鼓・皮革の町――浪速部落の300年』解放出版社
信仰の造形的表現研究委員会編　一九八八　『真宗重宝聚英』八、同朋舎出版
杉本昭典　一九七七・一九七八　「本願寺末寺帳『穢寺帳』・『穢寺下帳』について(1)(2)」『兵庫の部落解放史』第二・三号
杉本昭典　一九九〇　「史料紹介　穢寺帳」仲尾俊博先生古稀記念会編『佛教と社会』永田文昌堂
脊古真哉　二〇〇五「『三河念仏相承日記』の史料論的検討」『同朋大学佛教文化研究所紀要』第二五号
脊古真哉　二〇〇七「荒木満福寺考――満福寺歴代の復元と源海系荒木門流の拡散」『寺院史研究』第一一号
内藤湖南　一九六九「応仁の乱について」史学地理学同攻会講演、一九二一年、『内藤湖南全集』九、筑摩書房
西岡芳文　二〇〇三　「阿佐布門徒の輪郭」『年報三田中世史研究』第一〇号
西岡芳文　二〇〇五　「『葛西門徒』の謎をさぐる」葛飾区郷土と天文の博物館編『図録・親鸞と青砥藤綱――東京下町の歴史伝説を探る』

西岡芳文　二〇一一　「佛光寺と初期真宗　初期真宗門流の展開」『佛光寺の歴史と文化』真宗佛光寺派宗務所（法藏館発売）
早島有毅　一九八八　「中世社会における親鸞門流の存在形態――中太郎真仏を祖とする集団を中心として」信仰の造形的表現研究委員会編『真宗重宝聚英』八、同朋舎出版
東日本部落解放研究所編　二〇一七　『東日本の部落史Ⅰ　関東編』現代書館
日野照正　一九八六　『摂津国真宗開展史』同朋舎出版
兵庫県部落史研究委員会編　一九七四　『兵庫県同和教育関係史料集』第三巻
藤原豊　二〇〇九「仏教と差別――本願寺と穢寺制度」寺本伸明・中尾健次編著『部落史研究からの発信　第1巻　前近代編』解放出版社
宮崎圓遵　一九九〇　『『親鸞聖人御因縁』ならびに『秘伝抄』について」（同著作集七『仏教文化史の研究』思文閣出版）
山本尚友　一九九九　「中世から近世における部落寺院の成立」『被差別部落史の研究――移行期を中心にして』岩田書院
吉田一彦　二〇〇三a「日本仏教史上の蓮如の位置」同朋大学仏教文化研究所編『蓮如方便法身尊像の研究』法藏館
吉田一彦　二〇〇三b「本願寺住持としての順如」同朋大学仏教文化研究所編『蓮如方便法身尊像の研究』法藏館
吉田徳夫　二〇〇二　「丹波国の寺院史料の基礎的考察――部落寺院の改派と寺号獲得を巡る問題について」『関西大学人権問題研究室紀要』第四四号
吉村智博　二〇一九　「絵図（古地図）の公開促進と研究深化の可能性」『部落解放』第七七〇号
龍谷ミュージアム　二〇一六　『浄土真宗と本願寺の名宝Ⅰ――受け継がれる美とこころ』図録
和田幸司　二〇〇七　『浄土真宗と部落寺院の展開』法藏館
渡邉廣　一九六三　『未解放部落の史的研究』吉川弘文館

【第四章】

皮革づくりは穢れているか

――差別の始まりを考える

小倉慈司

なぜ皮革業は賤視されてきたのであろうか。狩猟社会に皮革業差別があるとは聞いたことがない。そして八世紀以前の古代日本においても、皮革業が差別されていた形跡はうかがえない。ならば、どうして賤視されることになったのであろうか。本章では、さまざまな資料に検討を加えることによって俗説を否定し、皮革業を穢れたものとみなす考え方が生まれてきた背景を探る。

扉絵　「粉河寺縁起絵巻」村田泥牛模写　原本一二世紀末頃（神奈川大学日本常民研究所蔵）より
猟師の家を描いた場面の一部。庭にて鹿革が干されている。

はじめに

皮革とは動物の皮膚の加工品であり、なま皮から鞣《なめ》し革までを含む概念である。皮革づくりには、皮を剝ぐところから、毛や皮下組織等を取り除いて生《き》皮にし、さらに鞣して柔らかな革にしたり、あるいはその先の加工業まで含まれることがあるが、それらの皮革づくりは、日本では[1]他の職業とは異なり、激しく賤視されてきた。[2]特に近世には一般の農民から「穢多」として蔑まれ、近代に入り「解放令」が出されたものの、さまざまな差別が継続し、一方で新たに加わるものもあった。[3]しかしそのような差別は歴史的に形成されてきたものであって、当初からのものではない。[4]

では、なぜ皮革づくりは賤視されるようになったのであろうか。本章ではその問題について考えてみたい。ただし、いったん賤視が生まれれば、その後は賤視するために新たな理由が見出されていくことになるし、別の差別が重ね合わされてもいく。そこで、ここでは時代を絞り、主として前近代を対象として検討していくことにしたい。[5]

『職人尽歌合』より三十六番　明和6（1769）年写（国立国会図書館蔵）
国立国会図書館デジタルコレクション

1 俗説の再検討

まず、よく挙げられる俗説を紹介するところから始める。元寇の後、鎌倉時代末の一四世紀前半に記されたと考えられる『八幡愚童訓《はちまんぐどうくん》』甲本には、次のように記されている。

倩《つらつら》異国襲来ヲ算《かぞふ》レバ、人王第九開化天皇四十八年ニ二十万三千人、仲哀天皇ノ御宇ニ二十万三千人、神功皇后ノ御代ニ三〔十脱カ〕万八千五百人、応神天皇ノ御宇ニ二十五万人、欽明天皇御宇卅四万余人、敏達天皇ノ御宇ニハ播磨ノ国明石浦マテ着ニケリ。其子孫ハ今世ノ屠児也。

この書は石清水八幡宮の社僧によって著わされたという、八幡神の神徳を説いた書物であるが、その冒頭に近い部分に、第九代開化天皇以来たびたび異国の襲来を受けたが、そのときに渡ってきた襲来者の子孫が今の「屠児」であるとされている。屠児については詳しくは後ほど説明するが、ここでは皮づくりに従事する人々を指している。そもそも異国襲来自体についての記述が史実ではなく、[6] したがって襲来者と屠児を結びつけることも妄説に過ぎないが、このような皮革づくりを異人とみなす説はさまざまな形で徐々に広まっていく。

江戸市井の巷談を集めた書『享保世話《きょうほうせわ》』の巻一に、享保七（一七二二）年頃の話として、穢多楽（楽は燕の誤り）国の太子丹《たん》が日本に逃れ、朝夕の営みに欠き、山林に入って鳥獣を捕って暮らしていたが、「其頃神道盛成《さかんなる》故」人々は穢れを忌んで「穢多」と呼んだという伝承を記している。燕《えん》は紀元前三世紀、秦によって滅ぼされた国である。この伝承は、室町末期頃の写本が伝わる偽書『貞観政要格式目《じょうがんせいようかくしきもく》』[7] にも記されており、その頃にはすでに存在していた。相国寺鹿苑院《ろくおんいん》蔭涼軒主の公用日記である『蔭涼軒日録《いんりょうけんにちろく》』長享二（一四八八）年八月一一日・一二日条で「穢多」を指して「燕丹」と表記しており、さらにそれ以前、『師守記《もろもりき》』貞治四（一三六五）年六月一四日条において「穢多」に「エンタ」と訓《よみ》が振られているので、その音の類似からこじつけたものであろう。

このほか、大坂の儒学者鎌田環斎《かまたかんさい》（一七五三～一八二一）の随筆『環斎記聞《かんさいきぶん》』（刊行年不詳、国会図書館ほか所蔵）では、関八州の被差別民を統括した江戸浅草の弾左衛門《だんざえもん》について、「或人の物語に、弾左衛門先祖ハ元我国の人にあらす、秦の左衛門尉武虎とて秦人の漂泊して吾朝にさまよひけるものゝ末なりしか」、武虎の天性武勇にして平正盛（清盛の祖父）に仕えたとの伝承があることを伝えている(8)。

さらに蝦夷《えみし》と関連づける説も生まれた。崎門派の儒学者谷重遠《たにしげとお》（一六六三～一七一八）は、渋川春海《しぶかわはるみ》（一六三九～一七一五）より神道を学び、丙戌年（宝永三〈一七〇六〉年）に聞いたところを翌四年にまとめた文章の中で、春海が「穢多」は異俗にあらずとしたのに対し、人皇《にんのう》紀（『日本書紀』の巻三以降）に多く諸国に蝦夷を配したことが見えるところから、「穢多」は「蝦夷民」を縮めたものであろうとの推論を注記している（『秦山集』巻一六甲乙録二　一一丁表）(9)。これも音の類似からの推測に過ぎないものであったが、その後、豊後日出《ひじ》藩の儒学者帆足万里《ほあしばんり》（一七七八～一八五二）は、弘化元（一八四四）年頃に著わした『東潜夫論《とうせんぷろん》』(10)第二覇府にて、「穢多」は「古奥羽ニ住セシ一種夷人ノ裔」であり、上古に蝦夷の俘を伊勢神宮に献上したところ、牛馬を食べて皮肉を投げ散らかし、神山の木を伐って叫呼したため、朝廷に請い諸国に移して佐伯部としたのが、「穢多」の先祖であると述べた。これは『日本書紀』第一二代景行天皇五一年八月条の記事によったものと見られるが、『日本書紀』には牛馬を食べて皮肉を投げ散らかしたとの記事は見えず、万里の想像でしかない。

さまざまな思いつきレベルの説が生み出された[11]のは、皮革づくりを賤視する理由を見つけ出そうとする発想が先にあったためであった。事実とは無関係に投げつけられる現代の「在日」「反日」認定と似たところがある。

　これらとは別に、『日本書紀』第二四代仁賢天皇の六年是歳条に「日鷹吉士《ひたかのきし》、高麗《こま》より還りて工匠須流《する》枳《き》・奴流枳《ぬるき》等を献る。今大倭《やまと》国の山辺《やまのべ》郡の額田《ぬかた》邑の熟皮高麗《かはをしのこま》は、是《これ》其の後なり」と見えることなどをもって、渡来人技術者を先祖とする説も登場した（福岡藩の国学者伊藤常足《いとうつねたり》〈一七七四〜一八五八〉が天保三〈一八三二〉年頃に藩主に提出した『屠児考《えとりこう》』〔盛田一九八二b〕など）[12]。これは、雑戸起源説《ざっこきげんせつ》とも関連するので、あわせて紹介したい。

　古代日本では、中国の制度を取り入れつつ、身分編制が行なわれた。大きく良と賤に分かれ、賤は、陵墓を守衛する陵戸《りょうこ》、官戸《かんこ》と呼ばれる官賤《かんせん》、家人と呼ばれる私賤《しせん》、公奴婢《くぬひ》・私奴婢《しぬひ》から成っていた。そして良身分の中には良のなかでも一段低い存在として、官司に所属し、鷹狩に使用する鷹の飼育や、製紙、高級織物生産、武器生産、馬の飼育等、特定の業務に従事する品部《しなべ》・雑戸《ざっこ》と呼ばれる人々がいた。皮革製造は雑戸のうちに含まれる。これらの特殊技能には、朝鮮半島由来のものがあり、渡来人技術者が多く従事していたと考えられる。しかし古代には百済王《こきし》氏・高麗《こま》朝臣氏のような百済や高句麗の王族・貴族の血筋を引く中級官人も存在しており、渡来人の血筋であることが賤視の理由になったとは考え難い。弘仁六（八一五）年に作られた平安京と畿内に居住する氏族の系譜書『新撰姓氏録《しんせんしょうじろく》』では、一一八二氏のうち三二六氏以上が渡来系であったとされており、およそ三割が渡来人の血筋であったという。

　では雑戸身分であったから賤視されたのであろうか。もしそうであるならば、甲作《よろいづくり》・靫作《ゆきづくり》・弓削《ゆげ》・矢作《やはぎ》・馬飼・鉄工・銅工など同じ雑戸とされた他の職業も、同様に賤視され続けたはずであろう。『続日本紀《しょくにほんぎ》』天平一六（七四四）年二月丙午条は、馬飼・雑戸人らを雑戸身分から解放したことを述べているが、そこでは彼らの氏姓が人の恥じるところであったと記されており、職業自体が賤視されていたわけではない。

そもそも雑戸が後世の「穢多」に連続すると考えることも難しい。雑戸は八世紀に解放が進み、古代を通じて縮小傾向にあった。実のところ、すでに一〇世紀段階で、皮革づくりに従事していた人々が雑戸として把握されていたかどうか、わからなくなっている。

以上とは別に、皮革づくりにともなう屠殺・皮剝ぎ・皮鞣しなどの作業過程が賤視の理由になったとの説もある。この点については、のちほど詳しく検討することとし、俗説の最後として、貧困について触れておきたい。貧困を理由とする差別は、残念ながら古代から現代にいたるまで当たり前のこととなっているが、前近代において、皮革づくりが貧しさそれ自体を理由に賤視されることはなかった。なぜなら皮革は高価であり、それを作る皮革づくりは一般農民に比較して豊かであったからである。そのことを物語る史料はいくつかあり、渡辺村に関しては資産家であった太鼓屋又兵衛の存在が有名である（［のび二〇〇二］など参照）が、別に渡辺村だけが特殊であったわけではない。ここでは黒川道祐《くろかわどうゆう》編纂による山城国の地誌『雍州府志《ようしゅうふし》』（貞享元〈一六八四〉年〜三〈一六八六〉年刊、国会図書館ほか所蔵）を紹介したい。同書巻八古蹟門上の愛宕郡悲田寺条には次のように記されている。

此ノ天部《あまべ》・悲田寺共ニ穢多ト号ス。元、牛馬ノ皮ヲ剝取ル。故ニ穢ニ触ルルコト多シ。因テ穢多ト称ス。或ハ皮太ト号ス。太ノ字、倭俗、助語の詞《ことば》ナリ。其ノ家富メル者多シ。然レトモ世人之ヲ忌ミテ、家居ヲ共ニセズ、座席ヲ同ジクセズ。（原漢文）

京都にほど近い天部村と悲田寺には、皮革作りや太鼓作り、草履裏革の修理をする人々が住んでいた。そこには富裕な家が多かったにもかかわらず、世人はこれを賤視し、座席を同じくすることはなかったという。

2 肉食・殺生・皮剝ぎ・匂い

次に、皮革づくりが賤視された理由として現在でもしばしば学術的に言及される説を取り上げ、検討したい。

前近代日本では、建前として肉食が忌避されていたが[13]、そのなかで皮革づくりは牛馬を食する存在として語られるようになる。一一世紀半ばの成立と見られる仏教説話集『大日本国法華験記《だいにほんこくほっけげんき》』の巻中第七三話には、山野をめぐって修行していた一人の僧侶が、九州で訪れた草庵で、人間のいっさいの行為は罪業につながるとして、あえて誰も食べようと思わない牛馬の死骸の肉を食べて仏道を求めようとする、浄尊《じょうそん》という法師に出会ったことが語られている。修行の僧侶は、最初、肉を食べる姿を見て「旃陀羅《せんだら》」（後述）を連想したものの、浄尊の話を聞いて、仏のようだと考えを改めたという。この説話は天永二（一一一一）年頃の成立と見られる往生者の伝記を収録した『拾遺往生伝《しゅういおうじょうでん》』にも収録されている（巻上二八）が、そこでは浄尊は「屠児」と明記されている。また一二世紀前半頃成立と見られる説話集『今昔物語集』にも収録されており（巻一五鎮西餌取法師往生語第二八）、そこでは浄尊が食べたのは「牛馬の肉」であるとされ、僧侶は最初、「餌取」「賤乞匃《あやしきかたい》〔丐〕ノ様ナル者」と思ったと記されている。

これらに登場する「屠児」「餌取（ゑとり）」は、源順《みなもとのしたごう》（九一一〜九八三）編の辞書『和名類聚抄《わみょうるいじゅしょう》』（巻二人倫部漁猟類）に引用される八世紀の実用的中国語辞典「楊氏漢語抄《ようしかんごしょう》」に見えるものである。今、「屠児」の項をここに掲げてみよう（古辞書叢刊所収大東急記念文庫本影印による）。

白鞣し皮　大阪人権博物館
『皮　今を生きる技』1999年刊より

楊氏漢語抄に云く、ーー《〔屠〕（衍）》居徒の反。訓、保布流。ーー《〔屠児〕》和名恵止利。牛馬の肉を屠り、鷹・鶏《〔鷄カ〕》の餌を取るの義なり。殺生し、および牛馬の肉を屠りて取り売る者なり。（原漢文）

これによれば、「屠児」は「えとり」という和訓を持ち、牛馬を屠って肉を売ったり鷹などの餌を取ったりする職業であった。「旃陀羅」とは古代インドで賤民とされ、屠畜や漁猟・死刑執行等に携わった人々であり、仏典においてしばしば蔑まれる存在、悪人として登場する。八世紀の「楊氏漢語抄」段階では屠児＝餌取であり、牛馬を屠ってその肉を売る職業と位置づけられていたが、いつしか、牛馬の肉を食べる存在として捉えられるようになり、それに仏教思想の影響を受けて「旃陀羅」が重ね合わされるようになっていった。

浄尊説話も、『大日本国法華験記』段階では仏道を追求したことにより死牛馬肉を食していたのに対し、『拾遺往生伝』『今昔物語集』段階になると「餌取」に重ね合わされるというように変化した。『今昔物語集』巻一五には、もう一つ「北山餌取法師往生語」という説話も収録されている（第二七）。比叡山の延昌僧正（八八〇〜九六四）が、若いときに修行していて、京都大原の西北にてやはり牛馬肉を食べる法師夫妻に出会ったが、この夫妻は食べるものがないため、餌取が取り残した死牛馬の肉を食べて生き長らえていたという。この法師は「餌取法師」とも記されており、死牛馬の肉を食べることが「餌取」と位置づけられている[14]。

肉食が実際には広く行なわれていたことを考えれば[15]、肉食それ自体が賤視の理由となり得ないことは明らかである。ただ一二世紀には、(死)牛馬肉を食することが、実際の職業とは無関係に「餌取」と結びつけられるようになっていたことに注目しておきたい。醍醐寺関係の記録を集成した『醍醐雑事記《だいごぞうじき》』の巻一四によって、これ以前、承暦四(一〇八〇)年六月一四日付の検非違使庁下文《けびいしちょうくだしぶみ》により「餌取」が醍醐寺に付属されたことが知られる。この「餌取」は、「楊氏漢語抄」に見えるような牛馬を屠る職業者ではなく、清掃を所役とする「キヨメ」を職能とする者であったと考えられる〔丹生谷二〇〇八〕[16]。すでに一一世紀段階において「餌取」は牛馬を屠るだけでなく清掃業務も担当する存在となっていた。死牛馬肉を食することを「餌取」と見なす考え方も、その延長線上に生まれたのではなかろうか。

次に、殺生や血の忌みを賤視の理由とする考え方について検討する。たしかに、神が血を嫌ったという記事は『日本書紀』にも見え(第一七代履中天皇五年九月壬寅条)、伊勢神宮に奉仕する斎宮の忌詞の中には「死」を「なほる」、「血」を「あせ」と言い換えることが規定されていた(延喜斎宮式5忌詞《いみことば》条等)。しかしその一方で、牛を殺して祭る祭祀や牛肉を祭祀に用いることもあり(『日本霊異記』中巻第五縁、『古語拾遺』御歳《みとし》神段)、鹿の血を撒くことによりイネの苗が速く生長するという神話が存在(『播磨国風土記』讃容郡郡名条)したりもした。血判によって誓いを立てる風習にいたっては、近世でもよく行なわれている。そもそも殺生が賤視につながるのであれば、武士が皮革づくりのようには賤視されなかった[17]ことはどう考えるのであろうか。

このように、殺生や血の忌みが賤視をもたらしたと考えることができないのは確かであるが、一三世紀後半成立の事典『塵袋《ちりぶくろ》』には「天竺ニ旃陀羅ト云フハ、屠者《トシャ》《ホフルモノ》也、イキ物ヲ殺テウル、エタ体ノ悪人也」と見え、この頃までに、「エタ」を生き物を殺して売る悪人と位置づける見方が生まれていたことが知られる。それには、仏典に見える旃陀羅を「餌取」で説明しようとする考え方が影響を与えたと考えられる（なお、［森二〇〇九］参照）。仏教思想が賤視を正当化した側面は否定できない。

　では皮剝ぎ作業、あるいは皮革づくりの過程で発生する臭気についてはいかがであろうか。よく知られているように、『古事記』中巻仲哀天皇段には、大祓《おおはらえ》において祓う罪のなかに「生剝《いけはぎ》・逆剝《さかはぎ》」が挙げられ、延喜祝詞式12大祓条の大祓詞（六月・一二月晦日に大内裏南面の朱雀門前にて行なわれる大祓の儀式にて唱えられる詞）では「生剝・逆剝」が天津罪《あまつつみ》に、「生膚断《いきはだたち》・死膚断《しにはだたち》」が国津罪《くにつつみ》に挙げられており、たしかに皮を剝ぐこと自体が祓《はらえ》の対象となるべき行為と考えられていた可能性が考えられる。ただ、罪は祓を行なうことによって解除されるものであるし、「畔放《あはなち》」「溝埋《みぞうめ》」「畜犯《けものおか》せる罪」「昆虫《はうむし》の災」など大祓詞に挙げられた他の罪とは違い、皮革製品は前近代社会にとって必要不可欠なものであるから、皮革づくりが「生剝・逆剝」「生膚断・死膚断」に該当するとは考え難いようにも思われる。また近世のことではあるものの、牛馬皮と鹿皮とが区別され、牛馬皮とは異なり、白皮鹿皮職は町人家業とされ、かならずしも賤視されていなかったこと［源城二〇〇六など］も考慮に入れる必要があろう。鹿皮生産と牛馬皮生産は、必要とされる技術にも差があったが、前者が狩猟によって捕獲されるのに対し、後者は死亡した家畜を利用する、という違いもあった。

　臭気については、動物の死骸が放つ腐敗臭が差別感をもたらし、また動物解体作業がもたらす河川などの環境汚染もそれに影響を与えたとの推測がある［松井二〇〇二・二〇〇五など］。たしかに、臭気や皮鞣しにともなう水の汚染などが差別を助長した可能性は考えられるであろう。しかし、すべての皮革づくりではなく、牛馬に関わる場合が特別に賤視されたということを考えると、臭気や汚染を賤視の本質的理由と見なすことはできない。また臭気は時代と地域を考える必要があり、現代の感覚で捉えるべきではないとの批判もある

［中世都市研究会二〇〇一］。悪臭の原因として最たるものは脳漿であるが、古代日本では、延喜内蔵《くら》式47造皮功条によれば鹿皮生産に用いられたようであり、牛皮には脳漿は用いず、日光にさらし足で踏んで、物理的にほぐし柔らかくしただけと考えられている［竹之内二〇〇八］［のび二〇〇九］。

もう一つ、賤視の理由として、これまで指摘されてきたことに死穢《しえ》の問題がある。死ぬことを「なほる」と言い換える斎宮の忌詞を先に紹介したが、古くから死を忌避する考え方があったことは記紀神話などにも見えている。皮革づくりが賤視されたことには、この死穢との関わりが想定されるが、しかし単純に牛馬を屠ることを理由にできないことは、先述した通りである。次節でこの問題を詳しく検討したい。

3 死体利用と賤視

九世紀前半の仏教説話集『日本霊異記《にほんりょういき》』上巻に次のような説話が見える（第二一縁）。

> 昔、河内国に苽販《うりひさ》ぐ人有りき。名は石別と曰ひき。馬の力より過ぎて重き荷を負《おほ》す。馬の往き得ぬ時には、瞋恚《いか》りて捶《う》ち駆《おひつか》ふ。重き荷を負ひて労《いたづ》き、両つの目より涙出づ。苽を売り竟れば、即ち其の馬を殺せり。是の如く殺すこと多遍《あまたたび》と為りぬ。後に石別、自ら、纔《ひただ》、涌《わ》ける釜に臨みしに、両つの目、釜に煮られぬ。現報甚だ近し。因果を信ずべし。畜生に見ゆと雖も、而《しか》も我が過去の父母なり。六道・四生は我が生れむ家なり。故に慈悲無くはあるべからず。（原漢文）

いつの時代の説話なのか不明であるが、上巻に収められていることより推測すれば、七世紀後半から八世紀前半の時期が想定されていると考えてよかろう。河内国の瓜を売る石別という人物は、馬に能力以上の荷を背負わせ、馬が歩けなくなると、怒って鞭をふるった。馬は重い荷を背負って疲れ果て、両目より涙を流した。瓜を売り終えると、石別は馬を殺すということがたびたびであった。のちに、たまたま煮えたぎっている釜に石別が近づいたところ、両目が湯気で煮られてしまった。現世での報いはすぐにあるものであり、因果応報のあることを信じなければならない。畜生と見えても前世における自分の父母であったりするものである。六道（死後に生まれ変わる地獄道から天上までの六つの世界）四生（生き物をその生まれ方によって胎生・卵生・湿生・化生の四つに分類したもの）は来世で自分が生まれるところでもあるのだから、慈悲の心を欠いてはならない。

因果応報を説き、動物に対しても慈悲の心を持つべきことを述べた仏教説話であるが、ここでは説話とはいえ、馬を殺すことがごく自然に行なわれていたということに注目したい。七世紀後半の藤原宮造営にかかる運河遺構から多数の東国産馬の解体骨が発見されており［山崎ほか二〇一六など］、この時期、騎乗に適さない牡馬は駄馬として使用され、使い物にならなくなったら殺して皮や肉を採る資源として活用されたと推測されている［馬場二〇一六］。

馬皮が価格がつけられ売却されるものであったことは、延喜主税式上（111駅馬不用条・115牧馬皮直条）や天平年間の正税帳《しょうぜいちょう》・郡稲帳《ぐんとう》の実例により知られ、おそらく牛皮も同様であったろう。ところが後世には、死牛馬は皮革づくりの人々（かわた）に無償で引き渡され、その処理権は「草場」などと呼ばれ、株として売買や質入れもなされるようなものとなった。

死牛馬が無償で皮革づくりに引き渡されたことをうかがわせる史料の初見は、源経頼《つねより》という貴族が記した日記『左経記《さけいき》』の長和五（一〇一六）年正月二日条である。[18] この日、経頼は、右衛門権佐頼任《よりとう》より、死牛の皮を剝いだ河原人が牛黄《ごおう》（牛の胆嚢に生じる結石。漢方薬）も見つけたという話を聞いたため、頼任がその河原人より牛黄を取り上げたということを聞き、日記に記し留めた。明記はされていないものの、頼任の話しぶりより、河原人は無償で死牛を引き取ったと考えられる。すなわち延喜主税式の死馬皮売却規定が作られた九世紀から『左経記』の記事が見える一一世紀前半までの間に、売却対象から無償払い下げへと、死牛馬の扱いが大きく変わったのである。

そのことは、牛馬をめぐる扱いのもう一つの変化にも対応している。すでに八世紀の段階より牛馬の屠殺を禁じる詔が出されている（『続日本紀』天平一三〔七四一〕年二月戊午〔七日〕条）が、この詔では、「馬・牛は人に代りて、勤しみ労《つと》めて人を養ふ。茲に因りて、先に明《あきらけ》き制有りて屠り殺すことを許さず。今聞かく、「国郡禁《いさ》め止むること能はずして、百姓猶屠り殺すこと有り」ときく。其れ犯す者有らば、蔭贖《おんしょく》を問はず、先づ決杖一百、然して後に罪科すべし」と述べられている（原漢文）。この詔自体は唐制の影響を受けたものと見られるが、先ほどの『日本霊異記』の説話同様、「百姓猶屠り殺すこと有り」として屠殺を行なう人が皮革づくりに限定されていないこと、さらに「蔭贖を問はず」とあり、官位を有する人間である可能性も想定されているという点が注目される。それが一一世紀までに、原則として牛馬は屠殺せず、死んだ時には皮革づくりを主とする特定の人々のみがそれを処理するという形に変化したのである。このような変化はなぜ起こったのであろうか。

一つには動物資源の有効活用という考え方や大乗仏教による殺生忌避思想に加え、ケガレ観念[19]の強化ということが挙げられるであろう。ただなぜ牛馬の皮だけなのかという問題は依然として残る。この問題を考えるうえで鍵となるのは、死牛馬が無償払い下げになったということである。屠殺せずに皮を得ようとするならば、死んだ後に皮を剝ぐ以外に方法は無い。それはすなわち牛馬の死体を加工（損壊）するということを意味する。とすれば、死体を加工（損壊）することへの嫌悪感が大きな意味を持ったのではないか。さらに

洛中洛外図屏風　旧高津本
17世紀（九州国立博物館蔵、撮影：山﨑信一）　皮を剝ぐ人々

それが死体を売買することへの嫌悪感へと進み、牛馬の死体は売買するに値しないもの、売買すべきでないものと考えられるようになったのであろう。なお、死体を嫌うのはケガレの観念からすれば当然との考え方もあろう。しかし古墳時代には人の死に際しては殯が行なわれており、少なくとも肉親の死体は身近な存在であった。仏教により火葬が導入されたことは、死者に対する感覚も変化させた可能性がある。

このような変化のなかで、牛馬の死体を引き取って加工する皮革づくりに対する賤視が生まれた。『今昔物語集』巻二九羅城門の上層に登りて死人を見る盗人のこと第一八は、芥川龍之介による翻案小説「羅生門」で有名になった、盗人が荒れ果てた平安京羅城門の二階に登る物語であるが、そこでは死体より髪を抜いて集める老婆の行為が盗みに等しいものとして描かれている。死牛馬から皮を剝ぐ行為も、それに類似の行為と見なされたのであろう。

これ以降、皮革づくりは、死牛馬と切っても切り離せない関係となった。時代は下るが、一七世紀初頭に刊行されたポルトガル語による日本語辞典『日葡辞書《にっぽじしょ》』（宣教師が日本語を学び、布教活動を行なうために作られた辞書）では、「河原の者」「皮屋」「長吏」「えった」という語に次のような説明が加えられている（『邦訳日葡辞書』による）。

Cauarano mono.　カワラノモノ（河原の者）　Cauaya（皮屋）に同じ。死んだ獣の皮を剝ぐ者であり、また、癩病やみの者に対する監督権をもつ者。

Cauaya.　カワヤ（皮屋）　帯皮製造人の家、または、単衣（Tabis）を作る靴造りの家。¶またその職人自身。

芥川龍之介（Wikipediaより）

Cauaya.　カワヤ（皮屋）　死んだ獣や牛の皮を剝いで皮籠（Cauagos）を作ることを業とする人。

Ch^ri.　チャゥリ（長吏）　死んだ獣の皮を剝いだり、牛の皮を剝いだりする人々。あるいは、癩病人に対して監督権をもっている頭（かしら）。

Yetta.　エッタ（ゑった）　Chŏri（長吏）に同じ。いろいろな仕事の中でも、死んだ馬や牛の皮を剝ぎ、その皮でさまざまの物をつくるのを職とする身分の卑しい人々。

いずれの語にも、その説明には「死んだ獣の皮を剝ぐ」「死んだ獣の皮や牛の皮を剝いで」という具合に、わざわざ「死んだ」という語が冠せられている。「獣（牛）を殺して」ではないということに留意したい。卑賤視が生じた理由として、もう一つ付け加えれば、皮革づくりが（体力は必要とするものの）暴力を伴わないものであるということも挙げられよう。同じ皮剝ぎであっても、狩猟によって鹿を捕らえることには強い賤視はなかった。暴力を肯定する価値観に基づけば、非暴力であることこそが蔑視の理由になるのである[20]。

むすび

皮革づくりが賤視されるようになった理由として、まずこれまでに挙げられてきた諸説を紹介し、それらが成り立たないことを論じた。鎌倉時代末以降、異国からの襲来者あるいは蝦夷の子孫との説が生まれたが、これらは賤視を正当化するために異国・異人への蔑視が重ね合わされたものであって、その逆ではない。また古代の雑戸に由来するとする説は、雑戸身分すべてが同様に賤視されたわけではないことから考えても、成り立たない。なお、貧困は現代でも差別の対象とされることが多いが、近世では、皮革づくりはむしろ富裕層と見られていた。

肉食が蔑視の理由に挙げられることもあるが、これについては肉食そのものというよりは、死牛馬の清掃に従事した「餌取」がその死牛馬を食したところから起こった見方と考えられ、一二世紀には死牛馬の肉を食べる者を「餌取」と結びつけるようになっていたことが確認される。いつしか仏教において賤民とされる旃陀羅と「餌取」をつなげる考え方が生まれた。

皮革づくりに際して発生する臭気や動物死骸の腐敗臭、動物解体作業にともなう環境汚染などを差別の理由と考える見方もある。これについてはたしかに、それが差別を助長した可能性は考えられるものの、牛馬に関わる場合が特別に賤視され、たとえば鹿皮加工に対する差別がそれほどではなかったということを考えれば、それを根本的な理由と見なすことはできない。

この点に関して鹿と牛馬との違いを考えてみると、鹿が狩りによって捕殺されるものであったのに対し、牛馬は家畜であったという違いがある。そしてもう一つ、八世紀段階では人々は鹿と同様、平気で牛馬を殺していたのに対し、九世紀以降、いつしか牛馬は寿命を全うした後に解体されるようになったということが挙げられる。また八世紀段階では、牛馬の皮は価格がつけられて、もとの所有者が売却していたのに対し、一〇世紀以降では無償で皮革づくりに払い下げられるようになっていた。この変化が、皮革づくりへの賤視と結びついているのではないか。とすれば、八世紀以降、九～一〇世紀にかけて、仏教などに基づく殺生を避けようとする思想の広まりや、資源の有効利用の観点から、牛馬の屠殺が禁止され、死んだ牛馬の皮を剝ぐようになったということがあり、それが死穢や死体損壊への嫌悪と結びついたと考えることができよう。

それにともなって、それまで働けなくなった時点で売却されていた不用馬も、斃れるまで働かされ、死んでから無償で皮革づくりに引き渡されるようになる。(21) なお仏教の広まりとともに殯《もがり》の風習が廃れて火葬が広まり、肉親の遺体が距離のある存在になったことも、死体に対する忌避感を強めることにつながったであろう。

一見、殺生を禁じることは無条件で良いことのように思える。また資源の有効活用も、それだけを考えるならば、皆、推進すべきことと思うであろう。しかし歴史的に見れば、そのような、ある意味中途半端な理念が皮革づくりに対する蔑視・賤視を生み出したと考えざるを得ない。死穢観念が残されたまま、というよりも、それがさらに強化されていくなかで、ただ単に牛馬の屠殺が禁じられたことに、問題があった。またさらに暴力に対する憧れ、あるいは非暴力であることに対する蔑みの感情は、現代にいたるまで多くの人々の心から払拭されていない。このことも、皮革づくりに対する賤視と無関係とは言えないであろう。

いったん蔑視の感情が生まれれば、その後はそれを正当化するために、さまざまな「理由」が付け加えられていく。本章では論じなかったが、近代以降も「科学」の装いをもってさまざまな差別を「説明」「理由づけ」していこうとする試みが繰り返しなされており、それは現在も絶えることがない。それは、そもそも思い込み（先入観、偏見）なしに社会生活を送ることが困難であるからでもある。レッテルを貼ることによって、より思考を単純化することができるし、差別する側に立つこと（マウンティング）は快楽にすらなる。逆にそれまで身にまとってきた固定観念を打ち砕かれることは苦痛であり、自己否定と感じることもあるであろう。しかしそれでも、負の連鎖を断ち切るには、出発点に立ち戻り、また宗教が差別の正当化に果した役割も含めて、自省していくことが必要である。

註

（1） 世界的に、皮革業は差別されることが多い職業であったが、差別の度合いは異なり、またそれぞれの社会や文化に由来する点も大きいので、ここでは日本社会のみを取り上げることにする。

（2）国学者本居内遠（一七九二～一八五五）が記した「賤者考」に、「今の世におきては賤者の中にも殊に別種として、際界甚しく見ゆる者は是なり」と見える（『日本庶民生活史料集成』一四、三一書房、一九七一年、五二〇頁）。皮革づくり差別は、特に血筋と結びつけられ、後述するような俗説が生み出されたほか、人間とは違った劣等種族であるかのような罵詈までも投げつけられた。

（3）［寺木二〇一八］および同論文所収書参照。

（4）農耕開始以前、狩猟と採集が生業の大きな割合を占めていた時代にも、皮革業が賤視されていたと考える人は、よもやいないであろう。

（5）なお本章に関連する論考として、筆者は［小倉二〇二〇］を発表している。

（6）新羅の日本襲来説の誕生過程については、［金一九九九］がある。

（7）同書については、［牧二〇一四］参照。

（8）なお、一七世紀頃に成立し、皮革づくりの村々に伝えられた『河原由来書』では、天竺毘舎利国の大王縁太羅王子を氏神とし、王子が切り落とした指が近江国志賀浦に流れ着いて人の形となり、河原者の先祖となったとの伝承を伝える［盛田一九七八］［脇田一九九一など参照］。このように皮革づくりの側からも異国人先祖説が生じたことについては注意する必要がある。

（9）甲乙録の編纂経緯については、『秦山集』巻一五甲乙録一冒頭および巻二二甲乙録八巻末参照。

（10）『帆足万里全集』上所収。

（11）以上の諸説の探索には［古事類苑政治部六六下編、三好一九四三］［盛田一九八二a・一九八二c］等を参照した。

（12）また文政九（一八二六）年の江戸参府のことを記したシーボルトの『江戸参府紀行』は、皮革づくりの村について「彼らの由来や素性に関しては、はっきりしない点が多い。非常に古い時代まではわからないが、おそらくその昔隣国朝鮮と戦った時の捕虜で、日本に連れて来られ後に赦されたものであって、これにほかの破廉恥な宿なしなどが加わったのであろう」と推測している（斎藤信訳〈平凡社東洋文庫、一九六七〉、一四二頁）。「日本差別史史料」（東京人権歴史資料館編『日本差別史関係資料集成』Ⅰ、科学書院、二〇〇一）は、これを文禄慶長の役と解しているが、そうではなく、いわゆる神功皇后伝承を念頭に置いての叙述であろう。さらに『慶長見聞書』（国立公文書館蔵）巻四では、幸手月輪院僧正の慶長一二（一六〇七）年一二月の言として、小野妹子が遣隋使として派遣された際に膠職人を連れ帰ったのが起源と記している。

(13) しかしそれも古来からのことではなく、たとえば律令などでは宮中祭祀のものいみの際に宍《しし》を食べることを禁じており（養老神祇令11散斎条、養老職制律9在散斎弔喪条、延喜臨時祭式49触穢応忌条）、逆に言えば、それ以外の際に食べることは問題なかった。

(14) 一三世紀後半に作られた語源辞書『名語記』の巻六では、「問、河原ノ辺ニ居住シテ牛馬ヲ食スル人ヲヱタトナツク、如何」と記され（北野克編勉誠社刊本による）、牛馬を食することが「ヱタ」の特徴として挙げられている。

(15) 多くの研究があるが、たとえば［原田二〇〇五］参照。仏教の教義においてもさまざまな考え方があり、かならずしも肉食を絶対悪とする考え方ばかりではなかった［道端一九八五］。

(16) ここから「餌取」＝「キヨメ」という関係を八世紀以来のものと考える余地も残されているが、『和名類聚抄』二〇巻本系統において「屠児（ゑとり）」が漁猟類に置かれ、キヨメ業務の説明が加えられていないことに留意すれば、同書編纂段階において同じものとは意識されていなかったと考えたい（『和名類聚抄』一〇巻本系統では、二〇巻本系統の漁猟類・工商類・微賤類・乞盗類の内容を男女類に一括している。一〇巻本系統と二〇巻本系統の関係については諸説あるが、一〇巻本系統原撰説が有力である［宮澤二〇一〇］［山田二〇一二、など参照］。二〇巻本系統への改編時期は源順自身の関与を考える想定から別人を考える想定まであり、決着がついていない）。

(17) 武士を「屠膾之類」「屠児」と呼ぶこともあった［戸田一九九一］が、皮革づくりへの賤視と同一視することはできない。

(18) 宮内庁書陵部所蔵九条家旧蔵鎌倉写本による。

(19) 古代以来、実体的な汚れのみならず、罪や災害・死なども「穢」であり、それは伝染するという考え方が生まれた。

(20) なお、［横井一九九八］で論じられる「楽しまれた殺生」についても考える必要があろう。

(21) 実際にどの時点（息があるうちであったか、息絶えた後であったか）で、皮革づくりの手に渡されたのかは、史料的には明確でないが、少なくとも建前としては「死後」であったと考えられる。

文献・史料

小倉慈司　二〇二〇「皮革生産賤視観の発生」『日本史研究』第六九一号
金光哲　一九九九「新羅「日本攻撃説」考」『中近世における朝鮮観の創出』校倉書房
源城政好　二〇〇六「牛馬皮と鹿皮」『京都文化の伝播と地域社会』思文閣出版（初出一九八六・一九八九）
竹之内一昭　二〇〇八「延喜式から読み取れる古代の皮革」『皮革科学』第五四巻第三号
中世都市研究会　二〇〇一「全体討論「都市と職能民」」同研究会編『〈中世都市研究八〉都市と職能民』新人物往来社
寺木伸明　二〇一八「日本史研究から見た身分・差別および部落差別のとらえ方」朝治武・谷元昭信・寺木伸明・友永健三編『部落解放論の最前線――多角的な視点からの展開』解放出版社
戸田芳実　一九九一「国衙軍制の形成過程」『初期中世社会史の研究』東京大学出版会（初出一九七〇）
丹生谷哲一　二〇〇八「中世前期における非人」『増補　検非違使――中世のけがれと権力』平凡社ライブラリー（初出一九八四）
のびしょうじ　二〇〇二「太鼓屋又兵衛伝・説」「浪速部落の歴史」編纂委員会編『太鼓・皮革の町――浪速部落の300年』解放出版社
のびしょうじ　二〇〇九「「かわ」と皮革史の概説」『皮革の歴史と民俗』解放出版社
馬場基　二〇一六「〈逢着の平城京（一六）〉古代馬の受難」『究』第六四号
原田信男　二〇〇五『歴史のなかの米と肉――食物と天皇・差別』平凡社ライブラリー（初刊一九九三）
松井章　二〇〇二「古代都城の環境汚染とその対策――特に斃死牛馬処理と屎尿処理を中心に」奈良文化財研究所編・発行『文化財論叢　Ⅲ』
松井章　二〇〇五「考古学から見た動物と日本人の歴史」脇田晴子ほか編『周縁文化と身分制』思文閣出版
牧英正　二〇一四『差別戒名の系譜――偽書『貞観政要格式目』の研究』阿吽社
道端良秀　一九八五「放生思想と断肉食」『道端良秀中国仏教史全集第三巻　中国仏教思想史の研究』書苑（初出一九六六）
宮澤俊雅　二〇一〇「倭名類聚抄の十巻本と二十巻本」『倭名類聚抄諸本の研究』勉誠出版（初出一九九八）

三好伊平次　一九四三『同和問題の歴史的研究』同和奉公会
森明彦　二〇〇九「三一権実論争と被差別民」寺木伸明・中尾健次編『部落史研究からの発信　第一巻（前近代編）』部落解放・人権研究所
盛田嘉徳　一九七八『河原巻物』法政大学出版局
盛田嘉徳　一九八二a「部落の起源について」部落解放研究所編『盛田嘉徳部落問題選集』同所（初出一九六六）
盛田嘉徳　一九八二b「伊藤常足の「屠児ノ考」」前掲『盛田嘉徳部落問題選集』（初出一九七六）
盛田嘉徳　一九八二c「江戸期における部落への史的関心」前掲『盛田嘉徳部落問題選集』（初出一九七九）
山崎健・覚張隆史・降幡順子・石橋茂登　二〇一六「藤原宮跡から出土した馬の飼育形態と産地推定」奈良文化財研究所研究報告17『藤原宮跡出土馬の研究』
山田健三　二〇一二「宮澤俊雅著『倭名類聚抄諸本の研究』」『日本語の研究』第八巻第一号
横井清　一九九八「殺生の愉悦――謡曲『鵜飼』小考」『的と胞衣――中世人の生と死』平凡社ライブラリー（初出一九八八）
脇田修　一九九一『河原巻物の世界』東京大学出版会

史料依拠刊本（本文・注にて言及したもの以外）

岩波文庫　『古語拾遺』
史料纂集　『師守記』
神道大系　『八幡愚童訓』甲本
新日本古典文学大系　『続日本紀』
新編日本古典文学全集　『今昔物語集』『日本霊異記』
増補続史料大成　『蔭涼軒日録』
続日本随筆大成　『享保世話』
日本古典文学大系　『日本書紀』

日本思想大系『古事記』『拾遺往生伝』『大日本国法華経験記』
訳注日本史料『延喜式』
沖森卓也ほか編『風土記』山川出版社　二〇一六『播磨国風土記』
佐伯有清『新撰姓氏録の研究』吉川弘文館『新撰姓氏録』
中島俊司編『醍醐雑事記』醍醐寺　一九七三『醍醐雑事記』
山崎誠編『塵袋とその研究』勉誠社　一九九八『塵袋』

【第五章】

牛の皮はこうして運ばれた！

――渡辺村商人の東アジア広域ネットワーク

阿南重幸

動物の死をともなう皮革業は、古来から「穢れ観」のターゲットとなってきた。しかし、その対象である牛皮はどのようにして調達されたのであろうか。江戸時代に西日本各地の皮革の一大集積地・生産地として知られた渡辺村へ運搬されてきた多くの生皮……。そのルートの鍵は、九州や東・東南アジアにあった。広いアジアをも交易圏内におさめる渡辺村〝皮革商人〟の広域ネットワークの実態を豊富な史料を使って明らかにする。

扉絵　江戸初期に描かれた阿蘭陀人（「外国人之図」松浦史料博物館蔵）より。南蛮貿易が盛んであった平戸の藩主・松浦家が長崎の画工に画かせたものとされる。

はじめに

「鎖国」時代と言われた江戸時代、海外との窓口は四つあった。そのうち北海道（蝦夷地）を除く三つの窓口（長崎・対馬・鹿児島）では、渡辺村皮商人を介する牛皮取引が行われていた。さらに皮商人は、西日本一帯で牛皮流通のネットワークを形成し、大量の牛皮を登坂し、日本の皮革産業の土壌を築いていた。

本章では、一六〇〇年代長崎の中国―オランダ貿易、一八〇〇年代の対馬―朝鮮貿易と薩摩―琉球貿易、これら三つの窓口を介した、大坂渡辺村皮商人の牛皮等商取引の実態を明らかにする。さらに、中国・オランダ貿易で牛皮の輸入が途絶えた一八世紀中盤以降、九州諸藩領における渡辺村皮商人の足跡を簡単に紹介する。

1　中国・オランダ貿易にみる牛皮の輸入

1. 近世初期の長崎

エスパニアの貿易商人アビラ・ヒロンは『日本王国記[1]』で、「寛永長崎港図[2]」に記される「かわたまち」を次のように記している。

市外の、最もひどい町はずれにいる、鼻高Bicos、雪駄Xequindas、金剛Congoなどの履物《カルサード》や草履《アルパルカ》を作る者たち、これらの人々は漁師らよりも低く見られているが、鹿皮をなめす連中も、彼らと一緒に住んでいる。しかし鹿やかもしか皮で足袋Tabisや手袋や袴《カルソン》を作る職人は尊ばれている。

ここでは、三つの観察が行われている。一つは履物や草履を作る者たちがおり、社会的に低くみられていること。また、鹿皮をなめす者たちも一緒に住んでいること。そして、鹿皮で足袋や手袋、袴を作る職人は尊ばれていること。したがって、前二者が「かわたまち」の説明であり、後者の鹿革職人は、それとは違う町の住民であることを示している。事実、先の「寛永長崎港図」には、中島川沿いに鹿革職人の町である「毛皮屋町」がみえ、この町を指していることは明らかである。ここでは、鹿皮鞣《なめ》し職人と鹿革職人は違う存在であることがわかる。（なお、「皮」は原皮を指し、「革」は毛などが取り除かれなめしたものをいう）ヒロンはまた別に、次のような観察も行っている。

日本では誰でも真面目な職業の職人だということは不名誉とされないどころか、いずれも芸術とも技能とも見なされている。ただし草履作りや皮なめし、奴隷や婦女売買の仲介者は例外で、こういうものはやはり、卑しい職業と考えられている。

また、「日本人特有の衣類について」の項で、履物について細かく説明している。草履や金剛の図が示され、鼻高は「藺草《いぐさ》を編んだ、ひどく目のつまった茣蓙《ござ》と、牛のあら革の底を合わせてつめものをしたもの」、雪駄は「筍の皮を編んで、それに生皮の裏をつけたもの」、尻切《しりきれ》は「二重に牛の革をかさねて、同じ牛の革のひもで縫い合わせ、黒く漆が塗ってある」、また金剛は「細かい藺草でできていて、底革がついている」とあり、「牛のあら皮」「生皮の裏」「二重に牛の皮をかさねて」などと、牛皮が履物にどのように使われているのかも説明されている。

『日本王国記』は天文一八（一五四九）年から元和元（一六一五）年までの記録であることから、「かわたま

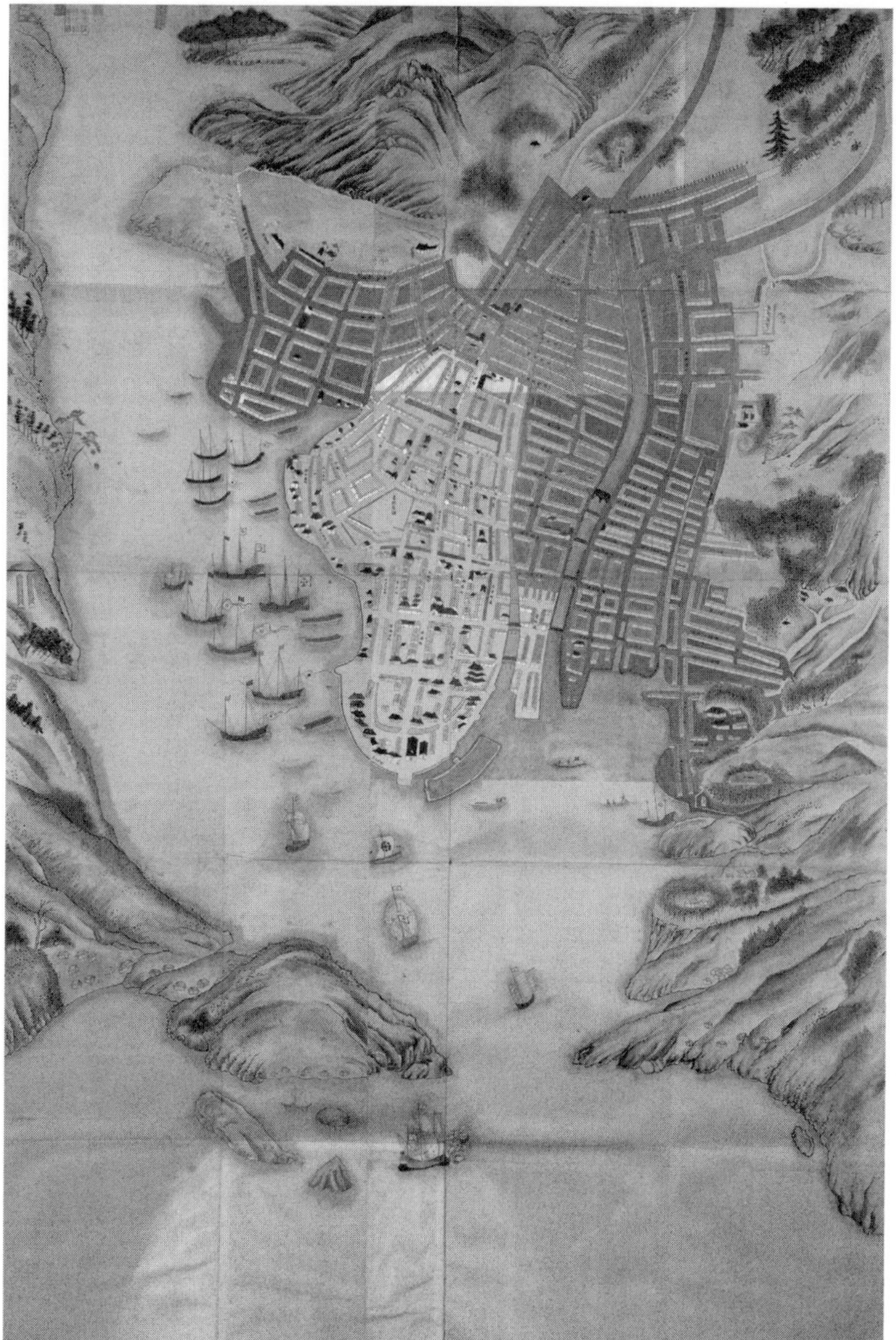

「寛永長崎港図」（明治17年、長崎歴史文化博物館蔵）

ち」は少なくとも一六一五年には成立していたことがわかる。なお、長崎の町づくりは元亀二（一五七一）年の六ヶ町建立から始まり、天正八（一五八〇）年イエズス会へ譲渡されるなど、当初はキリシタンの集住する町として始まったが、しだいに各地から貿易商人が集まり内町を形成した。そして「かわたまち」を含む外町は職人町として慶長二（一五九七）年から建設される。したがって、「かわたまち」は、都市づくりの一環として、他の職人町と同様、住民が集住して成立したのである。しかし、この町は慶安元（一六四八）年、北部の馬込《まごめ》（西坂）に移転する。『大音寺私記《だいおんじしき》』には、「上人奉行所へ仰せ付けられ候は北平《きたひら》皮屋にて、（一部欠）を追い立て馬込に御遣成され候、さてかわやは大音寺に北平は晧台寺《こうたいじ》に明地を下され候[3]」とあり、キリスト教撲滅のために仏教勢力の増強を図る奉行所の政策により、「北平」と「かわや」は移転を強制されている。この両地が被差別民の住む「かわたまち」であり、この町はのちに「皮屋町」と称され、都市長崎の膨張に伴い、六〇年後の享保三（一七一八）年、さらに北部の馬込郷に二度目の移転をする。ちなみに、「寛永長崎港図」にある近隣の「毛皮屋町」は鹿革職人の町であり、のちに新橋町と名を変え、長崎の秋の大祭お宮日の踊町の一つとなる。

中国・オランダ貿易による皮革輸入の舞台は、西坂時代のかわた町（のちの皮屋町）である。ちなみに馬込郷への移転は、輸入牛皮が途絶えた時期と重なる。また、西坂の刑場で五五名が処刑された「元和の大殉教」（一六二二年）を境に、キリシタンは壊滅されるが、それまでキリシタンであったかわた町住民もすべて転宗を余儀なくされた。宣教師が残した記録には、次のように記されている。

> この機会に殉教者から生じた二番目の大きな偉業は、獣類の皮をはぐことを職業としている皮屋cuyayaの上に起こったことです。これらのものは牢の番をし、死刑になるものを縛って連れていく仕事もしています。この者たちは今から二年前十二人の聖殉教者が焼かれた時（一六一八年十一月二十五日）と同じ

ように今回も、罪であることを知っているので、処刑の仕事に出ていこうとしませんでした。キリシタン代官平蔵は彼らのうち三人を呼び出し、「自分の職業であるのになぜ出てこないのか」と叱責しました。彼らは「絶対にすることはできません。神父から教えられたからです」と言いました。（中略）この人々は日本で最もさげすまされている貧しい人々ですから、聖殉教者フライ・エルナンド・デ・サン・ヨセフ及びフライ・アロンソ・デ・ナバレーテ両名は彼らに施しを与え、ミサを捧げ秘蹟を授けて彼らを援け、そのために小さな礼拝所を造りました。

と、キリシタンが次々と処刑されるなか、かわた町住民のキリシタン弾圧への抵抗を伝えている［佐久間一九七六］。

2. 渡辺村皮商人の軌跡

大坂渡辺村について、文久二（一八六二）年に書かれた『役人村由来書』に、「和漢革問屋」として都合一二軒の者が「年々長崎表へ諸革類入札買い取りに罷《まか》り越、長崎町方に旅宿仕り、買取（候）義に御座候」と、長崎貿易に加わったことを伝えている［原田一九七一］。

この和漢革問屋に関して、『西浜町に関する資料』には、「（慶長年間の頃）堺浦に往来して外国人と貿易し唐物を大阪市に鬻《ひさ》ぎ傍ら皮革の販売をなしぬ、（略）元和元年徳川氏の代となりしより先きに唐物を販売せし者は長崎港に往来し、和蘭、支那の両国人と貿易して盛に唐物を大阪に鬻ぎ尚皮革を兼業とすること前に同じ、時人これを長崎問屋と称せり」と紹介し、岸辺屋三右衛門・河内屋吉兵衛・大和屋四郎兵衛・明石屋助右衛門・備中屋吉左衛門・日向屋仁右衛門・住吉屋与宗兵衛・豊後屋太右衛門・淡路屋孫右衛門・讃岐屋治郎兵衛・大和屋与四郎・池田屋七郎右衛門と、一二人の名前を挙げている［盛田一九八二］。

しかし、ここでいう慶長・元和期に堺や長崎で貿易に関わったとする長崎問屋の、真偽や実態は明らかにされていない。ただ、のちに述べるように、延宝元（一六七三）年に定められた輸入品（牛皮）の割り振りに、大坂・長崎の「かわた」が数えられており、後年、皮集荷のために九州諸藩に出入りする渡辺村商人の屋号を見ると、長崎問屋のそれと多くが重なっていることがわかることから、単なる由来書として片付けられない内容である。

3．平戸オランダ商館の仕訳帳にみる「カワヤ」商人と、「商館日記」にみる皮革類の輸入

平戸オランダ商館の仕訳帳には、平戸オランダ商館と取引のあった商人と取引高が記されている［加藤一九九八］。ここでは、カワヤ・シンクロウ（細川家の代理人）、カワヤ・ソーゲン、カワヤ・ジューエモンと「カワヤ」を称する商人が登場する。例えば、

一六四〇年　一月一日　カワヤ・シンクロウ　40、100テール
　　　　　　一月一二日　カワヤ・シンクロウ　80、000テール
　　　　　　一〇月一五日　カワヤ・ソーゲン　スホイト銀　159、000テール
　　　　　　一二月三一日　カワヤ・シンクロウ　180、000テール

などである。このカワヤ・シンクロウは「細川家の代理人」と紹介されており、ほかにも、「カワヤ」を称する商人が幾人か登場するが、彼らは、けっして卑賤視されておらず、のちに、かわた＝えたと定式化される身分集団ではないことが推察される。

また、この時代の輸入皮革は、主に鮫・鹿・牛等であるが、仕訳帳には船名・出航地・皮革の種類・量が示されているので、二例紹介する（「」内引用は『平戸オランダ商館の日記』『長崎オランダ商館の日記』から引用）。

一六四〇年
八月一〇日　フライト船カストリクム号
カンボジア産鹿皮　75、530枚
鮫皮　3、870枚
皮革　3、395枚　牛皮100枚に付23テール
「快晴。南の風。今朝、河内浦の港に、船が到着したとの報告を受けた。恒例の検査の後、これはフライト船カストリクム号であることがわかった。カンボジアから、鹿皮、鮫皮、黒漆、その他、103、250グルデン16スタイフェル4ペニングを積んで、先月同地を出航したものである。更に上記のヤハト船リズ号は、昼間積み下ろしを終わり、フライト船エンゲル号も、同様に荷物を下ろすため、この場所に曳航《えいこう》された。」
一六四一年（七月より長崎「出島」商館での取引）
八月一日　スヒップ船コーニンギン・ネ号
シャム産鹿皮　50、370枚
鮫皮　33、346枚
「朝、当番のボンジョイらは昨日の決定により、検視のためフロイト船オランジェンボームに行き、同船並びにロホの大砲を会社のサンパン船で奉行邸前の広場に運び、両フロイト船の火薬、銃器、鎗剣《けんそう》、鉄砲弾薬等を士官の剣と共に、外

国人の軍用品宛の皇帝の庫に納めた。また食料品も数日分のみを船に残し、大部分を庫に納めた。
　また次の禁令を守るよう命ぜられ、署名した。

禁令

現南季節風期に当地に着いたオランダの第一船及び第二船で持参した牛肉、鹽《しお》豚肉、アクラ酒、イスパニアおよびフランスの葡萄酒、オリーブ油その他キリシタンが通常使用するものを日本人、支那人又は外国人に売り渡し、交換し又は贈与してはならぬ。若しこれに背く者があれば、商館長は責任上、国法により罰せられる、浅岡助之丞殿、植松左兵衛殿、鈴木助右衛門殿、中澤太郎左衛門殿　署名、以下略」

この日記には、大砲を奉行所前の広場に運んだこと、火薬・銃器類を皇帝の庫に納めたこと、食料品の大部分を庫に納めたことなどが記されている。また、牛肉類や葡萄酒等はキリシタンが使用するものとして、日本人、外国人を問わず、売り渡し・交換・贈与が禁じられている。島原・天草一揆から四年、キリシタンへの警戒が示されている。

以下に、鹿皮・牛皮の輸入のみを『長崎オランダ商館の日記』から抽出してみる。

一六四一年一一月七日　フロイト船ザイエル
　鹿の皮　　26、380枚　　コイホイデン（牛の皮か）　14、053斤

一六四二年八月二四日　ヤハト船パーウ
　鹿の皮　　19、140枚　　大鹿の皮　1、150枚

一六四三年八月一〇日　ズワーン（シャムから）
　鹿の皮　　54、440枚

同日　オランジェンボーム（カンボジア）
鹿の皮　20、990枚　牛の皮　428枚
一六四三年一〇月一〇日　ヤハト船ワールテル・ホンド
台湾鹿の皮　6、780枚　バタビア皮　880枚
一六四四年八月一日　フロイト船カストリクム号（台湾から）
鹿の皮　9、000枚
一六四四年八月三〇日　帆船ズワーン（バタビアからシャム経由）
バタビアから　製革　682枚
シャムから　鹿の皮　62、800枚　牛の皮　2、500枚
同日　フロイト船ペール
鹿の皮　8、910枚
一六四四年九月一七日　ヤハト船リロ
大鹿の皮　41、547斤　鹿の皮　13、230枚
一六四四年一〇月六日　フロイト船カペルレ
台湾鹿の皮　7、880枚　シャム鹿の皮　3、844枚
一六四八年八月四日　フロイト船ベルクハウト　リーフデ　二船
牛の皮　158枚
鹿の皮　102、150枚　牛の皮　4、949枚
一六五二年九月四日　フロイト船サンダイク

鹿の皮　41,900枚

比較的輸入量の多いものを拾い上げてみた。ここ挙げたものがすべてではないが、概略はつかめる。出航地は、シャム・カンボジア・バタビア・台湾等である。

4. 中国船・オランダ船の皮革輸入

筆者はすでに、皮革類の輸入について、永積洋子編『唐船輸出入品数量一覧一六三七〜一八三三年――復元　唐船貨物改帳・帰帆荷物買渡帳』から、主に、鹿皮・牛皮を抽出し検討を試みたことがある［阿南二〇〇九］。同書は、「オランダ商館日記」「バタヴィア城日誌」および「東インド到着文書」の中から、唐船の輸出入商品に関する記事を選び出し、通辞がオランダ人に渡していた文書の原型、――「唐船貨物改帳」「帰帆荷物買渡帳」――への復元を試みたものであるとされ、「唐船輸入目録――唐船貨物改帳」(寛永一八・一六四一年〜天保三・一八三二年、ただし天和二・一六八二年〜享保一〇・一七二五年の記載がない)と(付録)「唐船輸入品年度別目録」(寛永一四・一六三七年〜宝永元・一七〇四年)の二つの輸入に関する記録が掲載されている。ここでは、前者のみを分析の対象とする。

表1は「唐船輸入目録――唐船貨物改帳」から、牛皮の最も多かった天和二(一六八二)年の鹿皮・牛皮の輸入数量を、出航地と日付ごとに一覧にしたものである。この年の船ごとの数量を単純に加えると、鹿皮が九万八、〇九六枚、牛皮が二万八、七四一枚である。鹿皮のレコードは寛文三(一六六三)年の二四万五、三五四枚でこの年以降、天和元(一六八一)年までは欠落しているが、記載のある寛永一八(一六四一)年から、天和二(一六八二)年までが皮革輸入の最盛期と言えよう。

表2も、同書から鹿皮・牛皮の輸入を編年的に抽出したもので、およその動向を探ることができる。こ

表1　天和2（1682）年　鹿皮・牛皮の輸入量（唐船輸入目録—唐船貨物改帳より）

品目	数量	出港地	出典
牛皮	42	広東船	1682.6.26 (v.o.c.1377)
牛皮	33	東京船	1682.6.29 (v.o.c.1377)
牛皮	1548	シャム船	1682.6.30
鹿皮ヤマウマ	1034		(v.o.c.1377)
鹿皮アタマ	41		
鹿皮第二種	346		
鹿皮第三種	3169		
牛皮	11070	バタビア船	1682.7.19 (v.o.c.1377)
鹿皮ヤマウマ	1829	シャム船	1682.7.20
鹿皮アタマ	980		(v.o.c.1377)
鹿皮第二種	505		
鹿皮第三種	639		
牛皮	1622		
牛皮	2646	バタビア船	1682.8.5
鹿皮ヤマウマ	1810	シャム船	(v.o.c.1377)
鹿皮第二種	4694		
鹿皮第三種	6699		
牛・水牛皮	900		
鹿皮ヤマウマ	5818	カンボジア船	
鹿皮第二種	25954		
鹿皮第三種	324		
牛皮	1383		
鹿皮ヤマウマ	55	台湾船	1682.8.11
鹿皮第二種	54		(v.o.c.1377)
鹿皮第三種	60		
牛・水牛皮	4054		
鹿皮ヤマウマ	58	広東船	1682.8.17
各種鹿皮	118		(v.o.c.1377)
牛皮	885		
鹿皮ヤマウマ	2020	シャム船	
鹿皮第一種	335		
鹿皮第二種	1449		
鹿皮第三種	784		
牛皮	2241		

品目	数量	出港地	出典
ヤマウマ	1717	台湾船	1682.8.23
鹿皮第一種	2264		(v.o.c.1377)
鹿皮第二種	4740		
鹿皮第三種	2378		
牛皮	15		
鹿皮ヤマウマ	2290	台湾船	1682.8.28
鹿皮第一種	2430		(v.o.c.1377)
鹿皮第二種	4322		
	1743		
鹿皮第三種	27		
牛皮			
牛皮	1035	シャム船	1682.9.4
鹿皮ヤマウマ	1070		(v.o.c.1377)
鹿皮ヤマウマ	49	コウチ船	
鹿皮第一種	112		
鹿皮第二種	26		
鹿皮第三種	148		
牛皮	833		
鹿皮ヤマウマ	2101	台湾船	1682.9.8
鹿皮第一種	2369		(v.o.c.1377)
鹿皮第二種	4000		
鹿皮第三種	1703		
牛皮	10		
鹿皮ヤマウマ	1837	台湾船	1682.9.24
鹿皮第一種	1310		(v.o.c.1377)
鹿皮第二種	1622		
鹿皮第三種	550		
鹿皮ヤマウマ	9	台湾船	1682.9.27
牛皮	3		(v.o.c.1377)
鹿皮ヤマウマ	177	シャム船	
鹿皮第一種	14		
鹿皮第二種	147		
鹿皮第三種	193		
牛皮	394		

の「目録」では、先にも記したように、天和三（一六八三）年から享保九（一七二四）年まで欠落している。また、享保一〇（一七二五）年を除いて同一九年までも「年欠」「なし」であり、享保二〇（一七三五）年は水牛皮がわずか九枚あるのみで、享保年間のおよそ五十数年間の輸入高が不明である。その後、元文五（一七四〇）年に鹿皮が、一、七九四枚とわずかに増えるが、同年の牛皮は二三〇枚である。鹿皮の数量が多い宝暦四（一七五四）年を除くと、鹿皮・牛皮の輸入量は、享保期を境に極端に減少している。ただ、幕末期には、それまでなかった赤（黒）牛皮が輸入されるようになる。

表3は、山脇悌二郎『長崎の唐人貿易』から「正徳元年（一七一一）唐船舶《はく》載品《さいひん》並数量表」の皮革類を抽出したものだが、この時点では、いまだかなりの取

阿蘭陀船（「阿蘭陀船図・唐船図」神戸市立博物館蔵 photo: Kobe City Museum/DNPartcom）

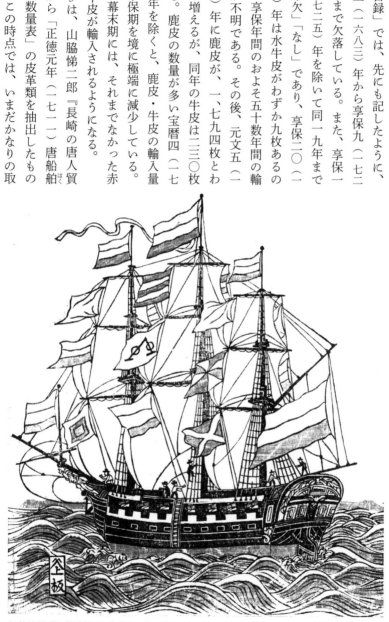

表2　鹿皮・牛皮等の輸入（唐船輸入目録―唐船貨物改帳より）

年　代	鹿　皮	牛　皮	水牛皮
慶安元（1648）年	21,490枚	10,982枚	
承応2（1653）年	73,592枚	24,145枚	
万治元（1658）年	53,275枚	9,072枚	
寛文3（1663）年	245,354枚	6,059枚	
天和2（1682）年	98,096枚	28,741枚	
元文5（1740）年	1,794枚	230枚	
寛保2（1742）年	11,583枚	488枚	
延享4（1747）年	5,230枚	2,400枚	
宝暦4（1754）年	21,983枚	566枚	（683枚）
文化11（1814）年	赤牛皮 4,413枚	黒牛皮 10,761枚	

表3　正徳元（1711）年鹿皮・牛皮等の輸入
（正徳元〈1711〉年唐船舶載品並数量表より）

山馬鹿皮	13,863枚
大撰鹿皮	6,379枚
中撰鹿皮	14,493枚
こびと鹿皮	28,981枚
みとり鹿皮	3,891枚
牛皮	5,391枚
はるしあ皮	767枚
す皮	121枚

引が行われていることがわかる［山脇一九七二］。

このように、皮革類の輸入は、一七〇〇年代初頭までが主で、それ以降は「目録」に記載される天保年間までは、ほとんど見るべきものがない。

オランダ船の輸入は、先の二つの商館日記に一六四〇年代から五〇年代にかけての輸入品の中に皮革類がみられ、鹿皮で数万枚、牛皮で数千枚の輸入があった。山脇悌二郎氏は「出島商館仕訳帳」から、「出島における胡椒・蘇木《そぼく》・鮫皮・鹿皮の取引数量」を作成している［山脇一九七八］。これには、寛永一八（一六四一）年から寛政一二（一八〇〇）年までの取引量が記され、鹿皮は寛永から万治年代にかけて一〇万枚を超え、元禄年間にも一〇万台を超えた年もあるが、後は数万枚台で推移し、享保三（一七一八）年からは全くなくなっ

ている。山脇悌二郎氏はその事情について、

（鹿皮）の輸入は寛永〜万治年代（一六二四〜六〇）が最盛期で、年に十万枚以上の販売例が多い。明暦二年（一六五六）の十九万五七四枚がレコードである。寛文年代（一六六一〜）に入ると、それまでの三分の一以下に減る。上述のように、一六六一年にはタイワンを失ったから、タイワン鹿皮の輸入はなくなり、また一六六七年（寛文七）からはカンボジア鹿皮の輸入がやむからである。同年以降はシャム鹿皮のみの輸入となる［山脇一九八〇］。

と言う。また商館の販売する牛皮にも言及し、それはシャム皮であり、多い時で五千枚程度、一八世紀からは仕入れをやめ、ジャワの水牛皮を輸入した、としている。

こうして、台湾・カンボジア産の鹿皮の輸入はなくなるが、宝永期（一七〇四〜一一）から正徳四（一七一四）年までのオランダ船・中国船の積荷を収録する「唐南蛮貨物帳」の宝永六（一七〇九）年「阿蘭陀船四艘売立帳　丑九月二一日」には、いまだ鹿皮・牛皮の輸入が記されている。そこには、「はるしあ皮三、〇三九枚、水牛角六、八九二本、山馬皮一万一、六七三枚、鹿皮一万三、四八〇枚、こびと皮一、一六一枚、牛皮一、四五八枚」、このうち牛皮一枚の値段が一一匁弐分壱厘余りとされ、合計金額が「銀一六貫三五〇目壱分」とある。さらに、正徳二（一七一二）年は、バタビア船・シャム船で四隻の入港があり、牛皮は合わせて二、三二五枚、四番船では、ほかに山馬皮一万二一五枚、鹿皮三万六、七五一枚が輸入されている［石田一九八四］。

5. 輸入皮革はどこから

なお、先の「唐船輸入目録」には、中国船の出港地が記されている。中国では、福建省《ふっけんしょう》安海・漳州《しょうしゅう》・福州・厦門《アモイ》・泉州、広東《かんとん》省の広州、浙江《せっこう》省の舟山《しゅうざん》・瑞安《ずいあん》・寧波《ニンポー》・乍浦《サクホ》、南京《ナンキン》、東京《トンキン》などである。また、ベトナ

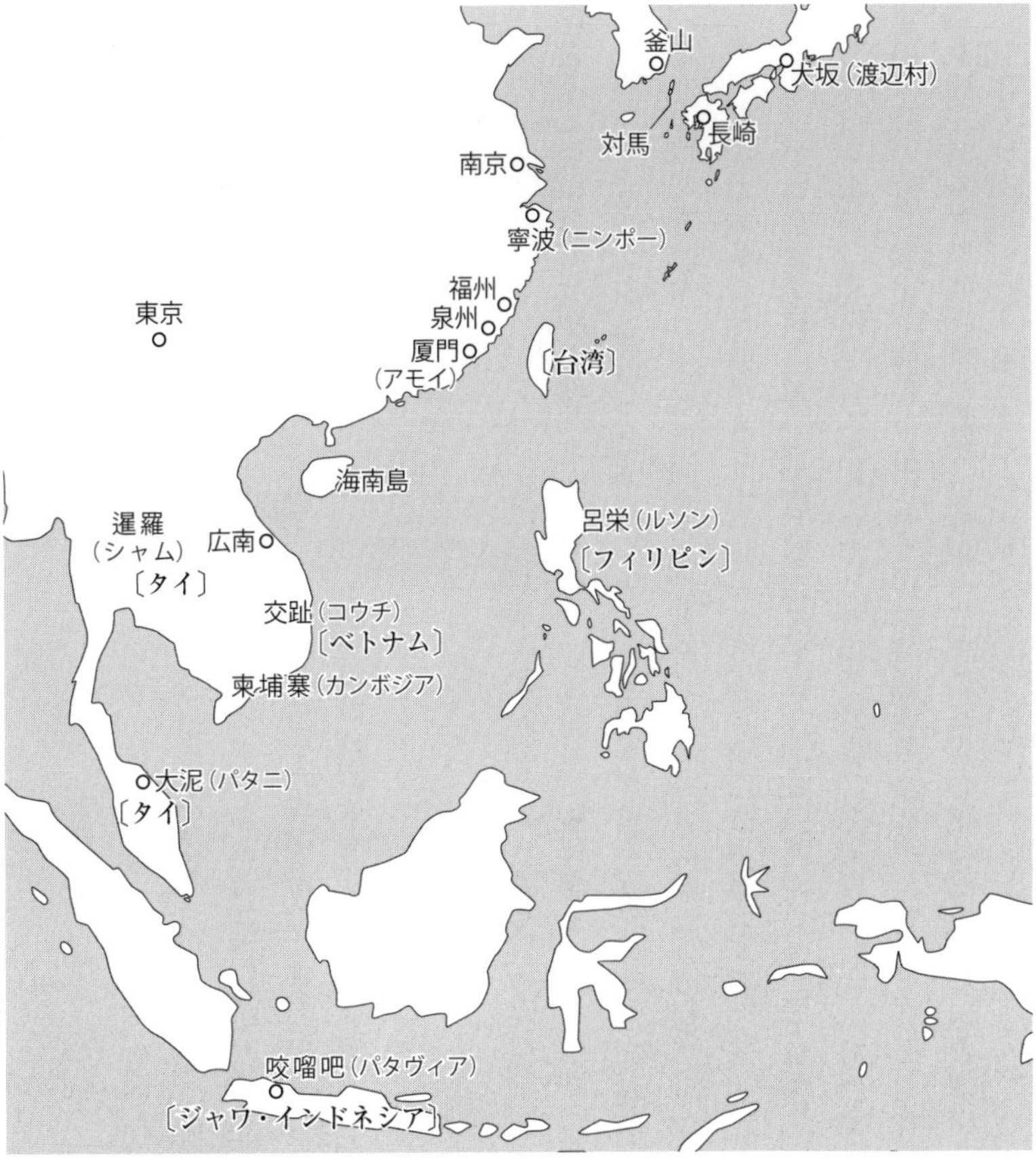

東アジアの皮革流通
＊永積洋子『唐船輸出入品数量一覧』に掲載された「唐船に関係ある地名一覧」地図を参考に日本を含め作成

ムの広南・コウチ、マレー半島のバタニ（タイ）、シャム、カンボジア、バタビア（ジャワ）、台湾などが挙げられる。寛文三（一六六三）年の鹿皮取引数量の産地ごとの内訳は、カンボジア（九万二、七一〇枚）安海（六万三、三六五枚）台湾（五万五、七四五枚）シャム（一万三、〇八五枚）広南（六、五六〇枚）温州（三九〇枚）である。牛皮は、カンボジア（二、六〇七枚）広南（二、七二二枚）安海（二八五枚）シャム（三七五枚）である。表2にあるように、牛皮輸入が多い年は、承応二（一六五三）年の二万四、一四五枚と、天和二（一六八二）年の二万八、七四一枚で、前者がカンボジアに集中していることに対して、後者はバタビアが半数を占め（一万三、七一六枚）、次がシャム（七、九四七枚）で、残りは各地から少量ずつの輸入となっている。

6. 皮革の種類

輸入された皮革類について、『長崎の唐人貿易』には、先の「正徳元年（一七一一）唐船舶載品並数量表」にある輸入品について、説明が加えられている。(4) ここでは、皮革類について抜き出しておく。

山馬鹿皮　『和漢三才図会《わかんさんさいずえ》』は「野馬《やまむま》」の字を当て、馬の絵を入れてあるが、『本草綱目啓蒙《ほんぞうこうもくけいもう》』（巻の四十二獣之二）は、両者を別物としている。その皮は厚く、肌のきめは密でない。裘《かわごろも》・足袋《たび》をつくる。

大撰鹿皮　「大」は大小の大、「撰」優良品の意。

こびと鹿皮　こびと鹿は、牝《めす》には牙があるというから、鹿ではないようである。その皮肌は、すこぶるこまやか・なめらかであってレンズを磨くに用いる。足袋をつくった。

みとり鹿皮　みとり鹿皮は、牡《おす》には牙があるというから鹿ではないであろう。その皮は軟美であって、裘《かわごろも》・陣羽織・ズボン・鉄砲を入れるズック・足袋・手袋などをつくるに珍重された。

はるしあ皮　ペルシャ産の皮革。「はるしあ」はペルシャ。彩色したなめし革であって黒・黄・紅・緑・赤の五色がある。

す皮　素皮。「す」は手を加えない意。

このうち、「こびと」「みとり」は鹿ではないとされるが、これはボルネオ・スリランカに生息する「ホエ鹿」である。(5) さらに、皮革類の輸入について、

皮革は鹿の皮と鮫の皮が主である。鹿皮は皮陣羽織《かわじんばおり》（鎧の上に着る）、大名奥方の火事装束の上衣、足袋・ズボン、鉄砲の袋などをつくり、鮫皮は刀の柄《つか》・鞘《さや》に用いた。ハルシャ皮もかなり多い。これはペルシャ産の着色した牛の皮であったらしく、馬具に用いられている。す皮で輸入された牛の皮も少なくない。これは中間品であって、丹殻《たんから》（紅樹皮ともいう）でなめしていたらしく、長崎と大坂の「かわた」は、これを専業にしていた者であった［山脇一九七二］。

とあり、「す皮で輸入された牛の皮」をなめすことを専業とする「長崎と大阪のかわた」の存在が指摘されている。

7. 輸入された牛皮はどこに？

国立公文書館に所蔵される「唐《とう》阿蘭陀《おらんだ》商法《しょうほう》―第六　五ヵ所幷諸国商人之人数分限高之事」によれば、仕法貨物商法(6)の開始時の寛文一二（一六七二）年六月、奉行所（二三代長崎奉行牛込忠左衛門）が、長崎に到着した商人たちの従来の取引実績もしくは資本金の調査を行い、全国商人を五区分（長崎・京・大坂・堺・江戸と支配下の商人）し、資本高により大中小三等級の商人に分け、翌延宝元（一六七三）年の輸入購入高を決定したものである。このうち「長崎商人」の項には、商人五、四一二人と、また、「外ニ」として二一五人が記さ

れ、そのなかに九人の「長崎かわた」が含まれている。すなわち「拾九貫弐百十六匁三分四厘　長崎かわた九人　是は牛皮にて被下候」とある。ここには、鮫屋（四三人）伽羅（香木）屋（二八人）菓子屋（四五人）錫屋（三人）切皮屋（五四人）裁売《たちうり》（二二人）子年牛皮目利（一〇人）織物屋（一人）等が「外ニ」と区別して挙げられており、「右の品々家職に仕り渡世送り来り候者どもそれぞれの貨物を願い申し候故、吟味を遂げられ、その者ども家職になる貨物色々とらせ申され候」と但し書きが付けられている。（なお引用した史料は、部分的に読みやすいように表記している。）

また、菓子屋には砂糖（五七四斤）が、錫屋には錫（三千斤）が、織物屋には白糸（五〇斤）が渡され、かわたには一九貫余りに見合う牛皮が渡されている。これらは商人というよりも職人たちの取り扱い実績である。これらの分限高は、長崎商人に割り当てられた「銀高一万一四四貫余り」には含まれておらず、「家職に渡世する」二一五人は長崎商人のみの仕法である。ただし、牛皮に関しては、大坂商人の項で「外に二〇貫二〇〇匁　但牛皮にて被下候厠貨物」とある。この「厠」は「かわや＝かわた」であり、長崎同様牛皮が渡されている。ここでも、大坂商人の分限高に入っていない。両所のかわたの牛皮購入高は、合計すると四〇貫四一六匁余りとなる。前項のオランダ船で牛皮一枚の値段が一一匁弐分壱厘余りとあったが、単純に当てはめると、三、六七四枚程度となる。

時代は下がるが、約百年後の寛政三（一七九一）年の改正貿易仕法に基づく長崎会所の会計明細書「長崎会所五冊物二　唐船商売荷物元払等大意訳書付」［長崎県一九六五］には、次のような記録がある。

一　穢多共牛皮持渡高一〇歩一買請の儀は、一ヵ年御定高御座無く、年分一〇艘持渡次第牛皮惣高の一〇歩一、前々より元値段にて買請仰付られ、相残分五ヵ所商人幷惣穢多共入札仰せ付けられ、払代銀は、荷渡当日より五〇日限会所へ相納め申し候、尤も近年持渡これなきに付、前々持渡候年々平

均の積りを以て、左の通り相立置申し候、
年分一〇艘持渡高の積、元代一八〇目程
一　元代銀一八匁程
牛皮持渡高一〇歩一、穢多除高一枚六歩の積り
但、これは年々牛皮持渡高元買直段、平均一枚に付一一匁二分五厘の積り

これを整理してみると、①「穢多」が輸入される牛皮の一〇分の一を元値段で買い取るという仕方は、一年間の定高ではなく船一〇艘のそれである。②残った一〇分の九は五ヵ所商人と「惣穢多」が入札する。③近年は牛皮の積荷がないので、以前輸入した量の平均で見積もっておく。④一〇艘の持渡高の見積りは元代銀で一八〇目であり、元代銀は一八匁ほどとなり、牛皮一枚六歩として三〇枚である。したがって、平均した牛皮の持渡は三〇〇枚となる。⑤ただしこれは元値段であって、平均で一枚一一匁二歩五厘である。

実は先ほどの仕法貨物商法の時代、中国船・オランダ船が長崎に入港し、その積高（指値価額）が銀二〇〇〇貫を想定した場合の割振りを示す史料が残されている。[7] 二〇〇〇貫と想定された荷物は、「除物」（九貫五五〇匁—四・八%）「二ヶ一除物」（宿町・付町—中国船の船宿）（六四貫四八三匁三三—三二・二%）「会所にて入札売払」（六三%）と三種に分けられ、このうち、「除物」九貫五五〇匁のうち、「大坂長崎穢多共」へは、「三百目　是は牛皮持渡の分穢多共に買せ候」とある。これは、「除物」のおよそ三%を目安としており、鹿皮の場合「七百目　革屋共　是は新橋町[8]毛皮屋共七歩半元値段にて買せ候。但鹿皮一万枚の時七百五十枚一枚に付一匁積り」がおよそ七・五%であるので、同じように考えてよいと思われる。

さてこの二つの史料を比べてみると、輸入された牛皮のうち、前者が一〇%であるのに対し、後者は三%である。ということは、延宝時代から寛政時代にかけて、かわたが元値（原価）で買い取る率が増えたこと

を示しており、また残りの牛皮は、五ヶ所商人とともに、かわたが入札するという仕法が継続していることもわかる。

また、享保元（一七一六）年に成立したとされる「崎陽群談《きようぐんだん》」には、「一　牛皮出銀　是は多くは穢多へ買取候而出銀故、前々より御運上には不相納候事」とあり、入札された牛皮の多くが、かわた（「穢多」）に渡っていることがわかる。(9)

以上、輸入牛皮とかわたの関わりを叙述してきたが、ここに渡辺村という名が出るわけではない。あくまで、大坂かわや・長崎かわた・大坂長崎「穢多」という記載である。しかし、次節以降でみる対馬藩や鹿児島藩が朝鮮や琉球との牛皮取引を行い、その大部分が渡辺村に送られたこと、また、九州各地で収集された牛皮も同じく渡辺村との取引であることから、「役人村由来書」にある一二軒の「和漢革問屋」と同様の商いではないだろうか。

ちなみに、幕府が行った市場調査である正徳四（一七一四）年の「従諸国大坂江来ル諸色商売物員数幷《ならびに》代銀寄」には、「和毛革　四、八〇六枚」とともに「唐革　二万一、五〇三枚」と記されており、大坂に運ばれる革は、輸入革が国内産の四倍を超えている。また同年の「従大坂諸国江遣候諸色商売物員数幷代銀寄帳」は、諸国に流通する加工された革製品として、雪駄が五九万七、四八〇足を数え、その銀高は実に一、一七四貫二四五匁である。雪駄の製作は部落の独占産業であり、大坂のかわた村に大いに潤いを与えたと思われる。ほかに皮革製品として、革羽織（三、一八九）、革頭巾（一、八〇八）、革足袋（五万九、五四四足）などがある［大石一九六六］。

2　対馬藩の朝鮮貿易と大坂渡辺村

江戸時代、対馬は対朝鮮貿易の窓口であった。対馬藩は、幕末期には年数万枚の牛皮を輸入し、大坂に送っていた。朝鮮からの牛皮輸入開始時期は寛政年間（一七八九～一八〇一）とされ［塚田一九九二］、『筑前国革座記録』には、文化八（一八一一）年出雲屋六右衛門の「乍恐口上」に、「対州様、従朝鮮国年々数万の牛皮御取集被為成、御産物と唱、大坂表へ積登、繁栄被為在候」［福岡一九八一］とあり、輸入牛皮の大部分が大坂に廻送されたことがわかる。

「朝鮮交易覚書」[10]には、輸入された牛皮を含む商品の扱いについて、「一体の出入勘定且牛皮・木綿外の品々をも両家の引請に示談仕り候間」とあり、両家とは、加嶋屋作次郎・近江屋楢之助で、両者が「一体の出入り勘定」で牛皮・木綿等を取り扱ったことが記されている。これは、福岡藩で柴藤が皮座を請けた際、薩摩や対馬の例を参考に挙げ、「問屋は平町人の者に御座候」とあるから、大坂に廻送された牛皮は町人身分である両者が窓口となり、その後渡辺村商人の手に渡ったものと思われる[11]。

なお、嘉永四（一八五一）年の「御出入積別帳」では、「銀七六五貫目　牛皮三万枚」が見積もられており、端薬種類や木綿など総額銀一、三七五貫目の五五・六％を占めている。また、安政二（一八五五）年にも、牛皮は三万五、〇〇〇枚が見積もられており、対馬の朝鮮貿易における牛皮取引が、交易の重要な位置を占めていたのがわかる［橋口和孝二〇一〇］。なお、橋口和孝氏は、牛皮の輸入量について、

文政七年（一八二四）　一万五、〇〇〇枚　　天保初年（一八三〇頃）　二万五、〇〇〇枚

弘化元年（一八四四）　一万一、〇九三枚　　弘化二年（一八四五）　一万五、九三九枚
嘉永四年（一八五一）　三万枚（見積）
安政二年（一八五五）　三万五、〇〇〇枚（見積）
慶応元〜三年（一八六五〜六七）平均　一万五、八九〇枚

としている［橋口二〇一八］。

また、釜山にあった対馬藩の対朝鮮通商の窓口である「倭館《わかん》」（東萊《トンネ》倭館）では、都中と呼ばれた貿易商人が牛皮の朝鮮国内での流通を握っているが、牛皮の生産構造や朝鮮の被差別民である「白丁《ペクチョン》」との関連については不明である［金二〇〇五］。

さて、対馬藩は逼迫状態になった財政の打開策として殖産《しょくさん》を図るため、寛政元（一七八九）年紙漉き職人などとともに、飛地であった肥前田代領から雪駄職人（かわた）の招致を行った。対馬ではそれまでかわた（＝えた）身分とされる人々は存在しなかった。つまり産業振興策のために部落が形成された特異な地域である。ところで、その手続きなどを整えるための口上書等に、「尤も御国皮ばかりにて不足の分は朝鮮より皮取り寄せ候義、御免仰せ付けなされ[12]」とあり、雪駄産業の振興の前提として、すでに朝鮮からの牛皮輸入が念頭にあったことがわかる。

なお、寛政元年に招致された雪駄職人は、斃牛馬の皮剝ぎという行為への百姓の拒否感や、雪駄の生産が軌道に乗らなかったことから、寛政八（一七九六）年残らず帰郷を申し付けられた。その後、文化一〇（一八一三）年、ふたたび招致されるが、ここでも、「皮の儀、朝鮮出且田舎にて斃れ牛馬の皮売り渡し候て」と、朝鮮牛皮の使用が目論まれている［長崎二〇一〇「御郡奉行毎日記」］。したがって、朝鮮から輸入された牛皮の大方は大坂に廻送され販売されたが、対馬では、雪駄生産が軌道に乗り材料皮が不足した場合の目論見と

して、朝鮮皮を当てにしていたのである。

3　薩摩藩と渡辺村商人——牛馬皮・小物類の大坂回送

1．牛馬皮・小物類の大坂回送

すでに、渡辺村から鹿児島藩への骨粉《こっぷん》の移入については、その解明が行われている［中尾二〇〇四］［坂元二〇一〇］。また牛馬皮の流通については『大阪の部落史（史料篇近世三）』に紹介された文政二（一八一九）年の「覚」をもとにする研究がある［塚田二〇〇五］［のび二〇〇九］。

本項ではこれらの研究に学びながら、鹿児島藩の牛皮の集荷ならびに大坂移送、渡辺村商人との取り決めから、その実態を把握することとしたい。まず、『大阪の部落史』から最初に紹介する史料は、「薩摩藩の牛馬皮類仕法の変更にともない売支配に吉田喜平次支配人嘉兵衛ら、買請人に渡辺村の榎並屋宗助らを指定する（綱文）（大阪歴史資料コレクション）文政二（一八一九）年六月」で、これをのび氏は、鹿児島藩皮専売制の始まりだとする［のび二〇〇九］。

薩州様御領分薩摩・大隅・日向右三ヶ国ならびに琉球その外島々より出産の牛馬皮ならびに小道具類、これまで大坂御蔵屋敷廻着の分は御名代へ売支配を仰せ付けられ候処、今般御国許において御仕法立ちならられ、御国産の牛馬皮類一円に御蔵屋敷着に相なり、右荷物この方へ売支配仰せ付けられ候に付、下買請の儀其元《そこもと》弐人引き請けたき段申し出られ候に付、熟談の上其元弐人に限り売渡し候約定に及び候処相違これなき候、然る上は引き請け方の儀、兼て申談じ候通り麁略《そりゃく》これなき様取り計らい致さるべき候、

よって約定一札如件

灘住吉村　吉田喜平次支配人
呉田屋嘉兵衛

文政二卯年六月

大坂安治川　吉田喜平次出店支配人
呉田屋杢兵衛

榎並屋宗助　殿
播磨屋弥兵衛殿

前文の通り約定に及び候処相違これなき候に付、奥書致し印形候、以上

卯六月　　吉田喜平次

とする吉田嘉平次の「覚」である。薩摩藩で生産される牛馬皮はすべて蔵屋敷に集荷し、呉田屋嘉兵衛・呉田屋杢兵衛の両人を売支配とし、榎並屋宗助・播磨屋弥兵衛を下買請人とするとある。この下買請人二人は、大坂渡辺村の皮商人である。ここでは、そのルートが、簡単に示される。

薩摩・大隅・日向・琉球・その外島々 → 薩摩本国 → 薩摩藩大坂蔵屋敷（新家蔵所）→ 売支配人 →

買請人（渡辺村商人）

ところで、年月日不詳の「覚」「唐物仕法に準じた薩摩藩牛馬皮・小道具仕法が作られ、渡辺村売渡しまでの具体的実態が記される（綱文）」［大阪歴史資料コレクション］を図表化すると、次の通りである。

薩摩・大隅・日向・琉球島々出産の「牛馬皮」

「牛角・牛馬爪・馬尾・馬髦（たれがみ）」（小道具類）

←

薩州御国元

←

薩州船

←

大坂蔵屋敷（新家蔵所へ水揚げ）

←

御蔵屋敷御役人衆御開封、御改め（↓　公儀へお届け）

←

唐物方御与力衆掛かり　東西御同心衆
糸割符惣年寄衆　唐薬問屋年行司衆五人
薬種仲買衆　行司衆　惣会所物書衆
右御人数御立合御見分成し下され滞りなく相済み候後

←

渡辺役人村へ売渡申し候、尤も代銀掛け出しの事

さらに、この「覚」では次の点について確認が行われている。

① 国元（薩摩）に手代四人を送り詰居させる。ほかに皮類目利の者を七人当地（大坂）で雇う。同所に土蔵・皮会所を建てる。

② 薩摩・大隅・日向三ヶ国に「えた村」が六〇ヵ村ある。
一年一村で牛馬皮がおよそ何程出るかについて見積り、元金を貸付ける。

③ 三ヶ国ならびに琉球島々から出る牛馬皮類は、一年で惣高およそ金八千両国元（薩摩）で入用である。
なお、この金子は当地（大坂？）から持っては行かない。京・大坂・江州（近江）ら呉服そのほか諸商人が薩摩に行き、この者たちが持ち帰る金子を為替とするので、国元で金子を受取、大坂では代金を渡すようにする。

④ 薩摩で集めた荷物は、四百石以下二百石までの手船三艘渡海させ、国元に集まりしだい積登らせ、前文のように着船・見分け売り渡すように。ただし、夏季四月から八月までは船積みを休む、船中で虫付きがあるから、九月初旬から積み出すように。

⑤ 右に付年中凡そ見積
凡そ金八千両　国元において一ヶ年為替取組申し候高
右月割

八百両	正月	七百両	七月
七百両	二月	五百両	八月
六百両	三月	六百両	九月
四百両	四月	七百両	十月
四百両	五月	八百両	十一月
四百両	六月	千両	十二月
四百両	閏月	〆	八千両

⑥　荷物登り高船数は、凡そ八・九艘より数艘、代金一艘で凡そ一、二〇〇〜一、三〇〇両、惣代金凡そ一万二、三〇〇〇両　一ヶ年登り荷物売り払い高

以上が「覚」の前半部である。①では、薩摩に手代四人を送る。皮類目利きの者を七人大坂で雇い、土蔵・皮会所を建てる、とある。②では、「薩摩・大隅・日向三ヶ国にえた村六〇ヵ村程これあり」とあり、史料後半部には「国元六〇ヵ村のえたども前金貸付これあり」と、また「尤も登り荷物見込みを以て、渡辺村皮商人へ出金掛合候は、早速前金差し出し候得共」と記されている。この「前金」とは、九州他藩で行われていたシステムである。皮代金を前払いして、それに見合う牛皮を登坂させるもので、借用銀（豊後府内藩）、先納銀（豊前小倉藩）ともいった。したがって、薩摩六〇ヵ村の「えた村」では、渡辺村商人から「登り荷物見込みを以て」前金を貸付金として事前に渡され、その分の牛皮を集荷し皮会所に納めたのである。ここには記されていないが、他藩ではこのシステムがのちのち、返済滞りという形で多く訴訟沙汰となっている。③では、三ヵ国ならびに琉球島々から出る牛馬皮類の代金は、一年間でおよそ八、〇〇〇両必要である、とされる。⑤はその金額を月割りしたものである。なお、文政三（一八二〇）年四月の「書付を以申上候」では、「薩州御屋敷様御国許より御登仕の革御物、この度大宝丸仙右衛門積み登り候御物牛馬皮一〇六丸・小道具類入箱三つ、筵包一五箇合わせて二一四箇」とあり、このうち、「牛馬皮一〇六丸」とは、のび氏によれば（前掲［のび二〇〇九］）、一丸とは米俵五〇〜六〇キロ目安とされ、牛皮六枚から一〇枚程度とされる。したがって、一〇枚であれば、この月積み登った牛皮馬は一、〇〇〇枚余りとなる。

⑥では、年間の「荷物登高船数」を八・九艘から数艘とし、代金一艘につき、およそ平均一、二〇〇〜一、三〇〇両と見積り、六・七・八・九月は休みとある。これは、④「夏期四月より八月までは船積み相休み申

し候、船中にて虫付申し候に付、国元にて相囲み積み登り申さず、九月初旬より国元積み出し申すこと」と照応している。なお、⑥については、「右の通り凡そ見積に候得共、海上三百里も相隔て候遠国の儀に付、返々変化これあり候得共、凡そ見積かくのごとく御座候」と、海上遭難の心配であろうか、危惧が示されている。

また、文政三年六月には、牛馬皮三、七一五枚、小道具類八五品が大坂に送られ、その刎銭《はねせん》を合わせて銭一九貫文受け取ったことを示す証文が、薩州仲間惣代伝右衛門から吉田喜平次名代呉田進兵衛に送られている。

なお、明治二（一八六九）年藩内産物には、牛馬皮二万枚が挙げられている［名瀬市史編さん委員会一九六三］。

2. 琉球その外島々より出産の牛馬皮

薩州御国元には、薩摩・大隅・日向と「琉球その外島々」出産の牛馬皮が集められた。慶長一四（一六〇九）年薩摩藩が琉球を侵略した後、慶長一六（一六一一）年の記録には、沖那波・けらま・与部屋・いぜな・伊恵嶋・となき嶋・栗嶋・久米・やえま・宮古島等の島々から毎年納められる「物数の目録」の中に上布六、〇〇〇端（さつま上布、宮古・八重山で生産される上等の麻布）などと並んで「うしの皮二百枚」が

九州諸藩、奄美、琉球、釜山（朝鮮）と渡辺村

数えられている［鹿児島県歴史資料センター黎明館編一九八四］。道の島と称された奄美諸島では、馬尾・牛馬皮・馬爪・牛角および鶏卵等が畜産品として挙げられ、馬尾や牛馬皮は藩が買い上げたとされる。また、大島では文政一〇（一八二七）年に牛馬皮取締役場を建て、同一三年には間切横目牛馬皮掛を置いた。また天保財政改革の際は、「産物方に付属して、琉球島々の牛馬皮を大坂に売り出し」とある［鹿児島県一九四〇］。また、『大阪の部落史』に紹介された「大阪歴史資料コレクション」には、薩摩から砂糖や皮革などを大坂に積み登った亀吉丸という船が、途中、兵庫に立ち寄り、風呂谷村えた三人に「琉球牛皮・道の島牛皮・地方牛皮」を売り渡したということで、抜け荷の疑いで捕らえられている。ここでも、琉球・道の島の名が上がっている。

4 九州諸藩の牛皮流通

天保一三（一八四二）年に作成された「諸色取締方之儀ニ付伺い奉り候書付」には、牛馬皮は年間一〇万枚が五畿内ならびに西日本各地から持ち込まれていたが、天保一二年には七万枚に落ち込んだとある。正徳四（一七一四）年の「従諸国大坂江来ル諸色商売物員数并代銀寄」には、「和毛革　四、八〇六枚」「唐革　二万一、五〇三枚」の記載があるが、先に見たように、享保期を境に鹿皮・牛皮の輸入は途絶えており、以来、皮の供給は国内各地の生産地に頼らざるを得なくなった。そのことが、原皮市場を活性化させ、渡辺村皮商人の交易ネットワークの形成につながるのである。

さて皮革の輸入が途絶した数十年後、宝暦年間（一七五一〜六四年）から、渡辺村商人の屋号である太和屋・明石屋・豊後屋・太鼓屋・岸辺屋・河内屋等の名前が、九州各藩の記録に次々と現れる。このなかには、先にみたように、先納銀（前銀）の貸借をめぐる訴訟の記録がある。在地のかわた村は渡辺村皮商人から前納銀を借り受け、期限を設けて、それに見合う牛皮を登坂させ、返済するシステムがつくられている。例えば、寛政九（一七九七）年、豊後岡藩では、かわたが和泉屋利平枝衛から皮荷物前銀として銀四二貫目（約七〇〇〇両）を借り、七年で返済すると取り決めるが、返済が滞り、大坂町奉行所へ訴えられている。銀高もかなりの量である。こうした牛皮集荷に伴う前銀制のシステムは、他のすべての藩領でも同じである（[阿南二〇一七]）。

〔豊後府内藩〕府内藩の「かわた村」と大坂の渡辺村との関わりは早く、元禄年間（一六八八～一七〇四）から始まる。井蕪村からたびたび商事で登坂しているが、天明六（一七八六）年には、渡辺村平兵衛が当地に皮商売のため滞在しており、また、前銀返済が滞り、大坂町奉行所で訴訟が行われている。豊後屋・明石屋・池田屋などの名が見え、太鼓屋が大坂皮問屋の座を獲得している。

また、府内藩記録には、寛政三（一七九一）年、大坂町奉行所から府内藩にある二つのかわた村に、牛馬皮に関わる次のような問い合わせがあったことも記されている。近年牛馬皮高値になり皮細工の品も高値になり、職人たちが難渋しているので、かわた村皮問屋を呼び出して糺《ただ》したところ、登り皮減少のためとわかった。また、一〇年前に比べると三分の一になっているというが、皮荷物はほかの品物と違い豊凶に関わらないはずであるが、登り皮減少は確かか、というものである。先の天保一二年の七割方への減少に比べると、さらに少なくなっていたことがわかる。

〔豊前小倉藩〕小倉藩は、文化年間（一八〇〇年代初頭）に牛馬皮の登坂が抜け荷を防ぐため、大和屋の一手買いのもとで行われたが、それ以前には、岸辺屋・河内屋・福田屋などが領内に入り込んでおり、ここでも、滞銀訴訟が頻繁に行われている。幕末期には、太鼓屋が一手買いの権利を有し、太鼓屋は鹿皮・小道具も扱っている。

〔筑前福岡藩〕福岡藩では、慶長一〇（一六〇五）年に播州室津の孫左衛門が早良郡内野村に居住、皮なめしの技術を伝える。記録では、宝暦八（一七五八）年、大和屋などから堀口村「かわた」が滞銀で訴えられており、以前から取引の実態がある。文化八（一八一一）年、博多商人柴藤は、大阪皮問屋を海老屋善右衛門とするが、「すべて毛付の皮類は平町家では取り扱わない作法」のため御産物と届け、町方問屋から渡辺村岸辺屋吉郎右衛門に売り渡すことを条件に許可が下り、革座を受け持った。大和屋・明石屋・出雲屋・池田屋・播磨屋などの名が見え、福岡藩のかわたは、筑後・肥後・豊後・肥前の皮集荷の権利を持っていた。

〔肥後熊本藩〕熊本藩では、天保一六（一八四五）年河内屋が独占の権利を持った。また翌年御郡七カ所のかわた村に皮集所を置き、藩への御用滑皮《ぬめかわ》・細工用滑皮・河内屋という三つの流通システムを作っている。領内かわたは、天草（幕府領）でも約一、〇〇〇枚の牛皮集荷を行い、領内七ヶ所に集荷された牛皮は、御用皮・細工皮・登坂の三種に分類されていた。

〔日向延岡藩〕天保五（一八三四）年に皮会所の記載が見られ、嘉永六（一八五三）年には、御城附・宮崎・高千穂の村々に、斃牛馬皮買入のとき「小前の者、取り隠さず売り渡し候様」と、抜け荷などの懸念によるか、通達が出る。明治二（一八六九）年、「牛馬皮方覚」が太鼓屋から延岡御内用方へ出され、大坂での入札状況や船代などの詳細が記されている。太鼓屋は大坂に運ばれた牛馬皮を仕切り、明久・住吉・岸辺屋・池田屋・伊勢屋・井筒屋などに入札させている。日向から大坂渡辺村までのルートは次のようになる。

村々（皮の集荷）→皮方会所→船で搬送（肥後支配肥後屋丈右衛門船松若丸）→蔵屋敷（大坂）→太鼓屋（売り支配）→入札→渡辺村（皮商人）

おわりに

被差別部落の歴史に接し、「差別と貧困」あるいは「閉じられた部落」をイメージしていた筆者にとって、大坂渡辺村皮商人の、対中国・オランダ貿易、九州諸藩の部落を介する皮革流通、そして幕末期における朝鮮、奄美・琉球からの牛皮輸入等、海外を含む交易ネットワークの展開は、それまでの筆者の部落史観を一変させるものであった。

中国・オランダ貿易においては大量の皮革類が輸入されていた。鹿皮が多いが、牛皮も、多い年は二万枚を超え、ここでは、大坂・長崎のかわた村が輸入牛皮の配分を受けた。享保元（一七一六）年の『崎陽群談』には、「牛皮出銀　是は多くは穢多へ買取候而出銀故」とあり、輸入牛皮の多くは彼らに渡っていたことがわかる。ここには「渡辺村」が登場するわけではないが、一八世紀以降に見られた九州各地の牛皮収集の有様、対馬の朝鮮貿易、薩摩の牛馬皮類の大阪廻送の取り決めからも、牛皮流通に関しては、ほぼ渡辺村皮商人が独占的な位置を占めていたことがうかがえる。それは、「牛馬皮の流通は強い身分的制約のもとに存在」［塚田一九九二］したわけで、そのことが逆に牛馬皮流通における「かわた」の特権をもたらしたといえる。

註

（1）アビラ・ヒロンは、エスパニアの商人とされ、フィリピンを出航したフランシスコ会使節の日本船に便乗、一五九四年平戸に着いたが、すぐ長崎に向かった。一六〇七年までは、マニラやインドに旅行しているが、一六〇七年以降は日本にいた。最後の消息は一六一九年で、その後の足跡は不明である。なお、同書末尾に「この報告を、今日、六一五（一六一五）年三月十八日水曜日に閉じる。長崎の位置にて」とある。

（2）「寛永長崎港図」長崎歴史文化博物館蔵、長崎最古の町絵図とされる。現在の寺町にある浄土宗大音寺・曹洞宗晧台寺を隔てる「弊振坂」上に「かわたまち」と記されている。

（3）『大音寺私記』。かわたまちの移転後、曹洞宗の晧台寺と共に、この地に進出してきた浄土宗寺院の日記。文中（一部欠）としたのは、長崎図書館に所蔵される『大音寺私記』は、何かの事情で、該当するこの箇所のみが原史料になく、万年筆による書き入れがなされているからである。

（4）［山脇一九七二］。ここでは、絹糸・反物・砂糖・薬物・香料・鉱物・皮革・食品・書物などが数量化され、またその用途などの説明が付されている（一三二頁）。

（5）二〇〇二年八月、福岡で開催された第七回全国部落史研究交流会での報告に際し、全体集会で記念講演を行われた松井彰氏より、こびと鹿皮・みとり鹿皮は、スリランカからボルネオに生息するホエ鹿ではないかとのご指摘をいただいた。記して感謝申し上げる。

（6）仕法貨物商法とは、寛文一二（一六七二）～貞享二（一六八五）年に行われた貿易仕法で、五ヶ所（堺・京都・大坂・江戸・長崎）商人から選ばれた目利役評価額を参考に、長崎奉行が価格を決定した。

（7）中川忠英『長崎記』東北大学付属図書館狩野文庫蔵。

（8）この町は、前項で見た鹿皮職人の町である「毛皮屋町」のことである。町名を改められている。新橋町毛皮屋とは、被差別民ではなく、町人身分である。この時代は原則として鹿皮の扱いは「かわた」の領分ではなかったとされる。

（9）牛皮出銀とは、「掛り物」という関税のことで、元禄一二（一六九九）年には、輸入牛皮の掛り物率は一四割とされた。

（10）［長崎二〇一〇］。「朝鮮交易覚書」対馬藩の「宗家文書」（記録類Ⅲ朝鮮関係c－6）には、嘉永六（一八五三）年から安政三（一八五六）年までの朝鮮との貿易に関する記録が収められている。

（11）［福岡一九八一］の関連部分を引用しておく。

御国中殞牛馬皮大坂表商売方の儀、問屋海老屋善右衛門申合、追々彼之地にて相調子申候処、九州にて薩州・対州の登せ皮商売の儀、問屋は平町人の者に御座候、御奉行所は唐物一同の御届に相成候故、諸国類例には難相成由に相聞へ申上候、都て毛付の皮類は平町家にて取扱候事は不相成御作法の由に御座候、（略）（上、一五三頁）

（12）［長崎二〇一〇］。「天明八年　御国産仕立方／諸職仕捉方　段々より申上帳」（一〇四頁）

文献・史料

阿南重幸　二〇〇九「貿易都市長崎と『かわた』集団」『被差別民の長崎・学』長崎人権研究所
阿南重幸　二〇一七「牛の皮はこうして運ばれた――琉球・奄美・薩摩・大坂」『部落解放研究くまもと　第七三号』
アビラ・ヒロン（佐久間正他訳）一九六五『日本王国記』岩波書店（大航海時代叢書Ⅺ）
石田千尋　一九八四「近世日蘭貿易品の基礎的研究」長崎史談会編『長崎談叢』第六九号
大石慎三郎　一九六六「史料紹介「正徳四年大阪移出入商品表」について」『学習院大学経済論集』三巻一号、学習院学術成果リポジトリ
大阪の部落史委員会編　二〇〇七『大阪の部落史』第三巻（史料編・近世3）部落解放・人権研究所
鹿児島県編・刊　一九四〇『鹿児島県史』第二巻
鹿児島県歴史資料センター黎明館編　一九八四『鹿児島県史料　旧記雑録後編四』鹿児島県
金東哲　二〇〇五「一九世紀の牛皮輸入と東来商人」日本文理大学商経学会『商経学会誌』第二三巻第二号
坂元恒太　二〇一〇「仲覚兵衛と鹿児島の牛馬骨粉業」『部落解放研究くまもと』第六〇号
佐久間正訳（編者ホセ・デルカド・ガルシア編）一九七六『福者ホセ・サン・ハシント・サルバネスＯＰ・書簡・報告』キリシタン文化研究会
塚田孝　一九九二「アジアにおける良と賤」荒野泰典・石井正敏・村井章介編『〈アジアのなかの日本史　Ｉ〉アジアと日本』東京大学出版会

塚田孝　一九九五「牛馬骨の流通と薩摩の農業」『〈歴史の道・再発見第七巻〉吉野ヶ里から西郷隆盛まで――西海道をあるく』第七巻、フォーラム・A
塚田孝　二〇〇五「近世大坂における牛馬皮の流通」『別冊都市史研究・水辺と都市』山川出版社
中尾健次　二〇〇四「仲覚兵衛と渡辺村」『部落解放』第五三九号
長崎県史編纂委員会編　一九六五『長崎県史』史料編第四
長崎人権研究所編・刊　二〇一〇『対馬の朝鮮貿易と被差別民』
永積洋子編　一九八七『唐船輸出入品数量一覧一六三七～一八三三年――復元　唐船貨物改帳・帰帆荷物買渡帳』創文社
永積洋子訳　一九八〇『平戸オランダ商館の日記』一～四　岩波書店
名瀬市史編纂委員会編・刊　一九六三『鹿児島県史　奄美関係抜粋』
のびしょうじ　二〇〇九「皮革業の歴史的展開」『皮革の歴史と民俗』解放出版社
橋口和孝　二〇一〇「近世末期における対馬藩の皮革貿易について」『対馬の朝鮮貿易と被差別民』長崎人権研究所編
橋口和孝　二〇一八「田代と対馬」『佐賀部落解放研究所紀要――部落史研究』vol.35
原田伴彦他編　一九七一「摂津役人村文書」『日本庶民生活資料集成』第一四巻、三一書房
平戸市史編さん委員会編（加藤栄一監修）一九九八「平戸オランダ商館の会計帳簿　仕訳帳」『平戸市史海外資料編Ⅲ』平戸市
福岡部落史研究会編・刊　一九八一『筑前国革座記録』上・中・下
松下志朗　一九八九「南九州の慶賀とその周辺」『近世九州被差別部落の成立と展開』明石書店
村上直次郎訳　一九五六～五八『長崎オランダ商館の日記』一～三　岩波書店
盛田嘉徳　一九八二「西浜に関する資料」『盛田嘉徳部落問題選集』部落解放研究所
山脇悌二郎　一九七二「正徳元年の輸出入品と数量」山脇悌二郎『長崎の唐人貿易』吉川弘文館
山脇悌二郎　一九七八「出島における胡椒・蘇木・鮫皮の取引数量」『海外交渉史』法政大学通信教育部
山脇悌二郎　一九八〇『長崎のオランダ商館――世界のなかの鎖国日本』中公新書

【第六章】

皮革は朝鮮半島からもやってきた

――西浜の皮革業と牛皮

割石忠典

近代に入って帝国主義の膨張とともに交易の版図を拡大していった日本は、それまでにも増して、朝鮮半島から生きた牛や牛皮の調達を活発におこなうようになる。重要な資源調達ルートの整備が進められる。西浜部落では近代以降に創業した皮革業者が増産体制を整え、有数の皮革産業地帯となっていく。朝鮮半島から日本への輸移入される牛皮の実態をこれまで用いられてこなかった史料に基づいて詳細にあとづける。

扉絵　移出牛の輸送船「日朝丸」への牛の積み込み作業の様子。登載能力約五〇〇頭の同船は移出牛輸送専用船として建造された。（『朝鮮興行株式会社三十年記念誌』一九三六年より）

はじめに

近世に皮革の一大集散地になっていたのは大坂の渡辺村である。福岡藩・小倉藩・長州藩・広島藩・徳島藩などから、瀬戸内海航路を利用して原皮が運ばれた。渡辺村には、太鼓屋又兵衛などの富豪もいた［卜部一九七〇］。渡辺村は、近代になると行政区画や町名の変遷があり、西浜町《にしはまちょう》となる。

一八七一年、大政官は「賤民廃止令」（いわゆる「解放令」）を布告、「穢多非人等ノ称被廃候条、自今身分職業共平民同様タルヘキ事」とした。この「賤民廃止令」が出される約半年前に、太政官は、牛馬等の勝手処理について「従来斃牛馬有之節、穢多へ相渡来候処、自今牛馬ハ勿論外獣類タリトモ、総持主ノ者勝手ニ処理可致事」と布告、斃《たおれ》牛馬についての扱いの変更を述べている。この布告で、斃牛馬の処理は誰でも自由にできるようになった。

一九一〇年代から西浜部落の皮革産業を支配したのは、新田長次郎が起業した新田帯革を頂点とした資本家や、輸移入原皮（井野商店・西森商店・岩田商店・岩岡商店・荒木商店）［賀田一九一八］や、国内原皮（井野清次郎、松下斎造など）［広島一九一三］を扱う資本家であった。

日本は日清戦争（一八九四〜九五年）や日露戦争（一九〇四〜〇五年）を経て、一

美濃部政治郎が作成した大阪市内の銅版鳥瞰図（『大阪市パノラマ地図』1924年）

九一〇年に韓国を併合する。近代日本の皮革産業は、軍隊での軍需品の生産に依拠して拡大していくが、それは朝鮮から大量に牛皮を安値で収奪し輸移入することにより成立していた。そして、日本帝国主義の成立および発展期に、朝鮮牛原皮を集散する国内での中心市場は、大阪であった。一九一〇年代、大阪では生産数の五分の三以上を集散し、その他五分の一は東京に集まり、残余五分の一は各地において需要されていた［賀田一九一八］。また、日本の皮革産業は部落との関係が強かった。

本章では、大阪を中心として近代朝鮮と日本の皮革産業について考えてみる。

1　皮革産業をめぐる日本と朝鮮

近代日本での皮革産業の企業者は四系譜に分類される［皮革一九五九］。

①幕藩体制下において、皮革業経営の特権を付与されていた、一三代目浅草弾左衛門に代表されるような型。

②旧和歌山藩の「西洋沓伝習所」に代表されるような、「藩営」ないし旧佐倉藩の「士族授産」のために設立された、佐倉相済社（大塚製靴の前身）の型。

③西村勝三（日本製靴・日本皮革）、大倉喜八郎（大倉製革所・日本皮革）、新田長次郎（新田帯革）、川西清兵衛（山陽皮革）に代表されるような人々で、政商資本家と規定できる型。

④相場真吉（トモエヤ）に代表されるような、あるいは北中巳之吉（北中皮革）のような、商業資本家から工場経営者になる型。

があるが、最終的には③の型が主流となる。

さて、日本と朝鮮の「朝鮮牛」関係について、滝尾英二は『続・部落史の発見』の中で、「朝鮮に対する日本の武力的威圧による「日朝修好条規」（一八七六年）締結から六年後の一八八二年二月二三日の『朝日新聞』の記事によると「昨年中朝鮮元山津より西成郡渡辺村へ積来りし牛皮の総（生元惣）計は八十四万枚なりと」いう。つまり、一八八一年の一年間に朝鮮の元山港から大阪・旧渡辺村への牛皮輸入総計は八四万枚」、「一八八二年二月には、大阪・渡辺村の安坂庄太郎は朝鮮に支店を設置し、岩田又兵衛、合沢右儀衛門等が加入し、製革会社を設立した」と記している［滝尾一九九七］［滝尾一九九八］［滝尾一九九九］。

また、中西義雄は「日本皮革産業の史的発展（一）」［中西一九六〇］で「維新後、わが国においても食肉需要が増加するにつれて、東京・横浜・大阪・神戸はじめ各地で、屠場が開設された。そのけっか（ママ）、原皮生産量が増加し、明治年間平均一〇—二〇万枚の牛皮が、大阪・西浜で集散されるようになる。だが、明治一〇年（一八七七）東京・大阪の革生産高二〇万枚にはとうていおよびつかない」と述べている。牛皮が不足しているのである。この原皮問題を解決するために、一八八〇年代には海外からの輸入に依存している。つまり、年間牛馬皮輸入額のほとんどが、朝鮮（総額の八九％）や清国から輸入されていた。けれども、当時の朝鮮・清原皮は、国内原皮にくらべて剥離技術の違いにより裏傷が多いという

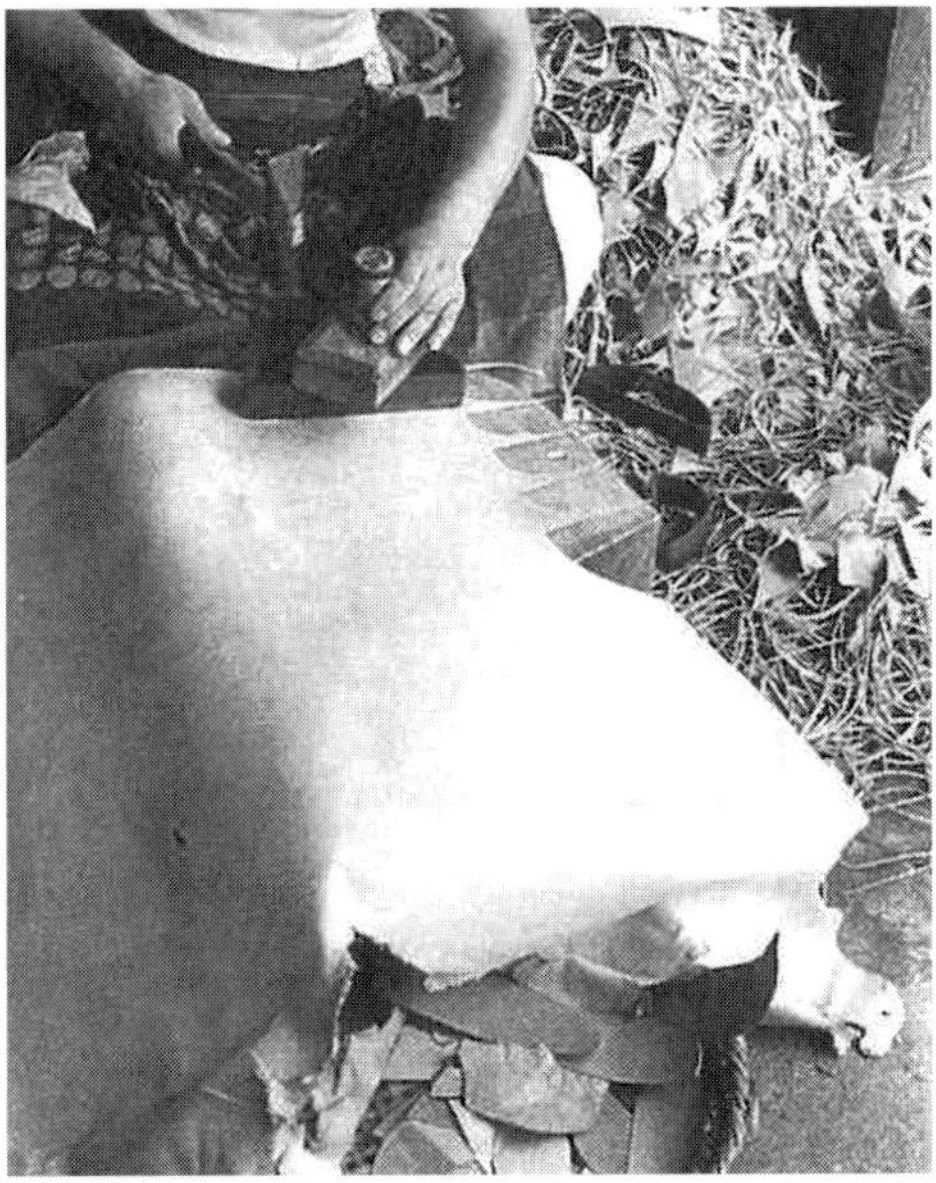

鞣し革（化学薬品で皮を柔らかくした状態）から靴革を裁断する工程　1960年代

問題があった［農商務省農務局一九一一］。

そして、近代日本の皮革産業は軍隊と近しい関係を保つようになり、軍事皮革産業として発展していく。皮革軍用品としては、軍用靴・背嚢・帯革・馬具・兵器用革具類一式が必要とされ、軍隊に莫大な量が納入されていく。

日清戦争、日露戦争の後、一九一〇年八月二二日に「韓国併合ニ関スル条約」が調印され、朝鮮総督府が朝鮮の新たな支配者になる。韓国統監の寺内正毅がそのまま初代総督に就任、総督は天皇に直属する親任官で陸軍大臣から選任される。日本の植民地支配により、朝鮮からの収奪が厳しくなる［韓国統監府一九七四］。

これから、牛皮および朝鮮牛（生牛）の輸移入を通じて、近代朝鮮と日本の皮革産業がどのような姿であったかを考えてみる。

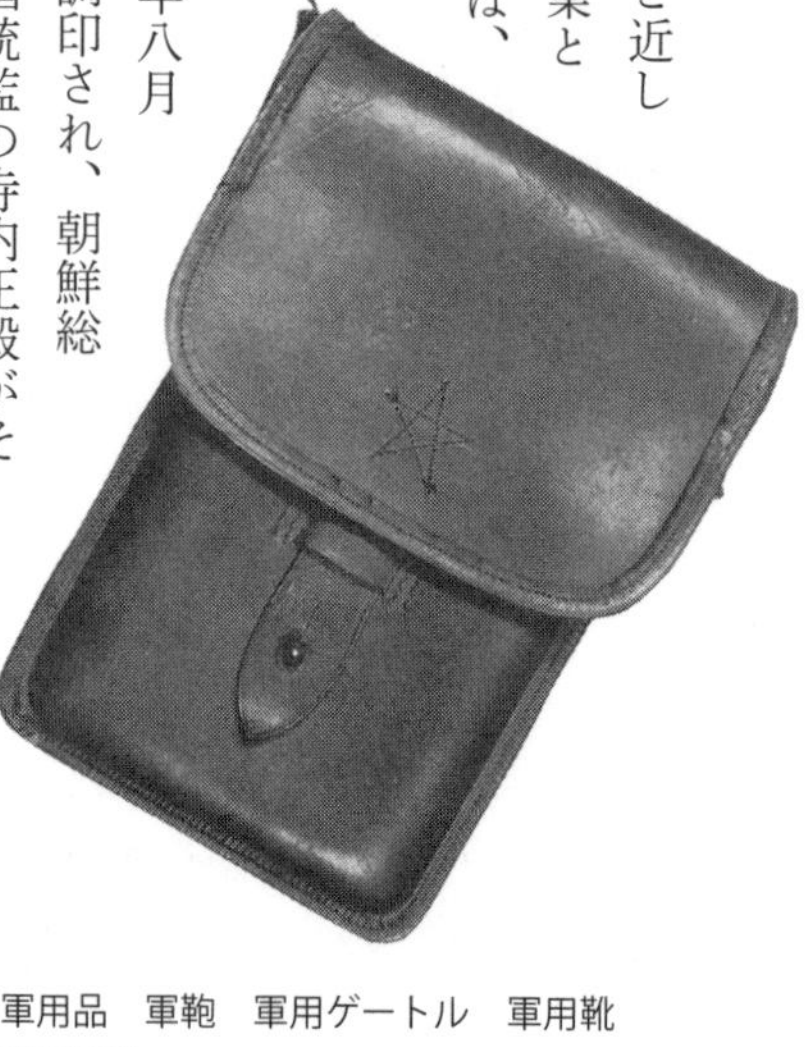

皮革軍用品　軍鞄　軍用ゲートル　軍用靴
（林久良氏蔵）

2 朝鮮から大量に牛皮を輸移入

皮革産業をめぐり近代初頭の大阪の西浜部落では、朝鮮国の開港場が増加するたびに原皮輸入量が増大するため相次いで皮革工場が開業され、それまでの内国産皮問屋がこぞって朝鮮原皮（牛皮）を輸入するほどの活況をもたらした。

そこでは当初、伝統と蓄積のある合坂（播磨屋五兵衛―播五）・佐々木・前田（住吉屋勘兵衛―角勘）、および後発組の西森源兵衛（播源）ら皮問屋・豪商が町村行政を管轄していたが、のちには井野清次郎ら新興勢力の台頭を呼び起こした。その後、一八八九年の町長・町会議員選挙の時などに新旧勢力の対抗があるが、融和していくことになる。また、関西における政商的資本による製革業の地位確立は、一八八八年内外用達会の設立、一八九三年には合名会社大倉組に引き継がれて、日清戦争期に不動のものになった［高木二〇一五］［八箇二〇一二］。西浜部落は皮革産業の街として繁栄する。

日本は朝鮮から、牛皮を一八九二年には一万九、九二四担を、一九〇九年には三万三、八〇九担を輸入、牛骨は一八九二年に一万〇、二七六担を、一九〇九年には一万四、七〇七担を輸入している（「担」は主に海運業で用いられた重量の単位で、「一担」は約六〇キロ）［肥塚一九一二］。

さらに、一八九二年から一九四二年までに、約六〇〇万頭分の牛皮が朝鮮から日本に持ち込まれている。一九三六年の朝鮮からの牛皮の仕向先は、大阪（三八・四％）、東京（三七・八％）であった。

3 朝鮮から大量に朝鮮牛を輸移入

朝鮮から輸移入されたものには、牛皮だけではなく朝鮮牛（生牛）も存在している［松丸一九四九］［竹国二〇二二］。一九一〇年から四二年までの三三年間に日本に移出された朝鮮牛の累計頭数は、およそ一四七万頭である。一八九〇年前後からはじまる日本への輸移入の期間を加えると、累計頭数は一五〇万頭を超える［肥塚一九一二］［朝鮮総督府勧業模範場一九二二］［朝鮮総督府警務局一九四一］［朝鮮総督府農林局一九四二］。その結果、朝鮮の農業は疲弊し農民は困窮した。

朝鮮では、日韓併合により国策会社である東洋拓殖株式会社が本格的に動きはじめ、朝鮮への移住民を募集した。一九一〇年から二〇年間に八、五〇八戸を誘致し、そのうち三、五〇〇戸ほどが定着した。これらは武力を背景とした土地調査事業や林野調査事業を進めた朝鮮総督府の植民地政策の一環であった。朝鮮では耕作用として牛を使用し、馬は駄馬用として耕作には使用せず、耕牛は二戸または三戸が共同で飼養していた。植民地期が継続するなかで、その牛も、生活が困窮するために売ることになる農家が出てくる［東洋拓殖一九一五］［大河内一九八二］。

一方、近代日本では急速に皮革産業が発展するが、同時に牛の病気である牛疫についての対応を迫られる。それは、朝鮮牛の輸移入時の検疫問題や、屠畜場や家畜市場などでの管理や衛生に関する問題であった。感染は朝鮮牛からと考えられていた［山内二〇〇九］。

日本では一九〇八年五月にも牛疫が発生し、九月までの五ヶ月間は牛馬取引が休止状態になった。この状

「外国流行伝染病予防法」1871年、外国で牛疫に罹って死んだ家畜を燃やしているところ（内藤記念くすり博物館蔵）

況を解決するために、一九一〇年三月に家畜市場法が発布（一九一一年二月施行）され、家畜市場にも法に基づく管理ならびに運営に関係する変化が押し寄せてくる。

朝鮮の農民から集められた朝鮮牛は、多くの場合、釜山の牛市場から「移出牛検疫所」を経て船（帆船あるいは汽船）で下関（福浦）検疫所に輸送され、汽車や船で運ばれ、家畜市場を経由して農家に役牛として売られた。後になると城津・元山などより敦賀を経由して入ってくる朝鮮牛もあった。

『牛畜ノ繁殖取引並利用ニ関スル趨勢』［賀田一九一八］には、具体的な商人や企業の名前が記録されている。「内地移入朝鮮牛調」（福岡県港湾部調）では「生牛ハ現在ニ於テ内地ニ於ケル重ナル商人」として、道森吉蔵（下関市）・西山音治（下関市）・鍋嶋商会（尾道市）・惣那信衛（愛媛県温泉郡）の四人が「内地側ニ立チ」、移出する側には、釜山鎮の上杉・西山・近藤・道森、木浦の長嶋・道森、京城や沙里院の佐々木・西山、馬山の山本・西山がいた。日本船で下関に着き、下関家畜市場で売買され、九州、中国、四国および奈良、静岡、茨城城などに連れて行かれた。その後、約一年以上使役し肥育されるが、ふたたび朝鮮牛は屠牛商に売買され牛肉店に分配された。牛皮は皮革工場に運びこまれる［割石二〇一七a］。

一九一三年一一月の『東洋皮革新誌』では、農家から売られた「活牛」について「広島の牛に対する売買及び大阪との取引」と題して次のように書かれている［広島一九一三］。

要約すれば、

①広島市の広島家畜信託株式会社が活牛の売買をしている。つまり追馬喰《ばくろう》（農家より買取り屠馬喰に売り渡すまでの馬喰のこと）が農家より買い取りまたは交換をして会社に持参し、会社の中立業者（一つの馬喰にて会社の抱へ）により、臨機応変な斡旋で屠（馬喰屠殺業者）に売り渡す。

②屠殺業者はこれを広島市営の部落内の町屠殺場で屠殺して、皮骨は、資金主に現金で売り渡し、精肉は牛肉店缶詰製造者に売り捌く。

③牛肉缶詰は広島が全国第一位の製造高で、肉が良質で安価なので好評、販路は、海外輸出のほか、大阪・神戸・京都・名古屋・東京の各地方で、大阪が一位である。

④資金主は部落内の獣皮骨筋化製造業中野文助・中田弥四郎・永田峯松の三人で、買い取った牛皮は、塩皮で時期により一番二番三番塩などで、中野は大阪木津井野清次郎へ、中田は大阪西浜松下斎造へ、永田は大阪木津新田帯革または井野・松下などへ送付していた。

⑤広島牛皮は全国の傑物で、品質を外国品と争う骨は、化製して肥料原料とし、全部を薩摩に送るが、薩摩は全国や中国・朝鮮からも骨を輸入していた。牛骨付属品（角爪背筋足筋等のこと）は、大阪西浜の中川由

松・小川新之助・岡田弥三郎などの仲買店に売り捌かれた。広島の部落内皮革製造者の松木武兵衛は牛皮のみを買い受け、自家で製造する時は塩皮にて大阪に売り飛ばすこともある。
⑥また松木は、自家製造の皮革および大阪の中西・中井・奥田などのクローム皮を取り寄せ、靴原料一切を大手町本店で靴業者に販売。研屋町の村瀬治三郎も同業であった。
⑦広島宇品陸軍糧秣支廠納肉は樋口も「御用に従い」、その牛皮は大阪の井野や大阪の日本皮革会社に納めている。

とある。

この記事を見ると、大阪と広島の部落は、仕事を通じて物的・人的交流関係が深いことがわかる。そして、大阪や広島を含めた各地の部落内には、浄土真宗本願寺派の門徒が多く、一九〇二年に和歌山県有田郡での浄土真宗本願寺派の布教使による差別発言事件では、和歌山・京都・滋賀・山陰・山陽・四国などの各地でも抗議行動が起こった。部落差別撤廃の活動は、部落内にある浄土真宗本願寺派の寺と寺との人脈によっても展開されている［浄土真宗本願寺派 一九八三］。

前記した広島の中野文助は、缶詰業・乾血《かんけつ》肥料商、中田弥四郎は屠畜ならびに筋骨化製業、永田峯松は人造肥料製造・牛皮筋骨類・毛皮貿易商であった。一九一四年四月には、当時日本一と称された広島市営屠畜場が完成している。

4 朝鮮総督府と朝鮮皮革株式会社

朝鮮皮革株式会社は、「韓国併合」の翌年の一九一一年九月二四日に、朝鮮総督府が全面的に後援して創立された。弾皮革伝習所の系譜で、東京製皮合資会社を設立した賀田金三郎が中心となって設立し、一九一七年には賀田直治が社長となった。賀田直治は賀田金三郎の養嗣子で、台湾総督府殖産局の勅任技師からの就任であった。賀田金三郎は、皮革業・鉱山開発・精米・電気・鉄道・造林などの多様な投資活動を担った人物である［金二〇〇九］。

朝鮮皮革株式会社の概要は、次のようなものであった。

①本社および工場は、永登浦駅より一里ほど奥の永登浦堂山町（漢江の南側に位置する）にある。

②この場所は、地下水が良好で、工場のために引込線が敷設され、地理的にも楊花津・楊枝の港湾に接近していて輸送に便利である。

③工場の敷地は約二万七、〇〇〇坪で、八〇余棟（六四〇〇余坪）の建物、ほかにも数多の土地、社宅店舗などを所有している。

④「京城出張所」は南大門通五丁目にある。

さらに、出張所は大阪・東京・奉天にもあり、代理店は朝鮮内での代理店（裕豊商店・渡辺商店）のほかに、「内地総代理店」として、渡辺鴻一商店（大阪市浪速区）、海軍納品代理店の木下国明商店（横須賀市山王町）・増岡商店（呉市海岸通）・大曲商店（佐世保市保田町）・内藤商店（徳山市）が存在していた。

朝鮮皮革株式会社は一九一二年二月に営業を開始し、同年一一月に製靴工場を設け、陸軍の軍靴・背嚢を受注する。一九二八年に海軍指定工場、一九三一年には陸軍兵器本廠の指定工場になる。まさに、朝鮮皮革株式会社は朝鮮総督府の政策を推進する会社であった〔割石二〇一七b〕。

ここで朝鮮牛皮と西浜部落について述べておく。西浜部落は、朝鮮から安価な牛皮が大量に移入されたことも起因して、皮革産業が栄えていた〔朝鮮皮革一九三六〕〔蔣二〇一六〕。先に引用した『牛畜ノ繁殖取引並利用ニ関スル趨勢』〔賀田一九一八〕に、牛皮商の組織についても書かれている。

まず「内地牛皮」と「輸移入牛皮」を扱う者がいる。「輸移入牛皮」には「牛皮商」と「問屋」がいて、大工場に上等の皮を送り、その後は在来工場に送っていた。大阪では主として西浜部落の井野商店、西森商店、岩田商店、岩岡商店、荒木商店であるが、井野商店は「支那《（ママ）》牛皮ヲ主トス」するが他の商店は「朝鮮、支那《ママ》牛皮」を扱っている。朝鮮牛皮はまず朝鮮問屋に送られてくる。大阪西区北堀江の大津商店、牧野商店、庄野商店、横山商店などがあった。朝鮮の特約店から大阪南堀江の杉村倉庫（旧式の米倉で最も牛皮の貯蔵に適する）に入れ、仲買人山田菊次郎を立て西浜に通知し販売する。この時期、大津商店は単独で年三〇〇万斤を扱っていた。朝鮮牛皮の集散地は「京城、釜山、平壌、元山、城津、その他八ヶ所」で、集散時期は一〇月から翌年三月までが最盛期である。大阪方面の製革所は新田帯革製造所（南区難波）、日本皮革株式会社大阪工場（南区難波）、東洋皮革株式会社（西成郡豊崎村）、中井製革所（南区木津北島町）、中西製革所（同上）、川崎製革所（同上）、奥田製革所（同上）、篤田製革所（南区西浜）、松村製革所（同上）、大阪帯革製造所（東区平野町）に存在していた。

つまり「支那《ママ》及朝鮮ニ対スル集散地ナルヲ以テ原皮ノ中心市場ハ大阪ヲ以テ推サザルベカラズ」、「大阪ニ同業組合、皮革組合ナルモアリ」。所在地は大阪西浜南通三丁目で組合員は四五〇人、商業範囲は皮革（原皮・製革）毛・骨。組合長は徳田治郎兵衛、副組合長は井野清次郎。一九一六年度の大阪取扱皮革数は牛皮五三万八、〇〇〇枚、馬皮は三万三、五〇〇枚、其他の皮革は三一万枚であった。

戦時下の一九四三年版の『朝鮮産業年報』〔東洋経済一九四三〕には、朝鮮皮革株式会社の社長が賀田以武（賀田金三郎の子）、専務が渡辺鴻一とある。一九三九年に設立した朝鮮タンニン工業株式会社は、朝鮮皮革株式会社と同じ場所に本社を置き、社長も専務も同じ人物である。

渡辺鴻一商店は大阪の西浜にあり、前記したように朝鮮皮革株式会社の「内地総代理店」であったので、朝鮮皮革株式会社と西浜は植民地期を通じて密接な関係を継続していた。

5　軍事皮革産業と新田帯革製造所

一九一〇年代、西浜部落の高利貸資本家は竹田由松・荒木栄蔵・橋本謙太郎、輸移入原皮を独占的に新田帯革に納めていた商業資本は西森源兵衛、国内原皮を新田帯革に納めていた商業資本家は松下歳三であった。原料卸問屋は小野・松本・伏見屋、原料小売店は宮前・牧野・熊本・前田ら約五〇軒。

ここで新田帯革について紹介しておく〔吉村二〇一二〕。創業者の新田長次郎は一八五七年（安政四）に愛媛県温泉郡味生《みぶ》村に生まれ、一九三六年に没した。一八七七年に家を出て大阪で藤田組製革所に入るが経営難でリストラされ、一八八二年に大倉組に入所。一八八五年に西浜部落内で独立して製革業をはじめる。その後、新田組を結成、一八八八年には高い技術が認められて大阪紡績株式会社からベルトを作るよう求められた。続いて「糊接ぎベルト製造」「織機用ピッカー製造」を開始、そして、一八九三年にはアメリカおよびヨーロッパへ海外視察、一八九五年に鉄工部を新設、一九〇〇年のパリの万博博覧会を機会に、再度の海外視察を行なう。一九〇四年には「鉄条網切断鋏」を考案し製作、さらにベルトの接合に関する最初の特許登録、一九〇五年には海軍の要請により高速度切断機用ベルトを製作した。その後も、膠・ゼラチン製造などを手掛ける。一九〇九年には、個人事業から合資会社新田帯革製造所となった〔ニッタ一九八五〕〔海南市二〇〇七〕。

現在、和歌山県海南市に、新田長次郎の別荘であった琴乃浦温山荘がある。「琴乃浦」は地名で「温山」は長次郎の雅号である。そこには東郷平八郎の直筆の扁額「琴乃浦温山荘」が掛けられている。軍隊と新田の関係を如実に示すものである。新田帯革は大阪のみならず全国の皮革業界を牽引し続け、一九一一年に私財を投じて西浜に私立有隣小学校を設立している。

6 朝鮮衡平社全国大会での「生活問題」に関する論議

一九一四年に第一次世界大戦が始まり、一九一七年にはロシア革命が勃発し、一九一九年には朝鮮で三・一独立運動が起きた。世界は激動していた。一九二二年三月三日には、京都において全国水平社が創立された。全国に散在する六、〇〇〇部落、三〇〇万人といわれた部落の人々が、自主的な解

西浜部落で最大規模の生産拠点をもった新田帯革の工場内（『大阪府写真帖』1914年　大阪府）

放をめざして起ち上がった。西浜部落を中心とした地域には、全国水平社創立から一年半の間に西浜水平社(一四二人)、今宮水平社(七〇人)、木津水平社(一〇二人)、難波水平社(三四人)、そして西浜水平社青年同盟(二〇人)、少壮水平社(五人)が結成されている。大阪府水平社でもあった西浜水平社は、皮革職人・労働者や履物職人・労働者を中心とした貧困層を基盤としていた[部落解放一九九三][浪速一九九七]。

西浜部落(西浜町と木津北島町)の人口は、一九一五年から一九一七年の二年間に一・三倍に増加している。ここは一万人を超える大規模な部落で、皮革産業の全国的な中心地であり、大阪府内外から急激な人口流入があった。また、一九二三年に大阪―済州島《チェジュド》航路が開設されるが、朝鮮総督府の植民地支配政策である土地調査事業や産米増殖計画などにより窮状に追いこまれた朝鮮の人々は、はじめは男子の単身の出稼ぎとして、その後には家族ぐるみで、日本に渡ってきた。在阪朝鮮人のなかには、部落に定住する人も増えていった[三原一九九六]。

全国水平社創立の翌年、一九二三年四月二五日に慶尚南道《キョンサンナムド》晋州《チンジュ》で朝鮮衡平社《チョソンヒョンピョンサ》が創立されている。約四〇万人といわれた被差別民である旧「白丁《ペクチョン》」を解放するための団体である。一八九四年に起きた甲午農民戦争で農民軍が弊政改革案を要求し、「甲午更張《こうごこうちょう》(甲午改革)」が実施され「賤民」身分が解放されたが、差別や排除が続いていた。この現実に対して、衡平社は「公平は社会の根本であり、愛情は人類の本良である」と「衡平社主旨」で述べている。

ここで旧「白丁」の人々が「甲午更張」以前にしていた仕事について次に述べる。「白丁のなかで最も数が多いチェソルクンとは、動物をと畜《(ママ)》して生肉を扱う仕事をする人たちに名づけられた。時には彼らは屠漢や刀使い《カルチェビ》とも呼ばれた。手工業で皮製品をつくる仕事をする白丁はカッパッチ、皮匠《ピジャン》、または二股白丁《トゥボルペクチョン》とも呼ばれ、なかでも革靴を作る白丁は鞋匠《ヘジャン》と呼ばれた。大多数の白丁は、野原に野生するハコヤナギで箕やザ

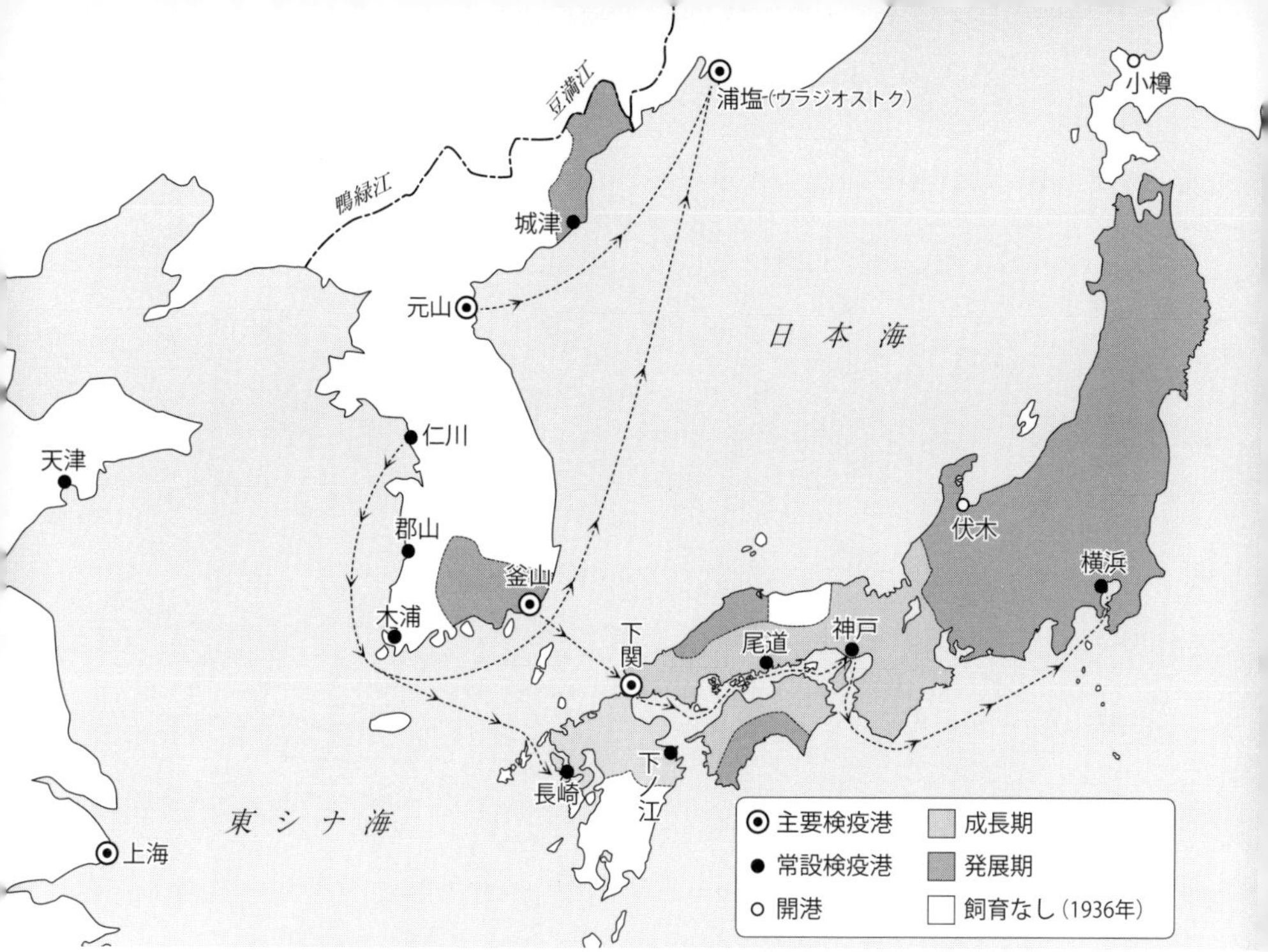

朝鮮牛の輸出・移出経路と日本における朝鮮牛飼育地域の拡大図（中里亜夫「明治・大正期における朝鮮牛輸入（移入）・取引の展開」『歴史地理学紀要』第32号をもとに作成）

ル等の生活用品を作って売った」「彼らを柳器匠《ユギジャン》、またはコリ白丁と呼んだ」。しかし、日露戦争後の一九〇六年に韓国統監府が設置されてからは、皮革・食肉関係への法制的な規制が次々と出されてくる。日本の侵略とともに朝鮮に入ってきた日本資本が「屠畜場」を経営し始め、食肉の販売網を掌握したことにより事態はより悪化した［金二〇〇三］。

日本では一九〇六年四月に「屠場法」（屠殺場の公設化促進）が公布された。同様な管理・統制方法を取り入れた韓国統監府は、一九〇九年八月に「屠獣規則」を公布し、「屠場ヲ設ケムルトスル者ハ地方長官ノ許可ヲ受クヘシ」（第二条）などとした。そして、朝鮮総督府は一九一九年一一月に「屠獣規則」を廃止、「屠場規則」を制定する。この規則により、屠場に対する施設や「屠場ニ於テハ屠畜検査員ノ検査ヲ経サル獣畜ヲ屠殺解体スルコトヲ得ス」（第一四条）などの管理が強化され、急速に朝鮮内の私設屠場は減少し大規模な府営・面営の屠場が急増する。朝鮮内の屠場数は一九一五年に公営が五二八箇所、私設で朝鮮人の経営が一、一二三箇所、日本人経営が二四四箇所。一九二四年に公営が一、三二四箇所、私設で朝鮮人経営が一九箇所、日本人経営が八箇所。一九三八年に公営が一、四一三箇所、私設はゼロに変遷していく。この私設の屠畜場がゼロになっていく変遷過程は、旧「白丁」の人々の生活が困窮化していく過程でもあった〔金一九八三〕〔金一九九一〕。

衡平社はこうした状況に対峙するために、例えば一九二五年の衡平社全国大会では討議事項で、「生活問題」である「屠獣場」「獣肉販売」「牛皮乾燥場」「屠夫料金」について協議し、「以上四項目ハ大概官庁トノ関係カ多イカラ此処テ決議ヲシテ見タルトコロガ好結果カ生セナイカラ全部執行委員ニ一任シテ可成的好成績ヲ得セシメ然ル后次回ノ大会ニ報告セシムルコトニ可決」とした。

後日の衡平社中央執行委員会では、

①「屠牛場税金」については常務執行委員が各地方を巡回調査し、税金は当局と交渉して各地方委員に通知する。

②「獣肉販売」については常務委員が各地方で肉一斤の値を定めて、当局と交渉して各地方委員に通知する。

③「干〔乾〕皮場」については各地方で設備するが、不十分と認めれば中央本部で設備する。

④「屠夫給金」については常務委員が当局と交渉する。

としている。

その後も衡平社は「生活問題」に取り組むが、軍事皮革産業政策により皮革の統制と管理をめざす日本の政策が強力に実行されていく〔部落解放二〇一六〕〔部落解放二〇二一〕。

7　戦時期の皮革統制

日中戦争開始後の戦時期および日本敗戦・朝鮮解放後の朝鮮で実施された皮革統制と、それに対する衡平運動関係者の活動について考えてみる。

その前に、事件そのものが権力により捏造され、衡平運動の活動家を弾圧するために仕組まれた「衡平青年前衛同盟事件」について述べておく。これは一九三三年一月から七ヶ月間に一〇〇人を超える衡平社員が大量検挙された事件である。一九三六年一一月に大邱覆審法院で、一人がほかの容疑で有罪となったが、「衡平青年前衛同盟事件」については無罪が確定した。この事件で、衡平社の活動家が長期間、身柄を拘束されたので、衡平運動は大打撃を受けた。

そして衡平社が一九三五年に大同社《テドンサ》に改称してからは、経済的な活動に重点が置かれた。一九三七年の日中戦争開始後は、植民地期朝鮮でも経済統制がはじまる。皮革の流通統制が実施されると、旧「白丁」の人々も打撃を蒙った。これに対し旧衡平社や大同社の人々は対応する。しかし、この時期に日本の水平社が旧衡平社や大同社の人々と連絡をした形跡はない。植民地朝鮮からは大阪の西浜に牛皮が移入され続けた。

戦時下の動向を具体的に見てみよう。朝鮮総督府は、一九三八年八月二三日に公布、九月一日に施行の朝鮮総督府令一七六号「皮革ノ使用制限ニ関スル件」を出す。「内地」では同年七月一日に公布・施行された商工省令第四三号「皮革使用制限規則」が出されていた。続いて、一九三九年三月一五日に公布、四月一五日に施行の、朝鮮総督府令第三一号「皮革ノ配給統制ニ関スル件」により、「販売目的で牛などを屠殺した者は、その皮を総督が指定する販売業者または道知事が指定する仲買人以外に販売することを禁じる」とした。「内地」では一九三八年八月一日に公布・施行の商工省令第四五号「皮革配給統制規則」が出されていた。これらは、牛皮を軍需品の生産に使用するためであった。軍隊にとって皮革産業は重要な位置を占めていた。また、軍隊で食する「牛肉」などの缶詰の製造も、屠畜と深く関係していた。

大同社は一九四〇年に大田から釜山に本部を移し、「朝鮮衡平社」とした。一九四二年以降、衡平社は組織としては消滅する。解放後の一九四七年には全国食肉商組合連合会が結成された。同連合会の一三人の役員のうち、八人が、衡平社分社の幹部などとして活躍した衡平運動を経験した人物であった［水野二〇二二］。

おわりに

一九四五年三月一三日から一四日のB29による第一次大阪大空襲で焼夷弾が多数投下され、西浜部落も焼土となった。焼けなかったのは警防団の消火活動により残った栄国民学校と、有力な皮革関連業者の赤茶けた皮革・製靴工場の鉄筋と崩れたコンクリート壁、そして、土蔵など一部である。人々は同年八月一五日のラジオ放送で、日本が敗北したことを知る。三年後の一九四八年に調査し、確認された部落内に埋められていた犠牲者は一、八八五人だったといわれている［『浪速部落の歴史』編纂委員会一九九七］。

近代日本の軍事皮革産業として展開されてきた、ここ西浜部落での活動は、大阪空襲による物理的な被害、人的な被害および日本の敗戦により崩壊した。植民地期朝鮮での朝鮮総督府による「近代化」の言辞による収奪・差別・抑圧と暴力による支配は終焉する。

ここで、西浜部落での近代の皮革産業についてまとめてみる。

①近代以後、西浜部落は軍事皮革産業の中心地として発展してきた。

②西浜部落には血縁や知人・友人を頼りにして各地から人が流入、職を求め、困窮する人や朝鮮人の人々も定住し人口が増加していく。

③西浜部落内では国内原皮や朝鮮原皮などを扱い、製品化して膨大な利益を獲得してきた。つまり、植民地期朝鮮からの不当に安価な原皮の輸移入により、経済が潤っていた側面もある。

④また、製靴職人や諸々の技術職人を育ててきた街でもあった。労働運動や水平運動、融和運動も取り組まれた。

⑤さらに、西浜部落は多様な姿を示す、活気のある街であった。近代の西浜部落の歴史は、東アジア地域全体と密接に関連していた。とくに植民地期朝鮮とは、物的にも人的にも関連している。この事実は、侵略戦争に関わってきた「皮革産業」についても明らかにすることになる。

⑥敗戦後の部落解放運動により、この地域は全国から注目される部落解放運動の拠点の一つとなり、あるがままの歴史を背負いながら、あるべき運動の姿を求めてきている。

敗戦後、この地での皮革産業は、有力な皮革関連業者として勢力を誇っていた人々が、工場などが焼けたことがきっかけとなって、部落外へ移り住むようになっていく。皮革の集散地としての西浜は、一部に見られる皮革加工・皮革問屋を除き衰退していく［『浪速部落の歴史』編纂委員会一九九七］。そして、敗戦により在朝日本人も帰国し、移出していた仕組みも崩壊し、皮革が朝鮮半島からやってくることはなくなった。

文献・史料

卜部豊次郎　一九七〇「大阪渡辺村」盛田嘉徳『摂津役人村文書』大阪市浪速同和教育推進協議会
大河内一雄　一九八二『幻の国策会社東洋拓殖』日本経済新聞社
海南市海南歴史民俗資料館編・刊　二〇〇七『新田長次郎と温山荘――日本の産業革命を支えた業績と社会貢献』
賀田直治　一九一八『牛畜ノ繁殖取引並利用ニ関スル趨勢――朝鮮ヲ中心トシテ見タル世界ニ対スル東洋牛皮ノ位地概観』朝鮮皮革株式会社
金仲燮　二〇〇三『衡平運動――朝鮮の被差別民・白丁その歴史とたたかい』部落解放・人権研究所
金静美　一九八三「朝鮮の被差別民「白丁」――日帝下における生活と解放運動」『喊声』第五号、七四書房
金静美　一九九一『真実を明らかにし怒りをとき放つ――アジア民衆史のために』〈私家版〉
金明洙　二〇〇九「植民地期における在朝日本人の企業経営――朝鮮勧農株式会社の経営変動と賀田家を中心に」『経営史学』第四四巻三号
蔣允杰　二〇一六「一九一〇年代朝鮮における軍需皮革工業の展開――朝鮮皮革株式会社を対象として」朝鮮史研究会編『朝鮮史研究会論文集』第五四号
浄土真宗本願寺派同朋運動変遷史編纂委員会編　一九八三『同朋運動史資料1』浄土真宗本願寺派出版部
高木伸夫　二〇一五「近代初頭の大阪の皮革業」寺木伸明・藪田貫編『近世大坂と被差別民社会』清文堂出版
滝尾英二　一九九七『日本帝国主義・天皇制下の「朝鮮牛」の管理・統制――食肉と皮革をめぐって【年表】』人権図書館・広島青丘文庫
滝尾英二　一九九八『「朝鮮牛」と日本の皮革産業・抄』人権図書館・広島青丘文庫
滝尾英二　一九九九「「朝鮮牛」と日本の皮革産業・考」部落解放・人権研究所編『続・部落史の再発見』解放出版社
竹国友康　二〇二一『日本を生きた朝鮮牛の近現代史』有志舎
朝鮮総督府勧業模範場　一九二二『朝鮮牛ノ内地ニ於ケル概況』
朝鮮総督府警務局　一九四一『昭和十四年　朝鮮家畜衛生統計』
朝鮮総督府農林局　一九四二『昭和十五年　朝鮮家畜衛生統計』

韓国統監府　一九七四『統監府　公報　下巻　隆熙三年（一九〇九年）自第八三号隆熙四年（一九一〇年）至一六七号』亜細亜文化社
朝鮮皮革株式会社　一九三六『創立二十五周年記念写真帖』（のちに波形昭一ほか監修。『社史に見る日本経済史――植民地編』第二七巻、ゆまに書房、二〇〇四所収）
東洋経済新報社　一九四三『朝鮮産業年報　昭和十八年版』
東洋拓殖株式会社　一九一五『改正　朝鮮移住民手引草』
中西義雄　一九六〇「日本皮革産業の史的発展（一）」『部落問題研究』第五輯、部落問題研究所（のちに中西義雄　一九八四『部落問題の歴史的研究　中西義雄部落問題著作集第一巻』部落問題研究所に所収）
「浪速部落の歴史」編纂委員会編　一九九七『渡辺・西浜・浪速――浪速部落の歴史』解放出版社
ニッタ株式会社百年史編纂委員会編・刊　一九八五『ニッタ株式会社百年史』
農商務省農務局　一九一一『農務彙纂第十九　本邦皮革ニ関スル調査』
八箇亮仁　二〇一二『病む社会・国家と被差別部落』解放出版社
皮革産業沿革史編纂委員会編　一九五九『皮革産業沿革史（上巻）』東京皮革青年会
肥塚正太　一九一一『朝鮮之産牛』有隣堂
広島生投　一九一三「広島の牛に対する売買及び大阪との取引」『東洋皮革新誌』第一〇五号（のちに秋定嘉和・大串夏身編『近代部落史資料集成』第六巻、三一書房、一九八六所収）
部落解放・人権研究所衡平社史料研究会編　二〇一六『朝鮮衡平運動史料集』解放出版社
部落解放・人権研究所朝鮮衡平運動史研究会編　二〇二一『朝鮮衡平運動史料集・続』解放出版社
部落解放同盟西成支部編・刊　一九九三『焼土の街から――西成の部落解放運動史』部落解放同盟西成支部
松丸志摩三　一九四九『朝鮮牛の話』岩永書店
水野直樹　二〇二一「戦時期・解放後朝鮮における皮革統制と衡平運動関係者の活動」『部落解放研究』第二一四号
三原容子　一九九六「水平社創立後の仕事と生活」「大阪の部落史」編纂委員会編『新修大阪の部落史』下巻
山内一也　二〇〇九『史上最大の伝染病牛疫――根絶までの四〇〇〇年』岩波書店

吉村智博　二〇一二『近代大阪の部落と寄せ場——都市の周縁社会史』明石書店
割石忠典　二〇一七a「植民地朝鮮と尾道家畜市場」『芸備近現代史研究』創刊号
割石忠典　二〇一七b「朝鮮衡平運動史研究発展のために——全羅北道・ソウルの調査をふまえて」『部落解放研究』第二〇七号

【特論】

近代史の窓から

吉村智博

西浜・浪速部落では、歴史上さまざまな運動が展開されてきた。近代教育の重要な柱となった小学校創立への働きかけ、近代日本の政治的方向性を決定づけた自由民権思想、恩恵的・改善的政策に対して部落民の自主的解放を掲げた水平運動、大阪大空襲で焦土と化した故郷での住宅建設の要求などなど。近代の西浜・浪速部落史の象徴的なひと齣を「近代史の窓」と題して紹介する。

扉絵　一八七二（明治五）年に創立された栄小学校は、第一期校舎が煉瓦造り、第二期校舎が木造だったが、いずれ自然災害などで老朽化し、この第三期校舎が鉄筋コンクリート造りで一九二八（昭和三）年に新築された。

1　近代の教育制度が格差をつくった

近代になって西浜部落では、「学制」（一八七二年八月）の発布よりも前に、自力で小学校を創立した。一八七二（明治五）年五月二日の創立というのは、実に大阪府内で二番目という早さであった。これは、江戸時代の渡辺村に寺子屋があったことと大きく関わっている。皮革商人の子息が通う学問機関がすでに存在していたのである。それだけではない。当時、小学校の設置にあたって文部省は、全国に号令は掛けるものの、資金は一切出さなかった。まさに受益者負担の原則が貫かれていたのである。

さて、寺院を仮教場に出発した栄小学校（創立時の校名は「西大組第二二番小学校」）は、その後、第一期校舎の完成（一八七五年）とともに移転するが（第一期校舎は老朽化して一九〇〇年から仮校舎へ移転し、第二期校舎は一九〇八年に第一校舎の跡地を東へ拡張して落成）、その後の学校経営が実にユニークである。なんと、万人が排泄する「大小便」を肥料として売却した利益を学校の経営費に充当するという計画を立てたのである。排泄物の売却なら誰も文句は言わないだろうという算段である。つまり、学校経営費を徴収することが難しい場合を想定して、貯蓄型の方法を採用したわけである。「大小便」を汲み取る業者を入札方式で決定して、最も高額を提示した業者に委託する仕組みを作り上げたのである。なんという辣腕ぶりだろうか。

それだけではない。教育面でも、小学校を尋常小学校（四年課程）と高等小学校（四年課程）、さらに簡易小学校（三年課程）に分轄して、多くが学べるようにする一方、上級への進学者のために高等科（一八九〇年）も設置することになる。まさに、栄小学校は、大阪の部落のなかで群を抜く存在であった。

栄小学校では運営面と教育面の双方において盤石な体制をとっていたわけであるが、計画的な対処と合理的な運営、さらに長期的な財源の確保策は、江戸時代から皮革業を営んできた富裕層とその流れを汲む地域の有力者たちが主導し、維持され続けた。彼らこそは、明治維新以後いち早く差別の克服を学校教育に求め、そのうえで「私費」を投じて学校を建設し学校を維持していこうという情熱をもっていたわけである。

ところで、西浜部落では一九〇〇年代半ば、一般村である木津村側から、西浜部落の一部に含まれる木津北島町を町ごと分割しようとする動きが起こり、大阪市までをも巻き込んだ騒動に発展することになる。問題の発端は、新聞には「特殊部落民なるものと一般人民との不調和」が原因であると報じられている。

木津北島町に居住している児童は、その町名の通り、本来ならば、木津村が創立した小学校に通学するはずであったが、何らかの理由から一時的に栄小学校に通っていた。しかし栄小学校の設備が不足したため、木津村の学校へ彼らを戻そうとしたところ、木津村の小学校に通う児童と保護者から「擯斥《ひんせき》」されることになった経緯が詳しく記されている。

記事では、「同業者」つまり皮革関連業者と縁のある木津北島町の子どもたちを受け入れられないとの認識が「擯斥」の根拠となったと記されている。行き場を失った学齢児童は約二〇〇人にのぼり、「廃学児童」として把握されていた。さらに、不就学児童の推定人数について調査した結果、有隣小学校（後述）に入学予定の二五〇人の児童を除いても、さらに四〇〇人の不就学児童がいるという。しかし有隣小学校の児童として貧困による不就学が原因なのであるから、「廃学児童」は合わせて八五〇人にのぼる計算となる。

こうした事態にもかかわらず、一九〇九（明治四二）年になると、状況がさらに深刻さを増す。木津北島町は「特殊（種）部落」であると明記され、南区全体も、住民を先頭に分割の働きかけをおこなう動きが加速する。こうした動きに対して大阪市は、木津北島町を分割する合理的な根拠がないため、木津村内に一時

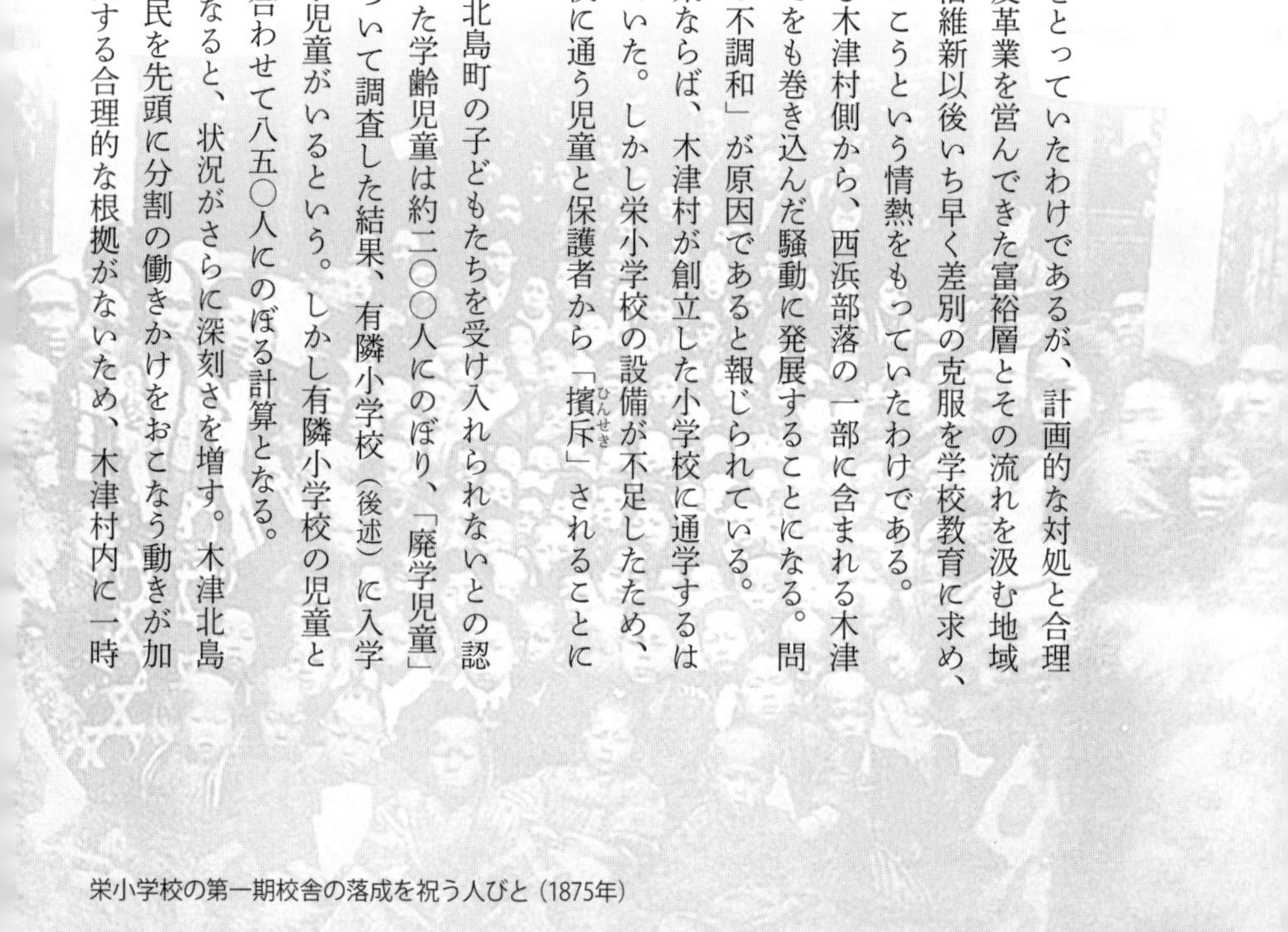

栄小学校の第一期校舎の落成を祝う人びと（1875年）

的に分教場を設置することで不就学児童対策を乗り切ろうとしている。しかし、南区はあくまでも分割の強行姿勢を崩さない。

そこで、南区では、区長演説の中で、木津村の負担によって木津北島町のためだけに分教場さえも設けることはできないとまで明言するにいたり、結局、分割の方向で決着が図られてしまう。そして、一九二〇（大正九）年三月に木津北島町は栄小学校へと編入されたが、栄小学校にはすでに彼らを受け入れる余裕がなかった。

この分割＝排除の論理には、近代社会で形成された職業観、つまり皮革業を排除しようとする価値観が端的に示されているといえる。「特殊（種）部落」である木津北島町を排除しようとする一般社会の論理が巧みに作用していただけでなく、職業観に基づく部落への排除が行政の方針としても採用されていくという、驚くべき出来事であった。事の顚末は不詳であるけれども、一九二一（大正一〇）年四月になって、「栄第二小学校」が西浜部落の北の端に創立されることになり、「廃学児童」を受け入れる体制がようやく整ったものの、ほぼ一年もの間、どこの学校にも通うことができない「廃学児童」を行政や社会が創り出していったことは、記憶に留められるべき「事件」といえる。

西浜部落にはもう一つ、貧困家庭の児童に初等教育を受けさせるための学校があった。栄小学校や栄第二小学校のように大阪市による公的な教育ではない、夜間学校として誕生した有隣小学校である。日露戦争後の日本では、とりわけ初等教育が重視され、政府による標準語の強制（一九〇〇年）や国定教科書の導入（一九〇三年）などの政策が相次いで実行され、尋常小学校の六年制、高等小学校の二～三年制なども導入されていく。その一方で、貧困層を多く抱える地域では、小学校教育を満足に受けることができない子どもがたくさんおり、大阪でも、大規模なスラムや部落では、都市化が進む一方で、いつしか初等教育から切り離さ

有隣小学校の第二期校舎（1920年代）

れた存在が増えていった。栄第二小学校の場合もそうであった。

貧困のため小学校に通えない子どもが巷にあふれるような状況を目の当たりにした、新田帯革創業者の新田長次郎は、当時、地域の有力者や警察署長からの勧めもあり、夜間学校を創立することを決心する。従業員に対しても「恰《あたか》も家族の如く」接していたといわれる長次郎ならではの発想であった。夜間の、しかも二部入れ替え制の授業（のちに昼間授業もおこなうようになる）を行なう学校を、当時のマスコミや世間は「貧民学校」と呼んだ。授業料はもちろんのこと、教材や教員の給料にいたるまで、当時、保護者が当たり前のように負担していた費用が、すべて無償であったからである。

創立当初から私立として運営されてきた同校は、公的な教育政策の拡充によって、一九二一（大正一〇）年四月に大阪市へ移管され、市立有隣小学校へと改称される。そして、アジア・太平洋戦争のなか、大阪市南栄国民学校と改称し、一九四五（昭和二〇）年の敗戦後に廃校となった。

近代の学校教育制度そのものは充分な検討のもとで制度設計されていたが一方で、こうした格差をつくりだしているという面ももっている。

参考文献
安川寿之輔編　一九九八『日本近代教育と差別』明石書店
吉村智博　二〇一二『近代大阪の部落と寄せ場――都市の周縁社会史』明石書店

2　博徒と車夫が民権運動を支えた

いわゆる自由民権運動は、部落でも多くの歴史的な足跡を残した。近世からの賤視と抑圧からの解放を掲げた部落の主体的な動向は、自由民権運動期に各地で数多く記録されている。しかし、今ひとつ明確になっていないのが、部落で起こったもろもろの要求を担ったの人びとの実像である。いったいどんな人びとが運動の主役となったのであろうか。この点について、西浜部落の事例を具体的に検討しておきたい。

一八七九（明治一二）年二月一三日、西浜部落、つまり旧渡辺村（栄町ほか九町）の戸長・町総代らは、西大組（市中）から西成郡への編入替え措置に対して反対の嘆願を提出し、翌日却下されている。この一連の動きは、市中という〝地位〟にこだわった地域の有力者が起こしたものだったが、市中のままでは税が高額になることを懸念した中・下層の人びとからの抵抗を受けることになり、結局、西浜町の西成郡への編入で決着がつく。ただし、この時点では、税負担をめぐる民衆運動といった内容であって、いまだ自由民権運動の思想や行動は入り込んでいない。

西浜町にとって、自由民権運動との政治的利害が一致するのは、むしろ自由党結党（一八八一年）以後のことになる。豪商や士族が、西浜町を舞台に政党・結社へと一気に乗り出すからである。

一八八二（明治一五）年七月には、豪商山下茂十郎が自由社を結成する。「元より他村には余り交際をせぬものの多ければ、却て速に一和協同し、同町の住民は当時挙て民権家なりといふ」（『時事新報』一八八二年七月一七日付）と、社会と隔絶するがゆえの団結として報じられている。続く九月には、壮年民権家らが「目今流行の民権説自由論に心酔」（『大東日報』一八八二年九月二一日付）して近畿平権興道社を結成し、士族茂中達之らによって平権党も創立されている。同党は「既に同盟者も三四百人あれど、多くは破落者にて博奕をこととする者其過半を占むる」（『愛知新聞』一八八二年九月二二日付）と、博徒が民権運動と密接な関係を築いていることをうかがわせている。

なかでも大阪自由党は、同年九月に、西区江戸堀北通三丁目の松木正守によって結成され、おそらく最も部落民と密接に関わって運動を展開していた結社であるといえる。一八八二年九月三日から一八八七（明治二〇）年一一月三日まで計八回にわたる自由平権懇親会を主催していたのも同党である。そして次の記事からは、車夫など細民にも目配せして広く組織していた様子が伝わる。「府下ノ下層人民ヲ処々ニ集メ、大ニ自由平権ヲ唱道シ遊説セラレケルニ、我邦人民古来最モ擯斥セル俗ニ新平民ト唱フル府下西成郡渡辺村豪商酒井勝太郎外数名、次テ府下車夫今西政太郎外十数名加入セラレタリ」（『文明雑誌』第一号、一八八二年九月）。

しかし、結社の多くは、豪商あるいはその傘下の中小商工業者の主宰によるものであった。一八八三（明治一六）年八月結成の国是会も「専ら着実を主義として、諸達法律規則等より、学術上の事、農工商の実況迄をも互に質疑問答して、智識を交換し、事業の旺盛を図り、富饒の基礎を堅め、自然他の町村よりも上等の地位を占むるに至らしめん」（『大東日報』一八八三年八月一七日付）ことを主たる目的とした結社であり、社会的の地位上昇を企図する商工業者後藤某が担っていた。

一八八八（明治二一）年六月の平等会、同年七月の西浜倶楽部の結成、そして同年一〇月一四日に開かれた三府二二県の有志の会合で大同団結を議決した際にも、西浜町から森清五郎ら四人が出席している。これら一連の動きだけからすると、森の思想的指導力は、西浜町を拠点に活動し「平等」を説いた中江兆民（「新民世界」『東雲新聞』一八八九年二月一四日付）らとともに、西浜町でながく定着していくかにみえた。しかし、彼らはのちに、沼田嘉一郎ら一九一〇年代から台頭してくる新たな「名望家」に世代交代していく。民権家という性格に加えて、その後の時代の前提条件を準備した保守的な存在としても位置づけられるのである。彼らは民権思想の普及にも与《くみ》しつつ、自身の政治活動の実践場として西浜町を選択したといえる。

そしてこの時期の森の思考を端的に物語るのは、反キリスト教の組織活動であり、一八八八年一一月結成の公道会は、森が兆民とともに「我国固有の仏教を拡張して外教の侵入を防がん」（『大阪毎日新聞』一八八八年一二月三日付）として結成したものであった。それは、前年五月の戸長吉村源蔵や宣教師今村謙吉らに対する排斥運動の延長線上に位置づけられるものでもあった（『大阪朝日新聞』一八八七年五月三日付）。さらに重要なことは、その思考が、衛生教育の徹底によって身分融合を展望する動きへと連鎖していく点である。「有志者は吾々未だ新平民と謂はるゝを免れざる者が明後年国会の開くるまでに一般人民と平等の交際をなし、国利民福を相共に進めんには、今日衛生教育を盛にするが必要なれども、教育に於ては未だ十分ならず〔中略〕此まゝにて已まば、後来の改心諸計画に妨碍あ

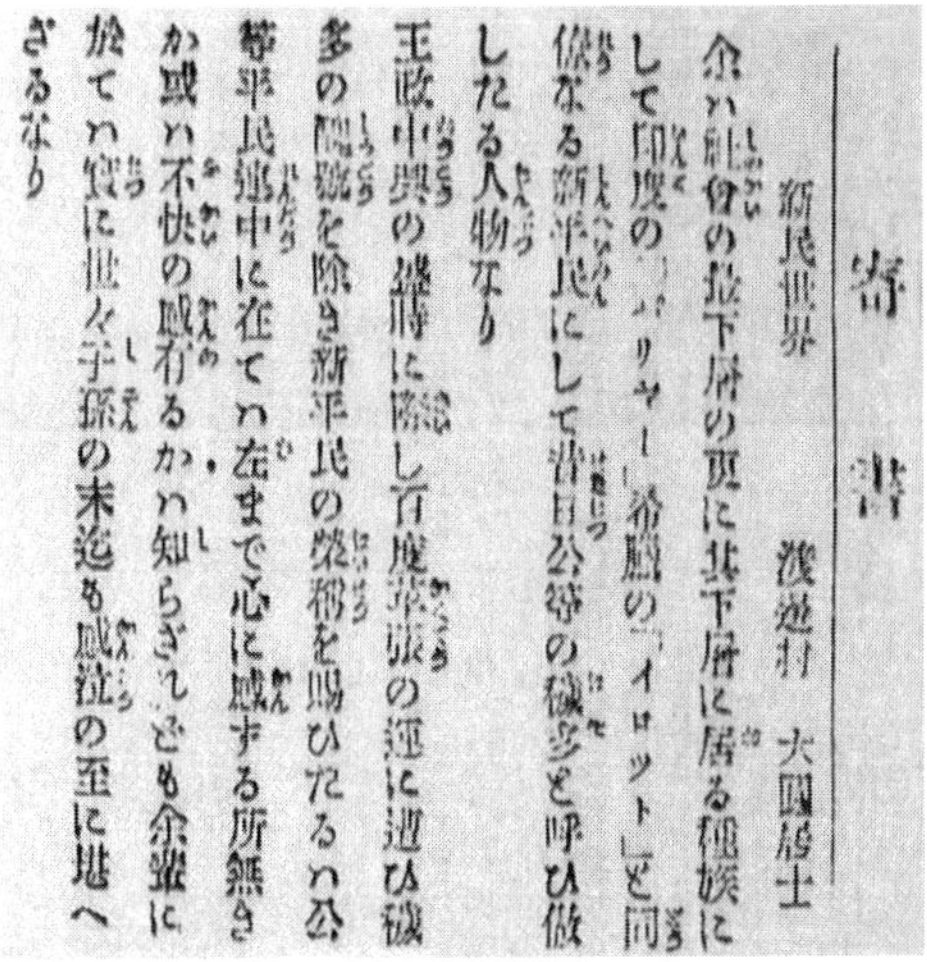

寄書

新民世界　渡辺村　大圓居士

余は社会の最下層の更に其下層に居る種族にして印度の「パリヤー」希臘の「イロット」と同僚なる新平民にして昔日公等の穢多と呼び做したる人物なり

王政中興の盛時に際し百度革張の運に遭ひ穢多の醜號を除き新平民の榮称を賜ひたるは公等平民輩中に在ては左まで心に感ずる所無きか或は不快の感有るかは知らざれども余輩に於ては實に世々子孫の末迄も感泣の至に堪へざるなり

中江兆民「新民世界」『東雲新聞』

るべしと配慮し、取りあへず毎土曜日寺々にて仏教演説を開会し、衛生教育の事を交へ説かせ」た（『大阪朝日新聞』一八八八年九月六日付）。

ここに明記された「国会」のふた文字に集約されているとおり、森ら有志の活動は、来るべき衆議院議員選挙対策として、南摂同志会（一八九〇年二月結成）など、政治活動へと特化していくことも見逃せない。

以上にみた動向は、三つの大きな流れに大別できる。一つは、豪商と細民の確執を軸に大阪市区編入をめぐる地租軽減運動、二つには、民権運動を担う士族、商工者らの皮革生産地域での実践活動（実質的民権運動期）、そして三つには、保守的「名望家」と民権家の結集によるキリスト教布教をめぐる排斥運動、となる。それらは各々の政治的局面で展開されたものであり、自由民権運動という範疇だけでは包括できない複層的な構造をもっていた。一八八四年〜八七年までは運動の空白期で、結社による目立った動きがほとんどなかった。そして、一八八八年に平等会や公道会などが活動を始めるが、その要求は、反キリスト教、衛生思想の普及などに特化されるとともに、国政（帝国議会）への足がかりをつかむことを見すえた動きとなっていく。

したがって、あえて、西浜町を自由民権運動・思想の範疇で括り、「平権」思想の実践の場であったと位置づけできるのは、二つめの時期に相当する一八八二〜八三年に限定されており、しかもその運動形態は、博徒などの社会集団や車夫などが大きく介在し担っている。近代初頭の西浜町における政治的な要求運動は、博徒や車夫の存在なくしては成り立たなかったのである。

参考文献

長谷川昇　一九七七『博徒と自由民権――名古屋事件始末記』中公新書

牧原憲夫　二〇〇六『（シリーズ日本近現代史②）民権と憲法』岩波新書

エイコ・マルコ・シナワ　二〇二〇『悪党・ヤクザ・ナショナリスト――近代日本の暴力政治』朝日選書

3　水平運動と融和運動はどこまで対立していた？

一九二七（昭和二）年一二月一八日付けの『ロンドン・タイムス』紙に「The Honower of the "Eta" A Class in Revolt（棄てられたる者 反抗の階級）」と題した論説が掲載された。記事の中段で全国水平社創立大会を活写し、その組織的な広がりを高く評価している（『融和事業研究』第一一輯、一九三〇年七月）。大英帝国のメディアをして詳細に報じさせた全国水平社は、一九二二（大正一一）年三月三日に京都の岡崎公会堂で数百人が参集して、「特殊部落民は部落民自身の行動によって絶対の解放を期す」を綱領にかかげ、「吾々がエタである事を誇り得る時が来たのだ」と高らかに宣言した。

燎原の火のごとく、という比喩の通り、水平社の組織活動は全国へと波及した。大会で採択された宣言・綱領・決議のほかにも、水平歌や荊冠旗などによって部落の人々の結集を促した水平運動は、デモクラシー思潮の象徴的存在となっていった。

熱気に満ちた全水創立大会の余韻さめやらぬ一九二二年八月五日、天王寺公会堂を会場に大阪府水平社が結成された。創立の中心人物となったのは、栗須七郎・松田喜一・楠川由久らで、当日、天王寺公会堂には一、五〇〇人もの参加者が集まった。大阪府水平社の事務所は西浜部落内に置かれることになり、同時に、西浜水平社も結成された。

大阪府水平社・西浜水平社に先立つ五月二三日、府内で初めての水平社組織である梅田水平社が、大阪市北区で結成されており、七月五日には堺で舳松水平社も産声をあげていた。こうして陸続として誕生した各

西浜部落におかれた大阪府水平社の事務所
（看板は「坂」となっている）（1920年代）

地での水平社結成をうけて、傘下の水平社の組織化は広がりをみせていく。府内の水平社組織は最終的に一九二六（大正一五・昭和一）年までに組織数にして三三団体、加盟人員では二、三八〇人を数えるほどの規模となった。

水平社創立当初の思想は、天皇制思想（水平社の一部活動家の明治天皇追悼法要への参加）、民族自決論（平野小劔の「民族自決」）、政府の改善事業に対する拒否的立場（全国水平社第二回大会での「決議」）など、多様な社会的思想の影響を受け、さらに、浄土真宗（西光万吉らの親鸞回帰論）にも影響されていた。そして、大阪府内の各水平社は、さっそく全国水平社第二回大会（一九二三年）で、いくつかの重要な議案を提出する。

全国水平社は結成当初から、差別（侮蔑・蔑視・排斥などをともなった言動）をおこなった人物に対して徹底的糺弾（糾弾）をおこなうことを決議していたから、差別事件への糺弾（糾弾）は、あらゆる場面でおこなわれた。警察署、村役場、軍隊・在郷軍人会と、日常生活のあらゆる場所で差別事件は頻発していたから、各地の水平社の糺弾（糾弾）件数も年々増加していった。なかでも小学校での差別事件は、教育機関であっただけに、保護者や地域を含めて大規模な闘争に発展することがよくあった。大阪でも、一九二五年九月に、木津第二小学校で差別投書事件が発生した。

事件の発端は、同校の訓導が生徒を殴打した暴力事件であり、学校側の陳謝によっていったんは沈静化していたが、差別的文言が書き連ねられた投書が送りつけられてきたことで再燃した。西浜水平社では、栗須七郎が先頭に立って『西浜水平新聞』紙上で論陣を張り、差別投書者探しとともに真相報告会や演説会を十数回にわたっておこなった。一方、青年団も独自の「檄文」を出した。しかし、糾弾（糾弾）闘争は自然消滅してしまった。

西浜部落で、栗須と思想的にも運動論の立場的にも最も対立していたのが、沼田嘉一郎であった。沼田は予選会を基盤にして市議に当選し、融和運動の先頭に立っていた。水平社に批判的であった沼田は、「因習的差別」の撤廃と修養向上を目的とした融和団体である鶏鳴会を一九二二年一一月に組織したために、栗須は、西浜水平社の機関紙および著作で沼田を名指して、「水平運動を妨害」「ブルジョア心理」「水平民族の敵」「有産者の御用」「水平運動の公敵」「裏切り者」などと論難した（『西浜水平新聞』『水平道』）。

この点だけをクローズアップすると、水平運動と融和運動は思想的にまったく相容れない対抗的な存在であるかのように映るが、対立が深まるのは、一九二四（大正一三）年一〇月の遠島スパイ事件で全国水平社の主流がボル派（共産主義派）となり、幹部の交代劇で共産主義的性格を強くするようになる一九二五（大正一四）年の全国水平社第四回大会以後のことであり、それまで、融和運動の活動家の中には、全国水平社に親和的な論陣を張る人（たとえば、有馬頼寧など）も少なからず存在していたのである。

こうした全国水平社の活動のなかで、本願寺の部落への差別的な姿勢に反発し、募財拒否の動きをしていた部落の人々の主張と共感し、本願寺の改革に乗り出そうとする有志の僧侶も現れ、水平運動への協力をおこなっていくことになる。

一方、帝国公道会の行き詰まり以後、停滞気味となっていた融和運動を盛り上げようとしたのは、一九二一（大正一〇）年四月に結成された同愛会会長の有馬頼寧であった。有馬は、全国の融和運動家を招いて部落問題協議会を開催し、一九二四（大正一三）年二月、融和団体の全国組織である全国融和連盟を組織する。ここには当初、同愛会をはじめ、帝国公道会、中央社会事業協会地方改善部（のち、改善部は廃止されて新たに中央融和事業協会が組織）、大和同志会、信濃同仁会、岡山県協和会、広島県共鳴会など、それまで精力的に部落「改善」運動や融和運動を担ってきた一六団体が加盟した。

大阪独自の動きとしては、差別事件をきっかけに政界を引退した森秀次が、かねてから主張していた「皇国護持」「同胞融和」を信念に、一九二二（大正一一）年二月に大日本同胞差別撤廃大会にも参画し、二三年四月には愛国同志会を結成して自ら会長に就任した。愛国同志会では会費や寄付金を募って出版や講演の計画を立案し、このころから水平社との対抗的な運動をおこなうようになっていったが、機関誌『愛国』は二号まで発行したにとどまった。森はまた、二五年三月に融和団体豊能郡誠和会を創立し、翌年に死去するまで融和運動を先導する姿勢を崩さなかった。

森らの動きと前後して、泉南郡誠和会も発足し、地方融和団体間での結束が強められた。部落の調査をおこない、融和促進講演会や婦人講習会を開催し、泉南郡の貝塚東部落でのトラホーム診療にも着手した。

その対抗性が強調されてきた融和運動と水平運動は、むしろ、ある局面においては、同一の活動家を通して協力し合うこともあった。差別を生み出す社会の矛盾を克服していこうとする融和運動は、水平運動とは形態の違いこそあれ、人間性の回復と社会の覚醒を主張しながら展開されていった面もあったのである。少なくとも中央融和事業協会発足以前には、自由主義的で多彩な活動家が運動を牽引していたといえる。

参考文献
朝治武　二〇二二『全国水平社1922―1942――差別と解放の苦悩』ちくま新書
藤野豊・黒川みどり　二〇二二『人間に光あれ――日本近代史のなかの水平社』六花出版
吉村智博　二〇一二『近代大阪の部落と寄せ場――都市の周縁社会史』明石書店

4 住宅は要求して手に入れるものだった

大阪市内の都市部落は、敗戦直前の数次にわたる大阪大空襲で甚大な被害をこうむった。一九四五（昭和二〇）年三月一三日の深夜から一四日未明にかけてB29二七六機による焼夷弾などでの大空襲（第一次）によって無差別爆撃を受けた浪速部落にいたっては区内そのものが九三％も焼失した（『浪速区史』一九五七年）。荒涼とした焼土の状態がながく続いていたが、南に隣接する西成部落でも区内の人口が四三％も減少する事態となっていた（『西成区史』一九六八年）。多くの罹災者はバラック（廃材などを利用した粗末な小屋）など急誂《あつら》え仮住まいを選択せざるを得なかった。

浪速・西成両部落でもバラック居住者は多く、住宅要求運動が盛り上がるのは時間の問題であった。一九五〇年代中盤に活発化する運動は、やがて法的根拠を与えられてさらに高揚していく。一九五一（昭和二六）年六月に施行された公営住宅法は、低所得者向けに第二種市営住宅を用意することを明記し、一九五五（昭和三〇）年からはバラック居住者に、さらに一九五八（昭和三三）年からは部落にも適用されることとなった。法の制定は、敗戦を機に、それまで対立し攻防を繰り返してきた建設省主導の「公営住宅法案」と厚生省主導の「厚生住宅法案」との対立に決着がつき、建設省主導の道筋がつけられたことを告げるものであった。それからしばらくして「住宅地区改良法案」が一九六〇（昭和三五）年四月二〇日に成立することになる。

こうした国政での対応に、慢性的な住宅不足への対策が急がれていた大阪市としては、バラック居住者への対策を行政施策として進めなければならない状況となった。世論に加えて、バラック居住者の住宅要求運動が盛り上がりを見せたため、やむなく対応を迫られたというのが実状のようである。

市政の動きに対して、バラック居住者の強制立ち退きの拒絶や住環境改善といった諸要求を集約するため、浪速、西成の両部落では共同して、水平社の活動家であった松田喜一を擁立して一九五七（昭和三二）年一二月二日、浪速西成住宅要求期成同盟を結成する。同期成同盟は、所期の目的に大阪市に対する住宅要求を掲げていたが、その中で「不法占拠」認識に対して、「一口に不法占拠といわれるべきではないと思っています。之等両地域は戦前西浜と総称され、日本でも有数の皮革どころであり、関西のあらゆる部落の過剰人口を吸収し、一万戸を容した日本一の部落を形成していたのであります。（中略）ところがこのような生活があの無謀な戦争政治のため一朝にして破壊され、西浜は焼土と化し、父や祖父が汗と涙できづ《ママ》きあげた私たちの住まいを奪い取ってしまいました。残されたものは冷たい差別だけでありました。（中略）西浜の名前と繋がりは、町が燃えても部落の人々の心の中に、全国皮革関連者の錬《つな》がりの中に生きております」と反論した。

そして、具体的な要求として、「現在立退きをせまられている家については部落の住宅対策が確立される迄、行政措置を延期して下さい」、「本地域の住民に適した簡易住宅を至急に建て、之を活用して完全な住宅行政を実施して下さい」と書き添えた（「住宅設置に関する陳情書」一九五七年）。

要求の中で、とくに皮革産業構造の崩壊に強い論調で言及しているのは、当該期の両部落の生活実態が芳

住宅獲得運動の結果、改良住宅（後方）が建った。

しくなかったことと関係している。両部落の失業者数は、二、五二四人（六二・二％）、失業対策事業従事者は、一、二〇〇人（五七・一％）、生活保護は、五八〇世帯・二、八六七人（七・一％）と、いずれも他の部落に比べてその比率が高かった（大阪市民生局『大阪市同地区改善事業概要』一九五八年）。

その後も、住宅期成同盟の運動は紆余曲折を経ることになるが、住宅要求運動の結果、表1・2にみるように、大阪市内でも次々と改良住宅が建設されていく（『大阪市同和事業史』一九六八年）。そして、この運動は、部落解放同盟大阪府連の大会でも成功した事例としてたびたび言及されることになる。

参考文献

工藤洋三　二〇一一『米軍の写真偵察と日本空襲――写真偵察機が記録した日本本土と空襲被害』（自費刊行）

吉村智博　二〇二二『近代大阪の都市周縁社会――市民・公共・差別』近現代資料刊行会

表 1　浪速部落での住宅建設戸数（1945～60年）

建設年月	戸数（戸）	備考
1945.－	90	応急仮設住宅（復興院所管）→市営
1945.－	100	
1948.－／54.－	64／16	市営住宅（1種）部落貧困層入居困難（高額家賃など）
1949.－	28	
1955.－	70／64	
1955.－	21	
1960.12	40	☆改良住宅

〈典拠〉「大阪府下公営住宅所在地一覧表（昭和28～30年度）」および
『市営住宅一覧表』1963、『大阪市住宅年報』1963をもとに、
「浪速部落の歴史」編纂委員会編『渡辺・西浜・浪速』解放出版社、1997
により補訂して作成

〈備考〉☆は、浪速住宅要求者組合の運動の成果

表 2　大阪市の改良住宅建設戸数（1958～60年度）　〈単位〉戸

	1958年度	1959年度	1960年度	地区別合計
西　浜	※簡易住宅建設		40	40
西　成	80	72	50	202
住　吉	32	－	16	48
日之出	60	－		60
加　島		16	16	32
生　江		24	16	40
矢　田		64	40	104
		（※40戸別枠、民生部補助）		（40）
年度別計	172	176	178	526（40）

〈典拠〉大阪市同和対策部編『大阪市同和事業史』1979　などをもとに作成
〈備考〉住宅使用料は、1,700～2,100円（家賃は、一律900円）

文献ガイド

この文献ガイドでは、渡辺村・西浜（浪速）部落に関する研究成果を中心に紹介しています。本書では浪速部落の歴史に関するテーマを網羅しているわけではないので、各章で明らかになったことよりもさらに幅広く渡辺村・西浜（浪速）部落について知りたい方は、参考にしてください。なお、各章で引用している文献や史料の一部は省いてあります。詳しくは、各章の註や参考文献をご覧ください。

Ⅰ　通史

①「浪速部落の歴史」編纂委員会編　一九九七『渡辺・西浜・浪速――浪速部落の歴史』解放出版社

◇一九九〇年代までに明らかになった渡辺村と西浜・浪速部落に関する研究成果を反映した通史

②「浪速部落の歴史」編纂委員会編　二〇〇二『太鼓・皮革の町――浪速部落の三〇〇年』解放出版社

◇渡辺村の木津村領内への移転（一七〇一年）後三〇〇年にあたるのを記念して編纂された論文集

〈目次〉

・寺木伸明「摂津国西成郡下難波村時代の渡辺村と木津村への移転」
・中尾健次「古地図から見た渡辺村の変遷」
・村上紀夫「渡辺村と葬送・墓地」
・左右田昌幸「「渡辺村真宗史」に向けての覚書」
・のびしょうじ「太鼓屋又兵衛伝・説」
・吉村智博「新田帯革と西浜の皮革業」

・福原宏幸「西浜皮革産業で働く人々」
・朝治武「西浜水平社と差別投書事件」
・浅居明彦「太鼓集団「怒」と文化活動」
・渡邊実「「かわ」「皮」「皮革」――みんなが幸せに生きていくために

Ⅱ 史料〈刊行順〉

① 盛田嘉徳編　一九七〇『摂津役人村文書』大阪市浪速同和教育推進協議会刊
◇渡辺村の自称「摂津役人村」の来歴や生活の諸相を記した古文書を翻刻した史料集（盛田による詳細な解説）
② 大阪の部落史委員会編　二〇〇〇～二〇〇八『大阪の部落史』第一～九巻（史料編）、部落解放・人権研究所
◇部落解放・人権研究所が中心となって組織された編纂委員会による大阪府全域の史料集〈第一〇巻は「本文編」〉
③「浪速部落の歴史」編纂委員会編・刊　二〇〇五『史料集・浪速部落の歴史』
◇各地に分散して所蔵されている渡辺村に関する古文書を集成した史料集
④ 大阪市史編纂所編・刊　二〇一八「被差別民の諸相」『新修大阪市史・史料編』第一一巻（近世Ⅵ・村落1）
◇それまでの部落史研究で活用された古文書では取り上げられてこなかった新出の史料集

Ⅲ 絵図〈刊行順〉

① 大阪人権博物館編・刊　二〇〇一『絵図に描かれた被差別民』
◇大阪人権博物館で開催された特別展に際して刊行された図録（論文集として、大阪人権博物館編・刊『絵図の世界と被差別民』二〇〇一も刊行）
② 小野田一幸・上杉和央編（脇田修監修）二〇一五『近世刊行大坂図集成』創元社
◇近世に刊行された版行絵図の詳細な分析と解説を付した地図集〈渡辺村についても解説〉

Ⅳ　渡辺村を対象としたもの〈五〇音順〉　※Ⅰに掲載されている論文は割愛

◇渡辺村に関する研究では、移転・土地・皮革・太鼓・寺院など多面的なテーマが蓄積されてきた。

①阿南重幸　二〇〇三「江戸期・皮流通と大坂商人——長崎・府内・小倉・筑前・大坂」『部落解放史ふくおか』No.一一〇
阿南重幸　二〇〇九「皮革の流通——摂津渡辺村と長崎」中尾健次・寺木伸明編『部落史研究からの発信』第一巻、解放出版社
阿南重幸　二〇一五「大坂渡辺村皮商人の交易ネットワーク——九州を中心に」田村愛理ほか編『国家の周縁——特権・ネットワーク・共生の比較社会史』刀水書房
②上田武司　二〇〇五「皮革の流通——福岡藩の比較大坂廻送を中心として」『部落解放研究』No.一六四
上田武司　二〇一一「皮革の流通——田辺関係史料にみる大坂渡辺村と紀州田辺の取引」『反差別人権研究みえ』No.一〇
上田武司　二〇一六「福岡藩の皮革大坂廻送に伴う葉村屋吉兵衛の役割再考」『部落史研究』創刊号
③大澤研一　二〇一九「渡辺の都市構造」『戦国・織豊期大坂の都市史的研究』思文閣出版
④大本邦治　二〇〇三「大分府内藩と渡辺村」『部落解放史ふくおか』No.一一〇
⑤勝男義行　二〇〇〇「皮商人」吉田伸之編『〈シリーズ・近世の身分的周縁4〉商いの場と社会』吉川弘文館
勝男義行　二〇〇三「領国を越えた関西の皮革業——渡辺村皮問屋の活動を中心に」『部落解放史ふくおか』No.一一〇
⑥左右田昌幸　一九九四「大坂津村御坊出張所について」『国史学研究』No.二〇
左右田昌幸　一九九五「部落寺院と真宗教団」「大阪の部落史」編纂委員会編『新修大阪の部落史』上巻、解放出版社
⑦高垣亜矢　二〇一二「近世日本における皮革流通と皮商人——手代・手先の活動をめぐって」『史学雑誌』第一二一巻第一〇号
⑧塚田孝　一九九四「身分制社会の解体——大坂・渡辺村＝西浜の事例から」『歴史評論』No.五二七
塚田孝　一九九六「大坂渡辺村」『〈AOKI LIBRARY日本の歴史〉近世の都市社会史——大坂を中心に』青木書店
塚田孝　二〇〇二「えた身分・非人身分」『歴史のなかの大坂——都市に生きた人たち』岩波書店

塚田孝　二〇〇六「身分制社会とかわた村」『近世大坂の都市社会』吉川弘文館

⑨ 寺木伸明　一九八九「被差別部落とその他の下層民」新修大阪市史編纂委員会編『新修大阪市史』第三巻、大阪市

⑩ のびしょうじ　一九九五「かわた役負担論の射程」「大阪の部落史」編纂委員会編『新修大阪の部落史』上巻、解放出版社

のびしょうじ　一九九七・九八「大坂渡辺村の空間構成（上）・（下）」『部落解放研究』No.一一八・一二四

のびしょうじ　二〇〇七「難波村時代の渡辺村」『被差別民たちの大阪』解放出版社

のびしょうじ　二〇一三「大坂渡辺村皮問屋と北西播磨地域との山皮取引の一端」『ひょうご部落解放・人権研究所研究紀要』No.一九

⑪ ミュージアム知覧編・刊　二〇〇九『獣骨を運んだ仲覚兵衛と薩南の浦々』

⑫ 三田智子　二〇一九「渡辺村の構造」塚田孝編『〈シリーズ三都〉大坂巻』東京大学出版会

⑬ 村上紀夫　二〇〇〇「渡辺村の墓所と火屋に関わる史料」『大阪人権博物館紀要』No.四

村上紀夫　二〇〇八「渡辺村の構造について」『国立歴史民俗博物館研究報告』No.一四〇

村上紀夫　二〇〇九「太鼓の胴から見る近世のかわた村――渡辺村を中心として」『大阪人権博物館紀要』No.一一

⑭ 八木滋　二〇〇一「安井家文書からみえる難波村時代の渡辺村」『大阪市立博物館研究紀要』No.三三

八木滋　二〇一七「近世大坂・西道頓堀南側の開発過程」『部落問題研究』No.二二二

⑮ 脇田修　二〇〇一「渡辺村と木津村」『近世身分制と被差別部落』部落問題研究所

⑯ 和田幸司　二〇一六「被差別部落寺院の身分上昇志向」「本願寺の身分上昇志向と天皇・朝廷権威」『近世国家における宗教と身分』法藏館

V　西浜・浪速部落に関するもの〈五〇音順〉　※Iに掲載されている論文は割愛

◇西浜・浪速部落に関する研究では、運動・皮革・教育・事業・空襲など近代社会に関するテーマが蓄積されてきた。

① 朝治武　一九九六「大阪・西浜における水平運動」「大阪の部落史」編纂委員会編『新修大阪の部落史』下巻、解放出版社

② 飯田直樹　二〇二一「部落改善事業としての大阪府方面委員制度」『近代大阪の福祉構造と展開――方面委員制度と警察社

会事業』部落問題研究所
③ 北崎豊二　一九九七「「解放令」と大阪」「民権運動と大阪」『近代大阪と部落問題』解放出版社
④ 小林茂　一九九一「「解放令」と同和問題」新修大阪市史編纂委員会編『新修大阪市史』第五巻、大阪市
小林茂　一九九四「水平社運動」新修大阪市史編纂委員会編『新修大阪市史』第六巻、大阪市
⑤ 小山仁示　二〇一八「最初の大空襲」『改訂・大阪大空襲――大阪が壊滅した日』東方出版
⑥ 白石正明・白石真砂子編・解説　一九七一『大阪「西浜町」における被差別部落の動向と自由民権運動――明治二〇年代初期の「東雲新聞」』部落解放研究所
白石正明　一九七三「自由民権運動と部落解放運動」大阪市教育研究所編・刊『部落解放と教育の歴史』（この通史と前後して、年表編一九七二、資料編〈一～三〉一九七四～一九七六も紀要として刊行）
白石正明　一九七五「中江兆民と公道会」部落解放研究所編・刊『復刻・東雲新聞』第二巻（付録）
白石正明　一九七八「中江兆民と『東雲』時代」『部落解放研究』No.一二
⑦ 鈴木良　二〇一六「地域支配構造の発展」部落問題研究所編・刊『身分的周縁と部落問題の地域史的研究』
⑧ 高木伸夫　二〇一五「近代初頭の大阪の皮革業」藪田貫・寺木伸明編『近世大坂と被差別民社会』清文堂出版
⑨ 塚田敏行　一九七二「大阪・西浜における部落解放運動――福井由数さん（特集・水平運動の人びと）」『部落』No.二四―八
⑩ 中西義雄　一九八四「都市部落の生成と展開――摂津渡辺村の史的研究」「日本皮革業の史的発展（一）」「戦後皮革産業の変貌と構造」『中西義雄部落問題著作集1（部落問題の歴史的研究）』部落問題研究所
⑪ 浪速同和教育推進協議会歴史部会編・刊　一九八〇『浪速の教育のあゆみ』
⑫ 福原宏幸　一九九六「都市部落住民の労働＝生活過程――西浜地区を中心に」杉原薫・玉井金五編『増補版・大正／大阪／スラム――もう一つの日本近代史』新評論
⑬ 部落解放浪速地区総合一〇ヶ年計画推進委員会編・刊　一九七四『部落解放浪速地区総合実態調査報告書――差別をなくする運動の前進のために』
⑭ まつおたかよし　一九五六「米騒動前後の摂津西浜部落」『部落』No.八―五
⑮ 安福敏頓編　一九七三『栄小学校編年記1』大阪市立栄小学校

安福敏頎　一九七四「黎明期の栄小学校」『昭和四九年度研究員・研究報告集』大阪市教育研究所
⑯
吉村智博　二〇一二『近代大阪の部落と寄せ場――都市の周縁社会史』明石書店
吉村智博　二〇二一『大阪マージナルガイド』解放出版社
吉村智博　二〇二三『近代大阪の都市周縁社会――市民・公共・差別』近現代資料刊行会

渡辺から西浜へ、そして浪速へと変遷していく都市部落の歴史、文化・信仰など、人びとの息づかいと地域に刻まれた星霜を感じていただけたでしょうか。かといって、本書をもって、浪速部落の歴史ひいては部落史の「聖典（カノン）」にしようとする意思は毛頭ありません。むしろ、部落解放運動を担ってきた当事者と部落史に携わる研究者に、歴史学や宗教（史）学の研究者を加えた議論のひとつの到達点を提示したものだと明言すれば、読者の了解を一応得られるでしょうか。

そもそも部落史は、従来、府県レベルのものから単位部落のものまで幅広く刊行されてきました。それぞれの地域の特色が前面に出されており、読みごたえもまた充実しています。眼前の部落差別を深く意識した渾身の編集態度が充実した内容に結実させたのだと考えられます。日本社会に根強く刻み込まれてきた、誰の目にも明らかな部落差別の、歴史的過程を知りたいという人びとの願望を反映してきたといってよいでしょう。

ただし、本書は、そうした従来の部落史の方法や構成を踏襲していません。社会的な合理性の観点からいえば、従来の枠組みなり視点なりを踏襲する方が、問題なく（啓発に役立つという意味で）クリアな部落史を叙述できます。しかしそうした方途は採用しませんでした。ひと言でいえば、新たな部落史を読者とともに常に作り上げていきたいと考えているからに他なりません。それゆえ、明確な回答が得られないまま、課題を提示してひとまず稿を閉じた論攷もいくつかあります。読者とともに課題の先にある部落史像を模索していきたいという執筆者と編者の考えから、そのような編集方針を採りました。

一方的に提示された歴史像を読者が何らの疑いもなく受け入れ、暗黙裡に納得してしまうような部落史をいくら提示してみても、部落差別を考えたことにはならないでしょう。それどころか、根源的な問いを放置したままでは、差別の現状を追認し、問題の解決にはほど遠いまま、私たちを留め置くことになってしまうと考えるからです。

研究者が叙述し提示する歴史像は、所詮、「机上の空論」で潰えるのか、それとも一定程度、部落差別の解決に裨益する「実践の衆議」へとつながるものなのか。編集者の間で何度も議論し、各人が自問自答した問いです。はたして、それが真っ当な問いなのかどうか、いまは読者に委ねるしかありません。

執筆者が責任をもって叙述した内容を読者が思考の上で読み解き、さらに疑問を提示する、対話型の、いわば再帰的な部落史像がいま求められています。そうした確信に基づいて本書は叙述されています。読者のみなさんには、浪速という地域を出発点にして、私たちとともに部落差別の歴史と現在に向き合っていただけると望外の喜びです。

二〇二二年八月五日　大阪府水平社・西浜水平社創立一〇〇周年の日に

編者

監修者

磯前順一（いそまえ じゅんいち）
1961年、茨城県生まれ。国際日本文化研究センター教授。文学博士（東京大学）。宗教研究・批評理論。単著に、『昭和・平成精神史 「終わらない戦後」と「幸せな日本人」』（講談社、2019年）、『死者のざわめき　被災地信仰論』（河出書房新社、2015年）など。

吉村智博（よしむら ともひろ）
1965年生まれ。近代都市周縁社会史・博物館表象論。単著に『近代大阪の都市周縁社会――市民・公共・差別』（近現代資料刊行会、2022年）、『大阪マージナルガイド』（解放出版社、2021年）、『近代大阪の部落と寄せ場――都市の周縁社会史』（明石書店、2012年）など。

浅居明彦（あさい あけひこ）
1957年生まれ。部落解放同盟大阪府連合会浪速支部前支部長。浪速地区歴史展示室長。主な編著に『渡辺・西浜・浪速――浪速部落の歴史』（解放出版社、1997年）『太鼓・皮革の町――浪速部落の三〇〇年』（解放出版社、2002年）。

執筆者（＊は、編者）

阿南重幸（あなん しげゆき）
1954年、大分県生まれ。NPO法人長崎人権研究所副理事長。長崎大学非常勤講師。編著に、『被差別民の長崎・学』（長崎人権研究所、2009年）、共著に『国家の周縁』（刀水書房、2015年）『ナガサキから平和学する』（法律文化社、2009年）など。

小倉慈司（おぐら しげじ）＊
1967年生まれ。日本古代史専攻。博士（文学）。国立歴史民俗博物館教授。主な著書に『古代律令国家と神祇行政』（同成社、2021年）、『事典　日本の年号』（吉川弘文館、2019年）、共著に『天皇の歴史 9 天皇と宗教』（講談社学術文庫、2018年）など。

西宮秀紀（にしみや ひでき）＊
1952年奈良県生まれ。日本古代史専攻。博士（文学）。愛知教育大学名誉教授。主な著書に、『律令国家と神祇祭祀制度の研究』（塙書房、2004年）、『日本古代の歴史 3 奈良の都と天平文化』（吉川弘文館、2013年）、『伊勢神宮と斎宮』（岩波新書、2019年）など。

吉田一彦（よしだ かずひこ）＊
1955年、東京都生まれ。日本古代史、日本仏教史専攻。博士（文学）。名古屋市立大学特任教授。主な著書に、『仏教伝来の研究』（吉川弘文館、2012年）、『『日本書紀』の呪縛』（集英社新書、2016年）。編著に、『神仏融合の東アジア史』（名古屋大学出版会、2021年）など。

割石忠典（わりいし ただのり）
1953年、広島県生まれ。芸備近現代史研究会会長。全国部落史研究会運営委員。部落解放・人権研究所朝鮮衡平運動史研究会事務局長。

シリーズ宗教と差別　第3巻

差別の地域史

――渡辺村からみた日本社会

二〇二三年二月一五日　初版第一刷発行

編　者　小倉慈司・西宮秀紀・吉田一彦

発行者　西村明高
発行所　株式会社　法藏館
京都市下京区正面通烏丸東入
郵便番号　六〇〇-八一五三
電話　〇七五-三四三-〇〇三〇（編集）
〇七五-三四三-五六五六（営業）

装幀者　濱崎実幸
印刷・製本　亜細亜印刷株式会社

ISBN 978-4-8318-5723-1 C1321

シリーズ宗教と差別　全4巻

磯前順一・吉村智博・浅居明彦　監修

A5判・並製カバー装・平均三〇〇頁（価格は税別）

第1巻　差別の構造と国民国家　宗教と公共性　上村静・苅田真司・川村覚文　関口寛・寺戸淳子・山本昭宏　編　二、八〇〇円

第2巻　差別と宗教の日本史　救済の〈可能性〉を問う　佐々田悠・舩田淳一　関口寛・小田龍哉　編　二、八〇〇円

第3巻　差別の地域史　渡辺村からみた日本社会　小倉慈司・西宮秀紀・吉田一彦編　二、八〇〇円

零　巻　きよみず物語　被差別信仰論　磯前順一著　予二、八〇〇円